花木经营妙招216

方 成

中国林业出版社

图书在版编目(CIP)数据

花木经营妙招216/方成著．—北京：中国林业出版社，2012.1

ISBN 978-7-5038-6437-7

Ⅰ．①花…　Ⅱ．①方…　Ⅲ．①花卉－专业商店－商业经营　Ⅳ．①F717.5

中国版本图书馆CIP数据核字(2011)第263378号

出版：中国林业出版社(100009　北京西城区刘海胡同7号)

电话：010－83224477　　E-mail：cfphz@public.bta.net.cn

发行：新华书店北京发行所

印刷：三河市祥达印装厂

版次：2012年1月第1版

印次：2012年1月第1次

开本：787mm×1092mm　1/16

印张：16

字数：300千字

印数：1～4000册

定价：32.00元

序 言

《花木经营妙招216》这本书就要出版了，我感到很是兴奋。

这本书的作者是《中国花卉报》资深记者方成老师。业内人士称他为“花木行业的郎咸平”。他邀我作序，真是不知所措，有点受宠若惊的感觉。且不说方成老师在花卉界的名头有多响，单是书中所写的那些精英们，就足以让我汗颜。

最初知道方成老师大名，是在2008年。那一年的年初，长春的刘欣老师在长春组织一次苗木界信息交流酒会，会后，有人送我一本此次会议的通讯录，里面就有方成老师的大名。

没有多久，我在书店偶然买到一本方成老师写的书：《花卉财富这样创造》。一读，始知方成老师之不俗；逐萌生崇拜之情。

之后，我又逐渐购买了方成老师所写的其他的书，诸如《养花问答1000例》《园林花木业成功者探秘》《中外月季名家探访》等。

不久前，我在北京成功组织了“2011全国苗木行业发展研讨会”，做报告的就有方成老师。由此，对他有了比较深入的了解。

当初认识方成老师，是《中国花卉报》广告部主任王振海先生帮的忙。

我之所以组织这次研讨会，也是有原因的。

近些年，我在东北已连续举办多届“东北苗木信息交流会”，很受欢迎。在东北苗木界，应该是小有名气；此外，我还在山西大同举办了一次“三北苗木信息交流会”。

由于自己为苗木界做了点工作；在2010年被《中国花卉报》评为“全国十大苗木经纪人”，又被邀在《中国花卉报》上做吉林苗木点评人。对此，我深感担子之重。

在苗木行业发展如火如荼的今天，为了使我们苗木界的朋友们避免损失；减少损失，结交更多的朋友，做到全面、协调、可持续发展。我萌生了在北京搞一次“全国苗木行业发展研讨会”的念头。

在筹划、筹备的过程中，我请了几位老专家，他们都答应届时到会做报告，阐述他们的看法，发表他们的高见，但仍感到缺了点什么。

正当我心里有点惴惴不安的时候，《中国花卉报》广告部主任王振海先生向我建议，可以请方成老师讲一讲。

振海说，方老师是《中国花卉报》资深记者；全国花木行业的知名苗圃、园林公司几乎都采访遍了，他最有发言权。

我听后甚是喜悦。然而又犹豫了，内心想：怕请不动吧？

振海说，没事，方老师很热心，给你引见一下。

由此，我才认识了仰慕已久的方成老师。

我们是在北京一个咖啡厅见的面。我们聊了几个小时。他的平和，他的敬业，他对行业了解的程度，给我留下了深刻印象。

在方成老师的力荐下，此次会议又请到了著名园林专家张佐双老师，甚是叫我兴奋了一阵。

在“2011全国苗木行业发展研讨会”上，方成老师做的报告；获得了与会嘉宾的一致好评。

当然，张佐双老师，王木林教授，张连全教授，还有我的恩师李作文老师，我的母校、吉林农业大学园艺学院的副院长董然老师，著名苗木企业家、辽宁开原云清苗木有限公司董事长郭云清先生，也做了精彩的报告。在此，一并表示感谢。

这次会议，规格高，效果佳，从始至终会场秩序相当的好，使我甚为喜悦。同时，也看出大家如饥似渴了解行业最新发展状况的迫切心情。

会后，很多人表示希望以后年年搞这样的盛会。没来的听说会议内容后，均表示遗憾，希望下次能有机会参加。

正是这样一次行业盛会；让方成老师发现了我的价值，遂邀我作序。

惊喜之余，拿出自己当初创业之勇气，斗胆而写。

书中的主人翁，他们总结的许多宝贵经营经验，不愧是一个个好招，一个个妙招。这些来自实践的招数，不仅可以让我很好地学习、借鉴，亦可以让花木业同仁很好地学习和借鉴。

相信此书会仁者见仁，智者见智。

相信此书所创造的社会价值是无穷的。

再次感谢尊敬的方成老师！

再次感谢花木界的同行们！

梁永昌

2011年8月于长春

前 言

2011年8月初，正值大暑。北京异常闷热潮湿，一动窝都会大汗淋漓。就在这个时候，我的新书《花木经营妙招216》写完了。实现了一个心愿，心里不由得舒了一口气。

近年来，我几乎每年都要为花木行业推出一本新书。每次，都要说上一些感谢的话。这一次，感谢之类的话还是不可缺少。

因为，没有他人的帮助，凭借个人的力量，是很难干成这么一件大事的。

首先，我要感谢东北长春的梁永昌先生。他为这本书的出版，给予了大力的支持。

梁永昌先生，三十多岁，胖胖的，文质彬彬，见谁都是笑眯眯的，好像永远都不知道忧愁是什么滋味。

他那平和的面容，蓬勃向上的朝气，雷厉风行的做事风格，都给人留下深刻的印象。他是著名的花木会展活动家。近些年来，他在东北一次又一次为大家搭建了苗木信息交流平台，由此，他在东北被称为“精准苗木营销第一人”。

2010年，梁永昌先生被《中国花卉报》评选为年度“全国十大苗木经纪人”。不久前，也就是2011年7月中旬，他从长春来到北京，为关里关外的同行们搭建了一个更大的信息交流平台，成功举办了“2011全国苗木行业发展研讨会”，受到与会者的热烈欢迎。

相信他的会展平台，今后会搭得更大，更好。

我还要感谢我的同仁、中国花卉报社的年轻编辑和年轻的记者们，他们为本书提供了很多热情的支持。

当然，更要感谢我们报社的社长周金田先生、总编辑汪祥荣先生，没有他们的全力支持，我也不可能一年跑十几个省市，接触那么多的花木之乡和花木企业。

在这里，还想向您汇报一下我写这本书的想法。我之所以要写这本书，是因为跑了花木行业20多年，亲眼看到我们伟大的祖国在改革开放之后，这个产业是怎么发展壮大的；亲眼看到许多兄弟姐妹，是怎样从零起步成就为一方龙头的花木企业的。

可以说，我目睹了他们的成功，也目睹了一些人的失败。

因此，我有责任、有义务要把这些经验教训，一个段子一个段子写出来，献给广大的朋友，特别是献给刚刚创业的年轻朋友。这些段子，有的是故事，有的

只是一段对话，但都是言之有物的。不写出来，我会寝食不安。

于是，在今年阳春3月、万物复苏的大好时节，我开始动工了。

每日清晨，我都要打开电脑，完成我想干的活儿。可以说，坚持不懈，乐此不疲。即使出差在外，也是雷打不动。

说真的，每天都要写上一两段，是要有耐力的，要排除很多的干扰。好在我的耐力，是在少年时养成的。

我的老家，在北京郊区的乡下。那时候，一放暑假，就到生产队劳动，挣点工分，贴补家用。雨天，出不去，队长就让我们三四个孩子挑豆子。拣出坏豆子，留下好豆子。

还有，秋收了，收割下来的一堆堆豆秧拉走之后，地里会留下一层黄澄澄的豆子。这个时候，没事，就蹲在地里拣豆子。豆子多了，拿到豆腐坊，可以换热气腾腾香喷喷的豆腐。所以，动力十足。

干这些活儿，锻炼的就是耐力。

如今，我的这种耐力在这本书中得到了体现。

我相信，这本书肯定存在很多的缺点和不足，还望您多多指正。

但这些豆腐块文章，毕竟都是从花木经营的实践中得来的。

如果您认真阅读，肯定对您的经营有所裨益。

方　成

2011年8月3日于北京莲葩园

目 录
CONTENTS

第 3 篇　栽植与养护

第 4 篇　勤劳与精细

第 5 篇　诚信与服务

第6篇　坚毅

第 7 篇 发展与开拓创新

第8篇　新品种拓展与培育

第9篇　宣传与营销

第 10 篇　经营与管理

第11篇　人才与法律

第 12 篇 修养

1 起步

思路决定出路，脑袋决定口袋。

第1招

向前冲，才能赢得第一

从广义上讲，第一，也可视为领先、一流之意。

有人会说，我刚起步，谈什么第一，那都是对成功人士说的，与我不沾边。

笔者不这样看。

您看这本书，就是想取得成功，取得成功和争当第一的原理是一样的。

今年(2011年)年初，南阳月季基地总经理王波在北京注册成立了一家公司，取名为“北京纳波湾园艺有限公司”。“纳波湾”，与Number one(英语“第一”的意思)谐音，因此，我们月季协会成员一聚会，或者一起赴外地参加活动，大家见到王波，都不再叫她“王波”“王总”，而是都叫她“Number one”。

王波笑而不语，也不肯定，也不否认。

了解她的人都知道，王波在月季行业里不愧是“Number one”，她创造了很多第一。

是她，第一个获得“农业部月季推广大使”称号。

是她，第一个在女性中获得“北京月季栽培大师”称号。

是她，由于经销的月季严把质量关，获得外商的普遍好评，从而在北京第一个获得月季出口资格企业的通行证。

类似的第一，王波还不止这些。

但是王波为什么能获得这么多的第一呢?

我们来看一看她成长的历史吧。

大约20年前，1991年，王波迈进了南阳潦河月季园的门槛。该园就是后来的南阳月季基地。那时，她还是一个十八九岁的小姑娘。

和许多年轻人一样，她在公司的任务就是学嫁接、搞人工繁殖，天天在花圃里摸爬，认品种。通过艰辛的努力，她成了一个优秀的农技员。

2年后，公司遇到了货款收不回来，严重制约企业发展的问题。外出要账成了又辛苦，又困难的工作。别人不愿意干的活，王波却凭着一股冲劲儿，主动请缨，去要款。她靠着什么都不怕的勇气和自己技术上的优势，和客户交流，帮助客户解决栽培、养护上的问题，结果成功地将公司销售到太原去的月季苗子欠款收回。

1994年，她被任命为业务经理；1995年提升为经理，主管销售工作。

她与董事长赵国有一起，将没人当回事的南阳月季基地，从几十亩做成3000多亩的面积，成为南阳地区最大的月季生产基地。

赵国有曾动情地对我说：在公司的发展进程中，王波起了至关重要的作用。她常年出门在外打拼，吃了多少苦，受了多少罪，从来不抱怨。

由于在对内和对外经销月季中的出色表现，她第一个获得“农业部月季推广大使”称号。目前还是唯一。

在月季界圈子里，还有一个与王波一样的Number one，这就是海南三亚圣兰德花卉文化产业有限公司董事长杨莹。

去海南三亚旅游的人都知道，亚龙湾有个“玫瑰谷”，那里有上千亩盛开的玫瑰花……每年的冬、春季节，是年轻人旅行结婚，拍婚纱照片的首选地点。

到过这里的人都知道，经营玫瑰谷的是一家专业从事高品质玫瑰鲜切花种植和发展旅游观光的民营企业。这家民营企业就是“圣兰德花卉文化产业有限公司”。可您知道么？这个公司的董事长是个才30多岁的东北姑娘。

杨莹，辽宁抚顺人，1976年生。1996年，这个东北姑娘在家乡开办了一家小花店。从她的年龄就可以看出来，她没有什么资深的学历。

资力并不重要，重要的是她一起步就马不停蹄地开拓，开拓，再开拓。

1999年，不顾父母的阻拦，她把小花店委托别人代管，远赴云南参加世博会，跟一个台湾的插花师学插花。她觉得，花艺学好了，花才能卖得好。

尔后，她跟着老师去了黄浦江畔的上海，在“精文花卉市场”，开起了自己的鲜花销售点。

年内，她就接手了一个60多亩地的玫瑰花生产基地，自产自销。这样，货的质量和数量都有了一定的保障。

不久，精文花卉市场解散了，成了3个花卉市场。勇敢的杨莹，在这3个市场都开设了自己的鲜花批发销售点，专门销售玫瑰花和各种热带洋兰，因为她有自己的货源基地，底气自然足。

赴海南进货洋兰的一个偶然机会，三亚市副市长的建议，使她发现了中国最南端这块热土的巨大商机。

在海南，在别人没种过玫瑰的热带地方，她和公司的其他成员一起刻苦钻研，经历了一次又一次的失败。用她的话说：死了多少玫瑰，我就掉了多少眼泪。她一次次地擦干眼泪，从不退缩半步。最后，成功地种植出了优质玫瑰(月季)，填补了海南三亚玫瑰的空白，成为了海南的Number one。

明天的玫瑰谷，将成为祖国南疆最大的玫瑰(月季)生产与农业观光休闲基地。杨莹，不愧是月季行业的又一个Number one。

2010年年初，我在三亚见到杨莹时，玫瑰谷在亚龙湾刚刚兴建。

她介绍说：玫瑰谷的整个建设资金大约需要2亿元。

我说：“你一个种花的，哪有那么多的资金？”

我的话，是话里有话。言外之意，面对那么多的资金，还不愁死，怎么化解?

她听了，却呵呵一笑:“方老师，只要有争创一流的信念，把三亚玫瑰谷的优势宣传到位，资金不是问题。”

她说这番话时，是那么的自信，那么的轻松，那么的不在话下。目前，玫瑰谷的建设一切进展顺利。

还有一个人，我还想介绍一番。这个人就是杭州赛石园林集团有限公司董事长郭柏峰先生。现在，他在浙江、江苏、山东有数家大的花木园林市场，成为拥有花木市场的 Number one。

不仅如此，他每年承接的园林绿化工程都在上亿元以上。

但数年前，郭柏峰在经历大起之后，曾经一下子跌入了大落的低谷。

我一直忘不了他对我说的话。他说:“我经济困难的时候，有好一阵时间，每天都是靠两碗面条度日，连青菜都舍不得放”。

但挫折压不垮英雄汉。

他从头做起，没用几年，就在园林绿化工程、苗木种植和花木市场方面，比上一次发展得更快，反弹得更高，成为西子湖畔的佼佼者。

她们，还有他，还有他们，靠什么成为行业的 Number one?

我想，其实这很简单:就是他们从一起步，到迈开步，心里始终有一个坚定的信念:不管前进的道路上有多么坎坷，都豪情满怀地往前冲，直至成功。

记得杨莹有句话说得好:思路决定出路，脑袋决定口袋。

因此，我希望我们行业的好兄弟，好姐妹们，当你踏入花木行业这个圈子之日起，心里也要先有个 Number one，鼓足“衣带渐宽终不悔”的劲头。这，是成就任何一项崇高而伟大事业的基点。

第2招 借2万元创业

看准了一个行业的商机，谁不想大干它一场!但立下雄心壮志之后，马上一个非常现实的问题就会迎面而来:资金从哪里来?

家里有经济靠山还好办。最不好办的是没有任何经济依靠的创业者。这样的人恐怕占大多数。

面对这种情况，我以为，我们要学学奇人张斌广。

张斌广是山东泰安人。他原来是经营商场的。他承包的，是他们镇上的一家商场。商场经营了几年，不仅没有赚钱，还赔了 20 多万元。

人不能一条路走到黑。他选择了一条另辟蹊径的经营路子。

这条路子，就是从事苗木经营。

"商场离苗木相隔挺老远的。苗木属于农业种植的范畴。隔行如隔山，你是怎么和苗木搭上茬的?"我曾这样问他。

张斌广笑笑道："是啊，本来我对苗木一点认识也没有，完全一个门外汉。说起来，这跟有一次我们镇长让我陪泰安市郊区公路局局长有密切关系。这个局长姓张。他下来是检查公路绿化情况的。我在陪他时，照顾得非常周到。他看我像是个干事的人。他问我，你在干什么？我说干商场。他听了，马上摇摇头。他对我说：干什么商场啊，太多了！我建议你转行，搞苗木经营。国家现在大力提倡绿化，需要苗木的地方很多！你要是生产苗子，我们公路部门都可以用。我当时搞商场赔了，正想转行呢，他的这番话点亮了我的心灯。我事后找人一咨询，苗木这行是个新兴产业，还真值得闯一闯。当时，泰安干苗木的人极少。况且，张局长还说，苗子生产出来，他还可以使用。我是一个天生不服输的人，加上张局长的一番话，坚信了我搞苗木的决心。"

苗木这个全新的世界，让他动了心。这时候，他首先遇到的就是资金问题。

还没筹到资金，他却出了车祸，一下子把他送到鬼门关前转了一圈儿。从医院里出来的老张决心没有变，又踏上了筹款的路。

可当时，他的处境不妙啊！不仅身无分文，还欠了一屁股债。搞商场，已经搭进了 20 多万元。

老张坦言道："我搞苗木，真的是两手攥空拳，一分没有，纯粹的无产阶级。没钱，就得找钱。我最初的做法是贷款。但我跑了许多地方，磕了许多庙门儿，也没有任何结果。你想，当时我的情况谁都清楚，出门儿，到哪儿去，走不了路，还要有人搀扶。多难啊！很多人，躲你还来不及呢！谁还想把兜里的钱往你这里送。"

老张又说："功夫不负有心人。最后，我的诚心，我的毅力，还是感动了好心人，借到了 2 万元。"

借来的 2 万元，就是他起家的资本。

用这 2 万元，他租了 4 亩地，还有一个靠路边的院子，总共 7 亩地。这 7 亩地，就是他现在办公的地方。

这个院子，临街，位置真好。他一下子租了 50 年。少了不行，对方不租。他当时没钱，但脑子活分，跟对方谈好，逐年付款。

张斌广，靠的就是这 2 万元，如今滚成了大买卖，花木资产达上千万元。他的故事，我们后面还会讲到。

一个人，没钱不可怕，可怕的是没有创业的魄力。

第3招

张英炒将花籽起家

“别人行，我为什么不行？我也行，我一定能行！”2011年7月中旬，在北京顺义宾馆参加全国苗木行业发展研讨会时遇到了张英，她对我说。

这是一个看上去很是文静，甚至有几分羞涩的女士。但她说上面一番话时，却显得格外的自信与坚毅。

20世纪90年代初，张英与哈尔滨市呼兰县利民镇东闻家屯的小伙子闻立东结婚，组成了恩爱的小家庭。

在村里，她很快发现，有几家盖了暖棚。暖棚里，种的不是蔬菜，而是花花草草。一开春，这些花草就用到了城里的绿化工程上，变成了现金。花草，挺来钱的，比种青菜效益高出好几倍。

她是个闲不住的人，她也想养花，她也想赚钱。于是，她学别人的模式，盖了一个暖棚，有100多平方米。

养花？丈夫对此有不同的看法。他对张英说：“咱吃不了养花这碗饭。你没瞧养花那几家吗？人家都是上工程，都有关系，都有路子。咱什么也没有，花养出来卖给谁?”

她觉得丈夫说得的道理，放弃了养花的念头。

暖棚盖起来了，总不能闲着。她和丈夫一商量，决定在暖棚里养肉鸡。养鸡，没经验，闹鸡瘟，结果赔得一干二净。

暖棚闲置了一年。她不甘心，看别人养猪来钱，又动了心思。她果断行事，抓了50头小猪回家，做起了养猪生意。

小猪仔可不便宜，一头就是600块钱。年初进的猪仔，在她的精心饲养下，6个月，猪就养得膘肥体壮，足有100多千克。

猪出栏了，按说该是收获的时候了。但她却赶上肥猪大跌价。每头猪1千克才卖3.4元。连本钱都不够。眼泪“吧嗒吧嗒”地往下掉。

她对我说：“当时真是老惨老惨了！好多天都不愿意出门。”

是啊！连续两次沉重打击，对这位看上去很是柔弱的女性来说，实在是难以承受。

刚走上社会的一个年轻人，能有什么经济实力，禁得起这么打击？人生的路怎么就这么难？她叹息，她悲伤，她抹眼泪。

但很快，她就擦干了眼泪，镇静了下来。她对丈夫说：“咱不能就这么趴下，咱还得养花。”

丈夫都听呆了："还干？两次跟头栽得还不重？"

她说："咱不干，就彻底栽了，就一点出头之日都没有。国家现在这么重视环境绿化，别人能把花卖出去，咱也能。咱为什么不行？"

丈夫默默地点了点头。

养花，需要钱。钱从哪来？小两口身无分文，已经到了山穷水尽的地步。该借的地方，养鸡、养猪时都去过了。

没钱，她就揣个塑料袋，叫人家好听的，东家捋一点花籽，西家揪一点五色草，然后种在暖棚里。村里人家去的次数多了，她就去村外，去镇上，去县城。反正，能去的地方她都去了。

绚烂的鲜花，在她的暖棚里绽放了。

她的脸上，也绽放出了灿烂的笑容。她家在村口的路边，位置好，很快，就招来了买花人。

这一次，她成功了，冲破了黎明前的黑暗，实现了柳暗花明。到年底一算账，她挣了 8000 元钱。

现在的张英，是哈尔滨利民开发区大成苗圃的总经理，主要经营花灌木和宿根花卉，在黑龙江省已有一定的知名度。她的大叶丁香、小叶丁香、榆叶梅和偃伏梾木，已经销到了长城以南。

"别人行，我为什么不行？我也行，我一定能行！"自然，这是她取得成功的关键所在。其实，这也是一切不放弃、不抛弃、勇往直前、最终取得成功的人士共有的鲜明特征。

因此，面对挫折，面对失败，您千万别灰心，别丧气。

跌倒了，爬起来，擦干眼泪，总结教训，继续前进，出头之日总会有的。

张英行，你也能行。

第 4 招　"借窝下蛋"

近些年，不少看好花木行业的人都想租地。但在租地的过程中，都为不断上涨的租金犯愁。因为，成本压力大了。

然而，也有人不花租金办苗圃的，自然就不必为高额的土地租金的事犯愁。

这事还得说到德州双丰园林绿化有限公司的朱永明。朱永明起步时，一次发展了有 200 多亩地的苗圃，并没有为租金的事犯愁。

"不花租金就搞苗圃，这样的便宜事是怎么让你赶上的？你有特别硬的关系?”

他摇摇头笑道:“我是换了一种思路考虑问题。”

“呵呵。什么思路?”

“有一次我路过一家工厂，看到厂里很大一块地方都空闲着，堆了不少杂七杂八的东西。当时我脑子灵机一动。咦，我要是义务在闲置地里栽植苗木，不仅帮助工厂清除了杂物，实现了环境绿化，而且我的苗圃也建立了起来，租地的钱就可以省下来了。”

“聪明。一举两得。谈成功了?”

“哪有那么容易的事。人家不同意。”

“按我们北京人的话说，这是剃头挑子一头热。”

“是这样的。”

“但你没有放弃?”

“我为什么要放弃?我觉得这是双方都受益的好事。我不灰心，又去谈第二家。呵呵。这次成功了。一鼓作气，又找了两家，也都成功了。过了一年，我看第一家还是老样子，没什么变化，又去上门做工作。因为我有成功的例子，所以勇气十足。”

“这次谈成了没有?”

“谈成了，很顺利。”

朱永明采用的这种方法是“借窝下蛋”。

借窝下蛋是一种思路。“思路决定出路”，这是许多成功人士印证的一句话。

第5招 不行，就跟着学

在华南地区从事园林花木这个圈子里，东莞市润绿园林绿化有限公司董事长陈摇东赫赫有名。好多人说，他是沾了起步的光。

但怎样起步好，是有奥妙的啊!

2010年，我在东莞跟陈摇东见面，向他讨教了这方面的高招。

他笑笑道:“我起步没什么新鲜的，就是在我们东莞清溪镇亿诚塑料厂揽了一个绿化工程。工程不大，几十万元。揽下来后，请了一个有施工经验的人做，很成功。”

“这小子，聪明!”我心里说。

但我故意问他:“为什么请人做?”

“不请人做，我自己非得干砸了，说不定还得回去干我的老本行，蒸馒头。”

陈摇东涉足园林绿化前，主要从事的是蒸馒头、摊河粉的生意。

“有道理。”我点点头。

“呵呵，您别当真，开个玩笑。”他继续说道：“我这个人，做什么事情都很有信心，从来不认输。这方面已经给朋友们留下了深刻的印象。因为栽苗子，堆假山，砌花池子，我是外行啊。”

“你没找点儿书看？”

“光靠找书看是不行的，帮不了多大的忙。自己不行，就请行的，人得有自知之明。我手下的人跟着学，我也跟着学。”

请内行干，跟着学，不失为外行做好园林绿化工程的一个妙招。

第 6 招　不会做的事，找会做的人做

自己不会做的事，不逞能，找会做的人做。河南遂平县玉山名品花木园艺场王华明创业也有这样的切身体会。

2001 年 3 月，他从北京买回来 0.5 千克红千层的种子。

种子特小特小，像小碎末似的。看上去不像什么种子。

我问道：“你自己会种吗？”

他笑笑道：“我不会种。我咋会种啊！我妻子说，咱种不了，别瞎种，咱请人吧。中，中，咱请人，自己种砸了怎么办？咱实在禁不起折腾了。”

“你媳妇说得对。你找了一个什么样的人帮你种？搞过树苗种子的？”

他说：“我们这里没有种植树苗种子的。我请的人，他也不知道怎么种。但他种过菜园子，有播菜籽的丰富经验。我只能依靠他。他搀了点细沙，小心翼翼地，一点一点往畦里撒，然后遮上拱棚。老天保佑，成功了。10 天之后，出了一层小芽。10 米长，1 米宽的畦，好几十个。到秋天，小苗子出了好几十万。”

靠这批小苗子，王华明挣了 30 多万元。要是没有旁人助力，王华明就不可能挣到这 30 多万元。

明摆着，这是请高人的作用。

第7招 低谷时，要挺住

2010年的年底，记者范敏写了一篇报道："今年雪松全线涨价"，登在《中国花卉报》上，引起了我的关注。

"雪松现在卖疯了，很多规格都出现断货现象……"从雪松的主产地南京汤泉传来消息说。

在经历了几年的低谷期以后，从前年下半年起，各地雪松出现供应紧张、全线呈现涨价的局面。

2011年4月的一天，我给汤泉雪松经营大户李模喜打电话，问他今年这几个月雪松的价格上涨了没有？

"涨了，涨了，起码涨了40%。"他激动地说。

我说："2009年春天，我去你那里，雪松价格还非常低迷，但你说，这种情况长不了，雪松应用范围广，价格肯定会起来的。呵，果真让你猜中了。"

看范敏的文章，得知这次雪松涨价有几个主要原因。

一是雪松种子的主产国印度前年绝收，导致国内种植户无种子可播。前年下半年，陕西、山西、山东、四川等地大规模采购小规格雪松。

南京浦口区汤泉镇温泉苗圃场场长王友富告诉范敏："南京去年播种的雪松小苗已经从0.7元上涨到2元。很多人就开始想买种子繁育小苗。不料去年又买不到进口种子。"

二是受安徽、山东等地绿化、举办大型展会的影响，雪松需求强劲。南京浦口苗圃高度6米以上大规格的雪松基本被一扫而空，留下来的雪松数量已经不多，而且质量明显偏低。

进入10月份，山东临沂开发区建设，大规模采购雪松。

在这一强劲需求的拉动下，大规格的雪松价格出现较大幅度上扬。7米雪松价格一度上升到400元以上，而8米雪松价格更是突破600元。7~8米规格的雪松开始断货。

第三个原因，由于雪松多年价格低迷，不少小户对雪松"到底能扛多久"失去了信心，一狠心，就把雪松基地改种成了其他作物。

因此，南京地区的雪松种植面积从30万亩，一下子递减到了15万亩。

雪松市场需求旺盛，种子和种植面积却在缩水，价格不涨才怪哪！

"现在好了，很多退地的农户卷土重来，再次改种雪松。"李模喜说。

"按100亩地计算，从退出到跟进，里外里要损失有10万元吧？"我问他。

“10万元？不止，不止，远远不止。”

10万元，对一个小户已经不算小数目了，更何况损失远不止这些！里外里，亏大了。所以，您记住了，凡是适应范围广的植物品种，低谷时，要挺住，别轻易往外低价抛，心理一定要有承受能力。

第8招 善于发现，勇于开拓

江苏昆山，是当今苏南地区经济发展最快的城市之一。这里，有一个大名鼎鼎的园艺公司，即昆山三维园艺有限公司。公司的董事长胡艺春，自然也是大名鼎鼎了。

胡艺春有今天这样的大名，是他惊人跳跃的结果。

胡艺春不是昆山人，也不是苏南人，而是地道的苏北沭阳人。

沭阳，是改革开放涌现出来的苗木之乡。20世纪90年代初，初中毕业的胡艺春像许多家乡的年轻人一样，走上了苗木种植之路。

刚起步，他的苗圃自然不是很大，只有几亩地。有人来买，他就卖。

胡艺春是一个善于思索的人。慢慢地，他发现，买苗的人，几乎都是外来的人，沭阳本地人多是卖苗的。

渐渐地，他明白了一个道理：沭阳只是一个产地，消费苗木，主要集中在苏南地区。因为，苏南比起苏北来经济要发达得多。

“既然苏南经济发达，我要是直接到苏南做苗木生意，比在老家沭阳赚钱的机会肯定要多得多。”不知不觉，他的内心涌现出了这样的念头。

想到就做。很快，胡艺春就告别了家乡，实现了他人生的第一次跳跃。

他从沭阳，“跳”到了江南的苏州。

到了苏州，他注册了一个苗圃，自己并不生产，而是专门囤积收购来的金叶女贞和红叶小檗。这两个小灌木，当时在全国都很走俏。

为了扩大销路，他不仅主动联系苏州地区的客户，还选择在全国影响力最大的专业媒体——《中国花卉报》上大做广告。

一年下来，他的纯收入达到了几十万元。

他的原始资本积累，就是这样实现的。而在老家与他同时起步经营苗木的同学，一年收入有几万元，已经是相当不错的了。

超越，是从跳跃中脱颖而出的。

金叶女贞和红叶小檗普及后，他又看好了苏南经济发展最为快速的昆山。

还是想到做到。很快，他又从苏州“跳”到了昆山，专门发展刚刚在城市中兴起使用的草花。

2006 年春，我来到昆山三维园艺有限公司。到车站接我的是南京农业大学教授张效平先生。他是专门从事花卉研究和教学工作的，是胡艺春公司的技术顾问。

张效平先生介绍说："2001 年，胡艺春在昆山刚刚创办公司的时候，只有一个二三十亩地的小花圃，年产草花几万盆，现在不得了，一年生产草花 1000 万盆。"

一个公司年产 1000 万盆草花，当时在全国绝无仅有。生产量如此之大，可见昆山地区的消费能力该有多么大。

无疑，这是胡艺春勇于开拓，勇于跳跃的结果。

跳跃，成就了一个大公司。

第 9 招 建苗圃，起点要高

随手翻看 2010 年的《中国花卉报》合订本，有一篇记者李颖写的文章，叫做"重庆有个'桂花王'"，感觉很有意思。

这篇文章，讲出一个道理：现在建苗圃，起点一定要高。

这是与时俱进的一种表现。参与市场竞争，一定要站在一个高的起点上。

"桂花王"的这家苗圃，位于重庆市的铜梁县，老板叫肖纯文。他原来是搞环保产品的。2007 年，重庆市提出建设"森林城市"的目标后，他嗅出了其中的商机，很快建立了一个苗圃。他的产品定位很简单，就一个品种：桂花。

他一种，就是 2000 亩地的桂花。

沿着山间公路四五千米的一段路程，全是他的桂花，有 9 万多株。

9 万多株的桂花，既有金桂、银桂，也有丹桂、四季桂。

那里，除了有自然生长的桂花行道树，还有经过精心加工的，宝塔形、蘑菇形的桂花造型树。

树木的分支点，高度一致。株距和行距，几乎都是 3.6 米。

这样的面积，这样的档次，远近无人可比。很快，大家便给这位老兄戴了一顶"桂花王"的帽子。

他对前来采访的李颖说道："我踏入苗木这个行当，既然起步已经晚了，起点就一定要高。由于有这样的考虑，苗圃地选择的都是土质肥沃的田地。紧邻大片的丘陵地和和山坡地便宜，但我不能要。同等规格的苗子，山地种 5 年，赶不上好田地种 3 年的。"

此外，他很是重视苗圃的科学养护工作，专门聘请了专业的技术人员做技术指导。他自己也没当甩手掌柜的，经常参加当地林业部门组织的技术培训。

我想，一个人，因为经济基础不同，投资点不同，认识不同，苗圃有大有小，以及种植什么乡土树种，这都无所谓。但不论大与小，起点一定要高。

起点高的意思是：种植高质量的苗木，经营高质量的苗圃。

起点不高，就跟不上时代潮流。对此，您心里一定要有个清醒的认识，别马马虎虎的。

第 10 招　脚踏实地，把现有的苗圃搞好

“天上没有掉馅饼的美事”，这是中国人常说的一句话。

之所以有这样一句话，就是因为现实生活中总有人想不经过艰苦努力，让好事在一夜之间降临到他的头上。

几年前，我在中国花卉报报社接待过一位苗农。

那是一个中午，来了一位约 60 岁的老者。

正是吃饭的钟点。我们出门，选择一家小餐馆，边吃边谈。

桌子上，放着一份他带来的材料，密密麻麻的钢笔字，写了有好几页。

“您找我们有什么事情吗？”我说。

“有事的。事情相当的大。”他拿起那份材料，说道：“我搞了一个发展造型苗木的项目报告，想找你们看看。”

我拿过材料，随意瞟了一眼。只见材料上写的是，关于成立造型苗木园景有限公司的可行性分析报告。

老者介绍道：“我要搞的公司，总投资 2800 万元，分两个苗木基地。山东 140 亩，北京 140 亩。因为是发展高档造型苗木，1 亩地需要投资 10 万元。”

“设想是很不错的。这么多的资金，您准备从哪里来？”

“我是根本没这个能力的，找投资公司啊！”

我又苦笑了一下，退一步问他：“您现在有苗圃吗？”

“有啊。有十来亩地。”

“十来亩地，就想一下子搞 280 亩地，而且还是高档的，投那么多的资金？”

“对啊。”

“您找到投资方了吗？”

“没有。我找了 3 年了，也没有结果。去年，我跑了上海、南京，找了几家。有一家说是可以考虑，但要先去我那里考察。考察的费用需要我出。我同意了，他们也去了，结果搭了好几万块钱也没成。这次，我来北京，有半个多月了，找了两家投资公司，还是没什么结果。这不，我找你们报社来了，找你这个大记者来了。你们应该有办法。”

我苦笑了笑。

看老者的样子，近乎于有点执著，但想法不免过于天真，不切合实际。

一个普通的苗农，只经营了十来亩地的苗圃，而且经营得一般，让人看不出苗木发展实力，谁会只是凭借一份项目报告，就轻易给您投资两三千万元？本书开头举的例子：王波、杨莹、陈摇东，那都是在做出了显著成就，而且有了很好的口碑之后才获得别人信任的。

“老先生，恕我直言。您这条路是走不通的，这近乎于天上掉馅饼，不大可能的。”我坦诚说道。

他点点头，说：“我老婆孩子也这么劝我，说这招成不了，白搭钱，白费工夫。”

“所以我劝您还是早点回家，踏踏实实把现有的苗圃搞好搞精，等到有一定规模了，有一大片受市场欢迎的好东西了，您再找投资公司，可能性就大了。”

老者虽然不住地点头，但从他的神情里，还是可以看出有点不到黄河心不甘的念头。

他停顿了一会，果然说道：“大记者同志，您就费费心，给帮帮忙。谁不知道你们报社影响力大哪！”

“报社的影响力在行业内是不小。但没有可能性的事，影响力再大也是没用的。”对此，我强调说：“您这条路确实走不通，别人不可能把资金投给您。”

老者点点头。事情已经过去几年了。他回去后，但愿我的话能够听得进去，打消原有的想法。有类似想法的人，也赶快丢掉幻想吧！

因为，这与堂·吉诃德挥舞着大刀，满世界横闯，最终也没有任何结果，是没有什么两样的。

根基还没打牢，就想盖大楼，可能吗？

敢想和幻想是两回事。同样是执著，能否成功，却取决于目标是否切合实际。这是对本篇开头文章的进一步诠释。

第11招 有好的服务生意火

企业有好的服务，生意就火。这是河南省遂平县玉山名品花木园艺场王华明总结的经验之一。

好的服务在他那里很简单，就是照着客户的要求去办，不走样。

我在他场里的那天，河北博野的一个客户对我说："这是头一次到王华明的场子，但通过几次电话，我感到跟这个人打交道可靠。他的东西不仅好，而且你向他咨询，他总是一五一十地说，特别的诚恳。有一回我问他，花叶木槿能不能引？他说要慎重，夏天水大一点就容易烂根。"

那天，我还亲眼看到，另外一拨河北的苗木商，当时并没有定什么苗子，只是到他这里随意看看，但王华明照样好酒好菜好饭款待。走的时候，他还亲自给他们的车子带路，直到上了高速公路。

"这些年，凡是我发的苗子，多的也好，少的也罢，事后都要打个电话，问问收到没有，或者有没有什么损失。一旦出现了问题，有了损失，我就要进行补偿。"

为此，他还设专人做售后服务工作。

近两三年，他的种苗出口外销生意不断。有这样的销路，除了他有外商需要的品种以外，还有，就是外商看中他注重发货把好每一个服务环节。例如，发货时间、苗子消毒、包装等都严格按照处方的要求去做。由于每个环节都做到一丝不苟。因此外商见了他总说："OK！OK！"

王华明的感悟是：一个企业不注重在细节上服务，好的产品也不一定会给您带来好的利润，说不定会打了折扣！

第12招　有好的产品生意就火

有受市场欢迎的好产品，生意就火。这是河南省遂平县玉山名品花木园艺场王华明总结的另一个经验。

王华明，三十多岁，中等个儿，说话细声细语，是一个很不起眼的人。

遂平县，地处中原大地，又是一个很不起眼的县。这里，既不是花木之乡，也不是什么经济大县。就是这样一个不被人注目、而且在没有任何经济优势的环境里，他的苗木销售却显得格外火爆。

2008年，他在只有400多亩苗木基地的情况下，年苗木销售额实现了900万元的收入。其中，内销400多万元，外销300多万元。这是一个了不起的经营业绩，因为，2001年他才走上苗木经营这一行。

王华明的苗圃分散在7个地方。有批量的品种不少于几十个。

"有没有销不出去的？"在他的场子里，我问道。

他很自豪："没有！"

为什么没有？原来，他的品种都是受市场欢迎的好品种。

比如，红叶加拿大紫荆，他的几个苗圃都有种植。嫁接成大规格的植株有3000多棵，4米来高，非常的整齐漂亮。

他嫁接的加拿大紫荆小苗，每个苗圃都有，但都不够卖的。紫荆，宽大的叶子，开玫瑰红色花朵，非常娇艳迷人。

在北方园林绿地里，只见这几年仅有灌木紫荆种植，而极少有乔木种植。更别说呈现红叶的加拿大紫荆了。

还比如，他进口的新品种花叶白蜡和金叶白蜡，2008年一年生的苗子，市场价格是12元，2008年繁殖数量大了一些，每株售价仍不少于8元，利润也相当可观。

而普通的白蜡，差远了，长了两三年，3厘米的苗子，每株售价只有3元，而且还常常无人问津。落差之大，显而易见。

还有，他的进口品种粉叶复叶槭、红叶皂荚、金叶皂荚、金叶接骨木、紫叶合欢、紫叶风箱果等，不仅销售价格高，而且均供不应求，大有“皇帝女儿不愁嫁”的感觉。

如果仔细观察，我们不难发现，这些新品种，它的上一代都是老品种，而且多数都是我们的乡土树种，基本上没有水土不服的问题。

在这方面大做文章，错不了。

第13招 失败了，再干

河南省遂平县玉山名品花木园艺场经营业绩不凡，场长王华明在花木业大名鼎鼎。但倒退十年前，他是一个屡遭失败的人。

2000年以前，他是做苹果生意的。把陕西的苹果运到广州，卖掉；再把广东的水果运回来，销到陕西、河南。

有一次，一车十几万元的货，运过去，赔惨了，他只带回来8000块钱。

运输水果的生意算是砸了。

在这之前，他还跟人合伙买了一辆南京东风大货车，跑运输。

司机老出事，也赔了。

反正，他欠了一屁股债，拿什么还呢？没得还。

“还以为你一直很顺当呢！看不出来，你还有这样走背字的经历。”他向我聊起坎坷的经历，我最初都不大相信。“你真够棒的，一再失败，还是不服输?”

“对。还是不服输。我想搞苗木。放弃了，我就彻底完了。”

“最初想搞苗木，家里人持什么态度呢?”

“一齐反对！一齐坚决反对!”他有些激动：“我们家，我老丈人家，都让我好好去上班，千万别再做生意了。他们说，你不是做生意的材料。再说，搞苗木这个行当你也不懂，也不了解，又没有种植技术，可别再瞎折腾了。家里一个钱也帮不上你。反正，我是失败者，搞什么也搞不成。他们说的都是事实，我也不说什么。有一阵子，我手里一块钱也没有，到处蹭吃蹭喝。但我天生有一股不服输的劲头，按我们农村的话说，有股子倔劲儿。”

“人就应该这样。话是好说，最后买苗子的钱从哪里来呢?”

“是啊，从哪里来呢？借吧。有两个月，我到处借钱，跑了半天，一个钱也没借到。”

“人家有钱也不借给你，是不是？他们都知道你欠了一屁股债。”

“您说得太对了。有钱也不借。但我信一条，天无绝人之路，失败了，再干，继续走下去，总会见到光明的。人不会总是失败。最后，还是跟我合伙跑运输的朋友帮了忙。他看我意志坚定，借了我5万。这个时间是2000年9月。拿到5万块钱，我立即办了3件事。第一件事，是结婚；第二件事，是租地；第三件事，是到北京进雪松种子。”

他的人生，就这样翻开了新的一页。

第14招 来了，就不能空手回去

在经营的过程中，可能不少人都会遇到“山穷水尽”的时候。这个时候，别垂头丧气，只要冷静下来，沉着应对，总会“柳暗花明”，转危为安。

这方面，河南遂平县的王华明体会颇深。

2001年3月15日，王华明领取了苗木经营的营业执照。那一年，那一月，那一天，他记得非常清楚。

因为，那是他时来转运的起点。

但一开始，老天对他可没那么仁慈，来了一个下马威。

遂平县属于驻马店地区。当时，驻马店地区种雪松的，很挣钱，3米的雪松，可以卖上100多元。他看到当地人搞雪松挣钱了，也想从雪松开始起步。

为了省钱，他就打起了到北京进雪松种子繁殖小苗的主意。

去北京之前，他像别人一样，先预订雪松种子。他订的不多，也有两三千克。

满怀希望到北京林木种子公司取种子，却让他大失所望。

种子全部卖光，没货了。

眼看抓到手的机会就这么消失了！他的脑袋一时胀大了。大老远地，坐了一夜火车，难道就这么空着手回去？

他站在原地没有动窝，很快就冷静了下来。

别人都失望地走了，他不走，他在种子公司的办公室里寻思着，看还有没有其他补救的办法。

正当他的两眼在不停地观察四周时，突然有个女工作人员打的电话，引起了他的注意。

原来，女工作人员正准备往四川发一批红千层的种子。

他立即问另一个工作人员："红千层是什么？"

工作人员告诉他："红千层是一个刚刚进口的新品种，属于小灌木，开红花，很好看的。"

他一听说是新品种，还开花，眼前一亮，来了精神。

"那也要，别含糊。总比空手回去强。"他心里说。

那一次，他对女工作人员说了许多好话，终于花3000多块钱，买回0.5千克红千层的种子。

靠这0.5千克红千层的种子，繁殖出小苗，他挣了30多万，由此翻身得解放。

对此，他感悟说："人在突然遇到变故的时候，别泄气。人不能让尿憋死，山不转水转，办法总比困难多，一定的。"

2 产品定位

社会上需要什么品种，就千方百计扩大什么品种，满足什么品种。

第15招

坚持，使郑长才成为“小叶罗汉松盆景王”

郑长才，江苏省如皋市如皋绿园公司董事长，人称“小叶罗汉松盆景王”。他为什么能做到这个份上？您细听我说。

他1944年生，高个头，和蔼的面容，说话慢条斯理，对谁都是相当的客气、热情：“你好啊！”要不然就是“谢谢你！”

2011年6月27日，这位年近7旬的老先生领导的如皋绿园公司，被中国花卉协会评为“2011年度全国十佳花木种植企业”。

此次参选，我是评委之一。我知道来自全国各地的参评企业强手如林，参评企业实力都非常强，年销售额在数亿元资金的不在少数。

他的公司之所以在激烈的竞争中能够胜出，主要原因是得益于盆景。而稍微了解如皋绿园公司的人都知道：如皋绿园95%的盆景都是小叶罗汉松盆景。

盛夏的一日，我冒着酷暑，从江西南昌乘飞机转道来到南京。再从南京乘车到了南通地区。因为如皋，是南通的一个县级市。

尽管在这闷热、潮湿的“桑拿天气”里，坐在屋里都会汗流浃背，但我还是想对年近七旬的“小叶罗汉松盆景王”郑长才先生有一个深入的了解。

在如皋绿园公司，郑长才先生向我介绍说，他的公司现有近1000亩的生产基地，其中有近200亩为盆景养植基地。

这可是一个不小的盆景基地。因为在别处，能见到几十亩的盆景园就已经很是不错的了。况且，举目望去，映入眼帘的几乎都是清一色的小叶罗汉松盒景。

绿园公司办公室的西侧，是公司的盆景样品展示棚。

棚是拱形的，长长的，上面覆盖的是白色塑料布，棚架的两侧是敞开通透的。中间是一条通道，两侧是错落的展示台。台面上，是一盆盆摆放得很整齐的小叶罗汉松盆景。

盆景的形状多为“云片式”。主干，有俊俏挺拔不带弯的，也有带两个弯的，按南通人的说法，这是“云头羽足美人腰”。但不管带弯的还是不带弯的，每一根枝，每一片叶，都显得非常精致、到位。

“因情造景，景中出诗，诗中出画”。这种情势，在这些小叶罗汉松盆景中体现得非常鲜明。

郑长才先生的女婿施勇如先生冒雨领着我参观。这是一个不善言谈，但做事非常细致、缜密的中年人。他向我介绍了小叶罗汉松的大致情况：

“小叶罗汉松，属于江苏南通地区特有的树种。它是罗汉松家族中的一个变种，与北方国槐的变种金枝国槐是同等概念。它是通派树桩盆景材料中的主要用材之一。

小叶罗汉松制作盆景，通常是罗汉松做砧木，采用靠接的办法，与小叶罗汉松嫁接而成。因为罗汉松长势要比小叶罗汉松旺，而且枝干粗壮，‘膀大腰圆’，好比是罗汉松中的男性，彰显阳刚之气。小叶罗汉松则明显不同，很像小巧玲珑的女人。它的叶子很小，长度仅有2厘米左右，宽仅3~4厘米，呈条状，密生，四季翠绿，郁郁葱葱，秀丽雅致。

由于小叶罗汉松品种的叶子非常小巧，与麻雀的舌头相似，故又称之为雀舌罗汉松。”

据我了解：小叶罗汉松植物材料和由此做成的树桩盆景，全国属南通地区最多，而南通地区又集中在如皋。在如皋，郑长才拥有的数量最多，占绝对优势。

“为什么您被称为小叶罗汉松盆景王？是因为您的公司这种盆景最多吗?”我问郑长才老先生。

老先生微微地笑了。他说：“肯定是原因之一，但主要原因，还是我20年始终坚持发展小叶罗汉松盆景。”

在老先生的努力下，2010年金秋时节，近2万平方米的东方盆景园和江苏盆景园还同期在如皋绿园开园，为中国盆景构筑了一个艺术殿堂，实现了如皋几代人的夙愿。

20年坚持做一件事，不动摇，不懈怠，硕果累累。贵在坚持。

附：如皋绿园送审中国花卉协会“2011年度全国十佳花木种植企业”材料选录：

自主创新能力是企业发展的关键，也是衡量企业经营水平的主要标志。

公司董事长郑长才先生始终注重盆景产业的技术总结、技术创新和技术改造，不断提升技术水平，成功摸索，并形成了一系列小叶罗汉松盆景繁育速成、矮化、催化等新技术，缩短了生产周期和盆景成型周期。

繁育小苗已由传统的播种、扦插向嫁接、压条、组培方向转变。

盆景造型由过去的“两弯半”为主，发展为妙趣天成、变幻莫测的因树造型。

蟠扎方式，由单纯的棕丝蟠扎发展为铁丝、铜丝、塑料绳绑扎与棕丝蟠扎并存。

盆景繁育，由室内栽培发展到人工地栽、无土栽培、沙培等多种方式。

同时，还攻克了盆景外运保鲜活技术，提高了盆景在长时间集装箱运输途中的鲜活程度和完好率。

第16招 种植乡土树种好

种什么苗木呢？

一个外行，看中了花木业这个行当，办苗圃，有了地，望着好大一片原野，首先遇到的问题是：种什么苗子好？多数是一时吃不准，拿不定主意，别看大方向有了。

这时，找内行参谋参谋，是非常必要的。

不然，树种选错了，经济上就会受到不小的损失。钱还没赚，就要赔，岂不冤枉！

3月下旬，正是“春到人间草木知”、起苗栽树的大好时节，有人向我咨询这个问题。咨询的，是山西大同一个搞植物的人。

去年秋天，他给我打过电话，让我介绍几个搞新优植物的企业。

“哦，方老师，是这样的哦，我刚租了500亩地，30年租期，时间挺长的，我想搞个苗圃，现在大同的绿化动作一年比一年大，需要的苗子不少。”他在电话中操着浓郁的地方口音说。

“这是发展苗圃的好机会啊。”我说。

“哦。对的对的。我也是这个意思哦。您说种些什么好呢？”

“种什么好呢？你倒是把我问住了。”

“为什么哦？您经得多，见识广哦。”

我淡淡地一笑，解释说：

“我没有去过大同。大同虽然离北京不算太远，也就几百千米，但在我印象中，气候与北京应该是有明显差异的。你们那片，离张家口不远。前年，我到过张家口。张家口就是出八达岭长城了，属于关外，气候跟北京有明显的不同。”

“哦。是这样的。您经验丰富，给我提提建议。”

“要是提建议，我想，我只能说些大方向的。我劝你，还是种植常规的乡土树种。”

“种常规的乡土树种？”

“对。乡土树种。所谓常规的乡土树种，说白了，就是你们那里过去几十年都种些什么树。哪些树种种得多，哪些树木长势好，你就种什么树，育什么样的苗子，准没错。千万别赶时髦，盲目引进南方的树种。”

我这样说，是有充分根据的。

中科院植物园几个老先生都曾对我语重心长地讲过：一种植物适合不适合一

个地区生长，有时候往往需要经历几十年、甚至上百年的考验。

否则，因气候原因苗木夭折了该多么的可惜！盲目引进树种死亡的教训，我们这些年的教训太多了。

我又说道：“你是才起步，又不是科研单位，弄些新鲜东西搞实验还不到时候。”

“哦。方老师，您这样一说，我觉得蛮有道理，要不然，我还真想引种点新鲜的苗木。”

“创新是需要的。但在种什么苗子上，还是慎重些好。当然，乡土树种中的一些变异品种可以大胆地引种。例如，金叶榆就可以。它虽然是新品种，但却是从榆树中变异的。它的耐寒性、抗风沙的特性是不会改变的。”

总之，最初的创业者，不妨多找人咨询一下。鼻子底下是嘴巴，还是不耻下问好。

别听一面之词，自作主张。这样妥当点儿，可以避免失误。

第17招　不断满足社会新的需求

时代在前进，社会在进步，这就意味着社会的需求也会随之发生变化。只要抓住这种变化，满足这种新的需求，就有钱可赚。任何时候都是如此。

山东省德州双丰园林绿化有限公司总经理朱永明，是1985年开始踏入花木经营这一行的。那时，他就有了这方面的体会。

他是德州市临邑县人。山东有两个linyi，发音都一样。但一个是临沂；一个是临邑。临邑在济南黄河的北边。

2011年5月下旬，在莱州召开的中国花卉协会月季分会理事扩大会上，见到了朱永明。我很惊讶，因为在我的印象中，他一直是搞苗木经营的。

“永明，你怎么参加月季会来了？”

他微微笑道：“我跟月季有缘啊。”

“这些年没听说你搞月季啊？”

“我最初就是从月季开始起步的，准确地说，我是从38棵月季开始起家的。”

还有零有整。1985年，正是改革开放初期，从事花木经营的人多数都是从小开始的。

“当初。你是怎么想起从月季开始的？”我饶有兴致地问道。

“月季花漂亮，适合庭院种植。当时我想，繁殖一些，以后说不定会有人要。”

“怎么就想到月季会有人要呢。那时候可不像现在，养花种草是一种普遍现象。”

“但农村也能看到一些新的变化。我就看到我们那个地方通过土地承包到户后，有些人赚了点钱，已经盖了新房。有了新房，我想院子就要种点花草了。花儿是美的，爱美是人类的天性。”

“思路很好。”

“但说实际的，当时我也只是想想，试试看，并没有十足的把握。我从外县带回来50多棵月季条子，在院里扦插，最后活了38棵，有3平方米的面积。呵呵。”

“月季活了后又扩大繁殖?”

“还没来得及，就出手了。”他笑道：“第二年5月，月季开花后，我们双丰镇卫生院的领导看见后，相中了，一下子全买去了。当时是5块钱一棵。你说，3平方米的面积，巴掌大的地方，一次挣了多少钱？190块啊！”

“在那个时候，190块可不是小数目。一下子调动了你的积极性?”

“对呀。到秋天，我到卫生院又剪回了月季条子，扩大种植。条子太少，我又到我们临近的周平县买回来1000段条子。全扦插成活了。第二年，我的月季就发展到了1000多棵。到第三年，已经发展到了1万多棵。”

朱永明提起当年往事，很是兴奋。一晃，事情已经过去了26年。

但我想，时间可以变，规律是不会变的。社会在发展，时代在前进。新的变化，层出不穷。这就意味，其中一定蕴含新的商机。谁抓住了，谁就赢得了财富，赢得了发展。

第18招 瞄准消费者使用最多的品种

产品来个180度大转弯。有这样的魄力，不容易，但广州绿航农业科技股份有限公司的总经理程德成做到了。

程德成一人经营绿之恋时，生产的观叶植物有500余个品种。

那时，我在他的温室里看到的情景可以用12个字形容：琳琅满目，绚烂多彩，千奇百怪。

现在，一切都变了。你到他的公司，看到的除了绿萝，还是绿萝，再也看不到第二个观叶植物品种的影子了。

我问他：“绿航成立后，为什么一下子要减到绿萝一个品种?”

他的这场革命，不得了，大有天翻地覆之势。

对此，程德成有自己的认识视角。

“我认为，当今社会正朝着高品质的产品方向发展，而要顺应这种发展，使企业立于不败之地，生产必须专业化，产品必须聚焦到很少的产品上，才能做出高品质。而绿航，做好一个品种足够了，不需要很多。”他说。

是啊，前些年我去西欧时看到，不少企业的产品都是一个品种，有些还分得更细。同样生产香石竹，做种苗的绝对不做成品花生产。

“于是你选择了绿萝?”我说。

他微笑，点点头。

“为什么相中了这个品种?”

“呵呵。方大哥，你是知道的，绿萝在观叶植物大家族中不是新成员，完全属于常规品种。但绿萝管理粗放，半个月不浇水也没有问题。所以，不管是家庭还是酒店，都愿意摆放绿萝。绿萝的市场覆盖率特别大。因此，企业瞄准消费者使用最多的品种，无疑是正确的。”

实践证明，他选择绿萝是正确的。产品单一，不等于样式单一。

从容器上，这里的绿萝有圆盆的，也有长盆的，还有方盆的。

颜色上，有绿色的，也有金边的，还有纯黄色的。形状上，有球形的，有向上攀援的，还有飘逸下垂的。

规格上，更是有大有小。

现在，“绿航牌”绿萝每天销出去的有十几辆货车，生产量之大显而易见，但在广州、上海、北京建立的几个销售窗口，仍供不应求，催货的电话不断。

第19招

第一桶金，瞄准新品种

从事苗木经营，第一桶金从什么地方捞，切入点很多。有一招是肯定有效的：瞄准新品种，打这方面的主意。

宁波北仑佳禾园艺有限公司李玉祥创业捞的第一桶金，靠的就是新品种：红叶石楠。

红叶石楠，作为新品种，是绿化美化环境的很好材料，这些年火遍了天，势如破竹，一个浪头跟着一个浪头，应用的范围越来越广。

我一直以为，红叶石楠是浙江森禾引进的。

七八年前，森禾推广红叶石楠的力度特别大，花150万元在《中国花卉报》上做广告，其中，有相当一部分内容是宣传红叶石楠。

前两天，看了范敏写的访李玉祥的文章，才知道红叶石楠引进的源头，原来是李玉祥。

那是本世纪初，李玉祥从荷兰引进的红叶石楠。

“他怎么有机会引进红叶石楠?”我不解地问范敏。

她说：“那时候，他们有新品种引进权。”

他率先引进红叶石楠后，在地里种植，由于这种常绿植物新叶鲜红，簇满枝头，引起了大企业的重视。

现在，李玉祥的地里，还保留着一株当初引进的红叶石楠，如今已经非常高大漂亮。

独到的眼光，让李玉祥赚了第一桶金。

第20招 在家庭园艺市场上做文章

多年的园艺工作实践，让宁波北仑佳禾园艺有限公司的李玉祥不仅练就了过硬的苗木生产技术，还对市场有了较为全面的认识。他将公司定位为以开发景观植物新品种为主的科技型种苗企业。公司所引进的品种主要针对国内家庭园艺市场。他认为，消费市场由传统花木消费日渐转向新优花木消费是一个新的趋势，国外的家庭园艺市场十分成熟，对新优花木的需求量很大，而国内的家庭园艺市场则刚刚起步，有更大的发展空间。

“公司引进的品种除了槭树科的彩叶小乔木，还有大量的观花小乔木和国外流行的果树品种。”李玉祥介绍说：“这些苗木有一个共同的特点，体量不大，观赏性好，价格也相对较高，适宜于庭院种植。”

“我们每年都要从国外引进一批新优品种，并进行选育。选育出来的品种通过一两年的种植观察，性状稳定后作为种苗向国外以及国内各大企业推广。”

李玉祥现在主推的几个品种，如枫树中的‘蝴蝶’‘血红’‘金贵’，适应性很好，耐高温，在浙江、江苏、山东、大连等地很受好评。还有果树品种蓝莓，花开得像灯笼，果实营养价值很高，日本以及很多欧洲国家都将其作为高端水果品种种植。

“我们都会先通过外商进行充分了解，选择一些在国外认可度比较高的品种进行引种。”

李玉祥正是通过苗木进出口工作的开展，使公司建立了多个国外引种渠道，并且能够及时了解市场及新品种、新技术动态。这样做，也促进了自身生产技术水平的提高。

一直以来，北仑佳禾从国外引进的品种都是在国内推广或者再出口到其他国家。去年，李玉祥在这一模式上还做了新的尝试，针对国外家庭园艺市场需求，他将国内的乡土品种红花檵木、棕榈等品种出口欧洲国家，受到客户的欢迎。记者范敏到访时，基地里2000余株棕榈已经过杀菌、消毒等一系列措施，员工正对其做出口前的整理工作。

第21招

专门发展夏季开花的乔木

2007年8月，全国花木信息交流会在山东昌邑召开。

我作为受邀嘉宾，在交流会上做“花木业转变经营谈”的报告。

报告反应不错。会后，有个听众问我：

“方主任，您刚才讲的‘新、优、奇、特’是今后苗木发展的方向。很好，我对其中的‘特’很感兴趣。我刚刚弄了100亩地。您说种什么苗木好，能让人感觉不一般，有特色？”

“你是哪个地区的？”我思索了一下，先这样问道。因为听众来自全国各地。他说的是普通话。

“我就是咱山东的。”他改用了山东口音。此人就是德州双丰园林绿化有限公司的朱永明。

“那好。不是东北地区就好。我建议你专门发展夏季开花的乔木。”

因为，东北气候寒冷，很多植物越冬是有困难的。不能乱弹琴。

他“哦”了一下。显然一时还没有反应过来。

我进一步说：“现在搞苗圃的，专门发展夏季开花的乔木不能说没有，但我还没有发现。而我们的环境，又离不开夏季开花的植物。”

“是啊。”他的脸上绽放出了笑容：“夏季开花的都有哪些品种？”

我介绍道：“在华北地区，木槿、紫薇、合欢都是夏季开花的乔木，还有藤本的凌霄也是夏季开花的。浙江大学的包志毅教授告诉我，在华东地区，夏季开花的乔木主要有合欢、广玉兰、黄山栾、夹竹桃等。广东中山棕榈的老板吴桂昌告诉我，在广东地区，夏季开花的乔木主要有红花楹、鸡蛋花、杜鹃、红山茶、大叶紫薇、鸡冠刺桐。长沙的著名苗木经纪人小周告诉我，在湖南地区，夏季开花的乔木还有红花木莲、乐山含笑。夏季开花的乔木是不多。但如果一个企业能把一两种适合当地的植物做大做精，也是很不错的了。”

“因为这类苗圃极少，我搞了，我的苗圃就有了特色？”他问。

“对的。”我说。

第22招 发展用途广泛的花木品种

一个地区，发展一个花木品种能够做大的奥妙之一是：这个品种必须应用广泛，适合很多地区种植。

南京汤泉的雪松就是个例子。

2009年初春的一个晚上，坐火车去南京。

快到南京了，在车上闲聊天，有个旅客问我："您来南京干什么啊？"

我说："去汤泉。"

"哦。去汤泉买雪松吧？那里的雪松可有名了。"

这个人不是搞花木的，都知道汤泉盛产雪松，足见这里的雪松知名度高。

汤泉，多温泉，绵延十里，故而得名。汤泉，不仅温泉天下闻名，而且雪松也是天下闻名。

历史上，汤泉没有种植雪松的记录。到上世纪末、改革开放初期，才有个人在汤泉种了一点雪松。

由于雪松大半个中国都适合种植，应用范围广泛，所以销路非常好，从此一发不可收拾。

2000年，中国花协首次命名花木之乡，汤泉就被命名为"中国雪松之乡'。

如今，这个地势起伏、环境优美的小镇种植的几乎都是雪松，早已看不到其他什么经济作物。

在此影响下，周边的珠江、星甸、石桥、永宁、乌江等乡镇也大量地种植了雪松。

"买雪松，到汤泉，已经在全国园林花木行业达成了共识。

这里，有多少人家盖起了小楼房，购置了小汽车，真是数也数不清。

得益的，还不是雪松！

雪松受欢迎的例子说明：您选择发展苗木品种，首先要选择应用范围广，需求面宽的，才能做大做强。

第23招 做好一两个树种即可

2011年初夏，在济南再次见到德州双丰园林绿化有限公司朱永明，他笑眯眯地对我说："方主任，你还记得4年前你在昌邑做报告后向我提的建议吗？"

“我向你提了什么建议?”我一时摸不着头脑。

他笑道：“你说你应该发展夏季开花的植物，这样苗圃才有特色。”

“哦。我说过。你发展得怎么样?”

“我已经发展了4年，从那年秋天就开始调整了。而且，我就选择了两种乔木，一个是木槿，一个是红花槐。我现在已经有了一定的规模。”

“一直没听你说过啊！为何只发展两种啊?华北地区有好几种夏季开花的乔木。”

“我的精力有限。我觉得能把这两种乔木搞大搞精就不错了。”

“是这样的。木槿发展了有多少棵?”

“米径在3厘米粗的有15000多棵。而且，我发展的那个木槿品种，花多，粉红的，花期特长，从6月一直可以开到国庆节后。红花槐也将近1万棵。”

听朱永明一番话，我的心情很是愉悦。

不用往远了说，就说山东济宁的李营，一个地区只生产一个品种——法国梧桐，现在都形成了一个产业。

一个企业，把一两个树种做好，不贪多，就是很不错的选择。登广告，参加展会，都好宣传，很容易让人记牢。

况且，木槿和红花槐都是华北地区常用的乔木，不愁没有市场。

第24招　切忌“打一枪换一个地方”

近日，见到北京北国绿园林工程有限公司总经理李云英，她的脸上洋溢的满是灿烂的笑容。一看就是日子过得滋润。

与她聊天，感受最深的，是企业起步时，很主要的一条，经营者要有淡定的心态。

看准了一个项目，就坚定不移地做下去，不怕慢，就怕乱。切忌“打一枪换一个地方”，没常性。

李云英是辽宁盘锦市人。自1998年初春来到北京，这些年来，她几乎一直在做草坪生意。

刚来北京时，别人在长辛店给了她140亩地的草坪，让她经营。她给自己的企业取了一个寓意非常好的名字：北国绿园艺场。

后来，为了招揽绿化工程，她注册成立公司，开头的几个字，依然是“北国绿”。

她要奉献自己火热的青春，为北国大地增添几多绿色。

但很快，她就发现，这 140 亩沙滩地，土质差不说，最要命的是没有水源。

到了阳春 5 月，在树木中，较晚吐芽的国槐都绿了，可她这里，早就该返青的草坪，不少地方，还是按兵不动，枯黄一片。

当时，这些草坪，都是刚从国外引进的冷季型草坪，最要紧的是要有水源做保证。有了水的滋养，草才长得肥，长得旺。

没有水，草不绿。地一时甩不出去。她只好另谋发展之路，与人合作，干了一年的北海道黄杨(大叶黄杨)种植。

这时候，随着草坪在园林绿化上的广泛应用，草坪的市场前景非常看好。

基于这种情况，她瞄准了草坪生意，独立出来。

在缺少资金的情况下，她靠借款，果断地做出了另外租地的决定，在房山窦店租了 240 亩地，用来种植草坪。

从此，她就与草坪结缘。这些年来，她绿化工程也做，苗圃也办，但草坪生意一直是她的主项，一直是她投入精力最多的项目。

她诠释的“北国绿”，很大程度就体现在了碧绿如毯的草坪上。

现在，她有 900 亩地，600 亩是草坪，剩下的 300 亩是苗木。

草坪的品种，最初主要是早熟禾、高羊茅，这几年又增加了野牛草，还有细叶麦冬。

前些年，做草坪生意的特别火，一平方米能卖十来块钱，后来，做这行的多了，草坪的价格跌了下来，一平方米，也就四五块钱。

“做草坪的利润特别薄。好像这种局面就没有扭转过?”我问她。

她说：“是这么一种情况。不过，去年草坪的价格出现了意外，有个不小的反弹，每平方米卖到了 9 元、10 元。

当然，这是跟奥运会有关系。奥运会开幕前，绿化要达标，缺少资金的单位，就用草坪补，见绿就行了。

草坪的成本，比种苗木的成本低得多，效果又不错。所以，去年，北京各家的草坪都脱销了。但这只是特殊情况。从今年起，草坪的价格还会维持在四五块钱左右。”

“每亩地差不多是 660 平方米，剩下损耗，每亩地能销多少平方米?”

她介绍说：“去掉地边儿，土岗儿，也就 600 平方米。由于我的草坪面积大，忙不过来养护，一年只能卖一茬。而且，还有剩余的时候。”

“看来做草坪生意也挣不了多少钱?”

她笑道：“是。去掉水钱，去掉人工钱，去掉草坪车修剪的钱，一平方米也就挣 2 块钱。草坪车修剪，主要是耗油费用高，一年要 5 万多块。但这几百亩草坪，用草坪车修剪，有两个星期就可以了。人工，一个月也修剪不完。而且草坪车修剪出来的草坪，平整、漂亮，客户看了高兴。”

“草坪利润这么低，今后没想减点草坪种植面积?”

她一愣，说：“没想，不能减。草坪利薄，我走的就是多销，走得就是靠量取胜的路子。再说，种草坪时间长了，远的客户，近的客户，都知道，牌子创出来了，为什么不充分利用？再说，草坪的管理成本，比苗木要低，比盆花更低，不能往小了缩。有量，钱就有了。做企业，要做得长远，有一条，心态一定要好，不怕慢。”

她说得对，很值得琢磨琢磨。

从单位面积看，草坪的利是小，但只要有量，有规模，时间一长，钱就有了。

企业在开创新路时，一定不要随便把自己做熟的产品扔了。

第25招　做好一个环节即可

2011年5月底，我在山东威海看过威海奥孚集团规模化种植的苗木，问董事长李元：“你在苗木上做得那么大，有6000余亩，想没想过涉足绿化工程?”

“你问的这个问题不少人都问过我，总的意思是都劝我搞一些绿化工程。我的回答是很干脆的：我不做绿化工程。”

“有没有找你做绿化工程的?”

“有。找上门的总有。”

“既然找上门来，为什么不做呢?”

“一个人的精力有限，一个公司的精力也是有限的。我就想把我的苗木养好。”

“产业链很长，不可能都做好。是不是这个意思?”

“是。你这话合我的心意。产业链像个渔网，织好一个环节就可以了。法桐养植，别处定干最多3.3米高，我这里的法国梧桐定干都是3.9米高以上。别人培养低干的，我们就培养高干的。我做好我自己的事就可以了，不能分心太多。”

第26招 大搞之前一定要先试种

在大量种植一个新品种之前，一定要试种。

在山东威海石岛，新近看过奥孚集团李元数千亩高档次的苗木，忍不住问集团董事长李元：“李总，你在进入苗木这个行当的过程中，有没有失误的时候?”

李元是个直爽的人。他马上答道：“有，怎么没有？一踏入苗木行业，到各处一看，哇，苗木品种真是丰富多彩，看哪个都好，瞧哪个都爱。人家说这个好，我就引种；人家说那个好，我也引进，而且一引就是一大批。交了很多学费。”

“都交了哪些学费?”

“最初买的上百万元的大叶女贞，还有合欢等，差不多都玩完了，不适合我们这个地区生长。我看着不顺眼，差不多都给杀了。”

李元爱把砍掉或者废弃的植物称之为“杀”。

“现在你再上一个苗木品种时，采取的是什么策略?”

“现在？现在变了。谁向我推荐一个树种，我都会很耐心地倾听。因为人家也是为了我们好。但我看好了一个树种，绝对不会像以前那样，大规模地引进，而是一定要先试种，试种成功了，再大批量地购进。”

李元的经验教训适合每一个地区，每一个苗圃，每一个花圃。

因为，类似让人沮丧的情景我近两三年在别处见过多次。谁瞧见了一大片干枯的苗木，谁不心痛。没点经济基础的，真扛不住，早趴下了。

所以，面对眼花缭乱的花木品种，我们一定要有冷静的心态。

在引进一个新品种时，一定要先试种，成功了，再铺开。不成功，也没多少损失。

这样，您就可以有效地避免遭受大的经济损失，交很少的一点学费。

第27招 东西一多，别往里挤

时下苗木呈现的是旺市。但这里我想说个熊市时候的往事，泼点凉水，没什么坏处。

那是2005年，《中国花卉报》上登了一条消息，题目是“金边虎皮兰价格下跌，漳州花农进退两难”。

那一年，漳州花农怎么也没有想到，去年不分好坏每株售价4元钱的虎皮兰，今年已经跌倒了4毛钱，而且客商还是拣好的挑，令花农始料不及。

漳州是著名的水仙之乡。因为上一年虎皮兰价格高涨(收购虎皮兰的主要是韩国和日本的客商)，原来几毛钱一株的虎皮兰最高时涨到了6元3毛钱。于是，年初不少花农腾出种植水仙的土地，改种了虎皮兰，指望年底抱个“金娃娃”。

九湖镇，金边虎皮兰种植面积从400多亩，猛增到了1000多亩。

虎皮兰有个特点，就是特别容易繁殖，而且长势迅速。在漳州，生长旺季，几乎半个月就可收获一次。

由于产量过大，还不到一年的时间，很多花农还没有尝到赚钱的滋味，价格便急转直下，投进去的资金便打了水漂。

在迅速掀起金边虎皮兰的旋风中，只有少量的经销商和种苗生产商赚了一把钱。

在此情景之下，许多花农陷入了进退两难的境地。继续种植虎皮兰，来年的价格要是再低了怎么办？重新种植水仙，水仙球的生长周期需要3年。

“我们现在是进退两难啊！”一位花农哭丧着脸，显得很是无奈。

记住这个教训吧！兄弟姐妹们，您处在小门小户阶段时，什么东西一多，最好别往里挤，一定要慎重。

指望这个时候赚一把，不容易，难啊！

第28招

无锡美华秋枫，靠精细的花境一举扬名

无锡市美华秋枫园艺有限公司，2004年成立，仅有五六年，就名声大振。2008年，已经实现了2000多万元的收入。真是不简单！令人刮目相看。

他们靠什么迅速腾飞的呢？且听慢慢道来。

公司的创始人是潘光霞女士。潘女士原来是从事酒店生意的。2004年3月进入园林花木业。最初，她选择的是生产彩叶树种美国红枫。但一个偶然的机会，使她的经营重点发生了变化。

原来，离无锡不远的江阴有个黄山湖公园。2005年，园里要进行改造，做一个英式的花境。这个花境的材料，是以宿根花卉和球根植物为主的，配置上，采用的是自然式多样性有一番野趣味道的景观手法。这种手法，近两三年，已经在大城市逐渐普及了。但当时，在园林绿化上可算是一种崭新的方式。

“你们与江阴黄山湖公园并不认识，他们是怎么找到你们的呢?”我曾这样问潘女士。

她说：“他们要用的植物材料，熟悉的企业没有，就在网上搜。我们在网上有自己的网页，正好被他们搜到。因为，我们在网上介绍的是专门生产彩叶植物的公司。另外，我们离江阴也比较近，所以引起了他们的注意。”

“搞花境施工，你们懂吗?”我追问。

她答：“方老师，不懂，一点不懂，从来就没有接触过。人家主动找我们，我们就觉得是个机会。在机会面前我们没有错过。我们非常果断，就把活接了下来。”

“为了干好这个活，不能让别人说你们是外行，要做什么准备?”

“我专门出了一次国，去了英国，现场考察人家的花境是怎么做的。说也巧，那年的7月份，在英国汉普顿正好有一个国际性的花展，里面有不少创意性很强的花境，大开眼界，学习了一些植物配置方法，还引回来不少制作花境的品种。像细茎针芒(一种观赏草)、蒲苇、美女樱、南欧翠雀等，有100多个品种吧。后来施工，我们总共差不多用了200个品种，包括一些彩叶树。那次出国，为我们第一次承揽花境工程奠定了良好的基础。为了干出漂亮的工程，上阵前，我们除了对上岗的员工进行技术培训，还专门请了上海植物园一个工程师做现场指导。他多年从事植物配置研究，对花境有一个清晰的概念。”

“为什么要下这么大的力量?”

她笑了：“因为我们不敢有丝毫的懈怠。这主要是基于两方面的考虑：一是我们毕竟从未接触过；二是公园改造用不用英式花境这种新颖的设计，很多人持有不同看法。所以，越是这样我们越要做好。花境的施工，难点主要在植物的配置方面，色彩、高度、株型、花期等搭配协调不容易。”

“你们施工后对方反映如何?”

“非常不错。凡是看过的人都满意。包括最初持有不同意见的人，感到很惊喜。不仅如此，他们还觉得花境的比例小了。可以这么说，公园开园后，在华东地区引起了不小的轰动。一些杂志的封面图片，选景选的都是黄山湖公园的花境。”

“问点俗的，工程款有多少?”

“100多万。不少了。我们虽然是外行，但由于打的是有准备之仗，因此我们美华秋枫在华东地区一举成名。”

从美华秋枫，想到前几天看中央电视台一个访谈节目。被访问的是老舍先生的儿子舒乙。

舒乙在谈到如何鉴别一张画是好是坏时，说他从父亲老舍先生那里找到一种很好的方法。老舍告诉舒乙，如果看一张画感觉有那么一点新意，这张画就应该是比较好的画了。我们搞花木经营，也要迎合市场的需求，找到新意。

这个新意，无锡美华秋枫找到了。你找到了没有？因为，按照这条路子走下去，仗会越打越精，还愁赚不到大钱！

第29招

低潮时，买了1000棵小苗

搞花木经营，有时与炒股差不多。看大市，股指低迷，横盘，价位总停留在一个水平时，就可以买进，准有上涨的时候。

这个规律，汤泉的李模喜早已掌握。

1986年至1989年，雪松苗子滞销，没人要了，不少农户都砍了当柴烧。他却在1989年雪松低潮的时候，买进了1000棵小苗。小苗3毛钱一棵，相当便宜。

“苗子栽上之后，街坊四邻的，还有人笑话我，说我冒傻气，白糟蹋钱。”他回顾说。

没想到小苗种了3年，到了1992年，邓小平南巡讲话那年，雪松需求量大升，他那1000棵苗子，卖了3.8万元。

低潮的时候，往往正蕴含着新的发展商机。这就好比春日绚烂的花朵，花开得旺的时候，很是漂亮妩媚，但它的形成，却往往在寒冬时就开始孕育了。

难怪，英国著名诗人雪莱说：冬天来了，春天还会远吗?

事情轮到您，您敢投资跟进吗?

我的看法是，看准了，就跟进，别犹豫。

第30招

热了不要撵

成都温江伟峰园林生态有限公司在温江是领跑者，属于龙头企业。有如此成就，这要感谢总经理白正秋领导有方。2011年7月中旬，我在北京见到白正秋，与他聊天，确实感到他有与众不同之处。

我说：“今年温江是不是很多苗木品种都很走俏?”

他说：“是的。不少价格都涨疯了。特别是30厘米左右粗的苗木，价格翻了几番。例如香樟和蓝花楹。2002年到2003年，一棵树不到1万元，现在涨到6万到8万元，还是苗圃价。”

香樟我是熟悉的，属于常绿树种，江浙地区的苗圃很多，走在这些地方的马路上，路两旁的行道树几乎都是香樟。蓝花楹，倒是很陌生。

蓝花楹和香樟一样，属于南方树种。去南方不计其数，应该见过，但脑子一片空白。

在网上搜，才知道蓝花楹是落叶乔木。树冠高大，可以长到12～15米，最高的可达20米。羽状复叶，有小叶，10～24对，着生紧密。小叶长椭圆形，长约1厘米，全缘，先端锐尖。花是蓝紫色的，喇叭形儿。

蓝花楹每年夏、秋两季各开一次花，盛花期满树紫蓝色花朵，十分雅丽清秀。

“现在温江种蓝花楹苗子的人多吗?”我饶有兴致地问。

他说：“多。大苗子缺，小苗子大量发展。蓝花楹是一种速生树种，养护好了，一年可以长到4厘米粗。”

我紧盯了一句：“蓝花楹小苗子你搞了多少?”

“我？我没有搞。”

“这么吃香的苗木为什么没搞?”

“方主任，为什么没搞？我说一句我们温江老一辈生意人的话，你就明白了。温江老一辈生意人说：什么东西一热了，你不要撵；什么东西一便宜了，你也不要弃。”

撵，是追的意思。狗撵鸭子呱呱叫，也是追的作用。白正秋在这里说的是老话，但道理不过时。我老家也有类似的话：跟在别人屁股后面跑，连热屁都闻不上。这话有点不雅，但道理相通。

热了不要撵。走自己的路，大量种植温江很少有的新品种，是白正秋追求的目标。大路货，他是不发展的。客户需要大路货，可以从别人手里收，没必要自己去种。

第31招 榆树小苗也是香饽饽

近年来，乡土树种这个品种畅销，那个品种畅销，还很少听说榆树小苗畅销。真新鲜。

但2011年4月14日，《中国花卉报》刊登的一张新闻照片，就鲜明显示了这样的信息。

照片是在苗圃苗木版的右下角，不大，一群人手持铁锹在还没有长出新叶的地里忙活，黄澄澄的一片，挺不起眼。但看了之后，很夺人眼球。

“定州榆树小苗供不应求”，照片的压题文字说。

定州是河北保定南边的一个县级市，以大辛庄镇王习营为中心，是有名的花木之乡。

照片下方的说明写道：“近日，笔者在河北省定州市大辛庄镇了解到，这里培育的榆树幼苗卖得非常火爆。据苗木经纪人田亮介绍，今年榆树幼苗很好卖，虽然每株批发价不低，要0.6元，但还是供不应求。近期，他每天都可以销到10万株。”

看到这则消息，我马上打电话给这篇报道的作者邓运川。他是中国花卉报的特约记者。

“你说的小苗是普通榆树吗？是不是金叶榆？”

金叶榆是金黄色的叶子，河北省林科院培育的，这几年持续畅销，但也属于榆树的范畴。

小邓连忙解释说：“不是，就是普通的榆树。我在文字说明里写得还比较保守，其实是有多少要多少，非常火爆。”

“榆树小苗能干什么呢?”我不解。

“有两个用途。一个是一米来高的苗子抹了头，做砧木，嫁接金叶榆。金叶榆漂亮啊！好卖！还有一个，直接做绿篱用。这两种用途，大部分是用在西北和东北地区。”

榆树很是普通，榆树小苗更是普通。但近几年，西北和东北这两个地区经济发展快速，绿化力度一年比一年大，还真不能小瞧了榆树小苗。

榆树适应性强，赶上了这大好时代，自然连小苗都是香饽饽。

长城以南的关内地区，比起关外来，温度高，无霜期长，育苗时间短。是种植榆树苗的好地区。

金叶榆的发展会带动普通榆树小苗的需求，这个你想到了么？以此类推，凡是某个品种的苗木销得好，用来做嫁接砧木的苗子需求就会上涨。

第32招　别在占地苗上动脑筋

近日，中国花卉报记者郭云龙写了一篇通讯，题目是：“占地苗另类销售营销难长久”。我看后很有感触，非常赞成。

“本场大量提供占地苗”“占地苗量大价优，欲购从速”。近年来，有关销售占地苗的广告频频出现在各种网站上。

所谓占地苗，是面向征地和拆迁户提供的一种低档次的苗木。这是苗木市场目前存在的一种扭曲的怪现象。

河北一家销售果树占地苗的苗圃经理告诉郭云龙，占地苗大行其道，有其存在的原因。

他介绍道：现在城市建设、城乡改造、公路建设征地过程中，企业或农民为了多要补偿款，往往采取突击搭建设施和补种苗木的措施。农民赶在拆迁前突击种树的情况非常普遍，这就给苗木经销商提供了一部分市场。

郭云龙在调查时还发现，在一些绿化苗木主产区，销售占地苗的生产者也大有人在。

南京汤泉一家苗圃在网站发布信息称，专供占地苗，量大价优。

北京一家苗木基地也在网站发布信息称，公司大量供应银杏、雪松、白皮松等占地苗。

在百度输入“占地苗”，发现询问“占地苗”信息的人也不少。一名网友发布消息称：“我家地被征了，要些占地苗，哪里有卖?”

事实是，以占地苗为“噱头”，低价销售，是一种扭曲的不正常的销售现象。

而且，采取突击种树，骗取拆迁补偿款的行为也不合法，存在很大风险。按照规定，凡是政府部门征地公告发布后所栽种的苗木，政府部门不予赔偿。

据了解，一旦土地被规划为征地拆迁范围。相关部门会提前对土地上的苗木进行登记，农户或企业抢种的苗木得不到任何补偿。

江苏省南京市的高某在被征用土地中种植了近 2 万株观赏树木，包括香樟、栾树、桂花等，希望能获得地上附着物的赔偿。结果，政府部门明确回应：调查登记工作已经结束，所种植的花木不能获得赔偿。

对于出现的这种不正常的扭曲情况，我了解的情况是：目前占地苗对现有的市场构不成威胁，更谈不上冲击。因为现在的园林绿化市场根本不需要低档的苗木。

但由于“占地苗”价格便宜，很容易影响生产者的判断，一旦我们的苗圃采购了这样的苗木投入生产，对苗圃的后期管理和销售会影响很大。

我看，在这方面动脑筋，走捷径，不是正路，等于一只脚踩钢丝，玩悬的，一不留神就会跌跟头。

因为，占地苗是一个不稳定的畸形的现象，不可能持久。

做苗圃，您千万别打这方面的歪算盘。还是老老实实做事，兢兢业业育苗最好。

3 栽植与养护

认真做事只是把事情做成，
用心做事才能把事情做好。

第33招
浇水也要学3年

早就听说，在日本流行一句口头禅，养好花，浇水学3年。这句话，它的深刻含义，在2009年5月下旬的一天得到了印证。

那天，我去采访北京双卉新华园艺有限公司。这家公司在京北的延庆。

因离京城远，开车接我的是公司董事长刘克信先生。

我坐在副驾驶位置。路上，我问刘克信先生："听说，在日本做一个合格的园艺工人，光浇水就要学3年，是不是这么回事？"

他多次去日本，考察日本的菊花生产，连日本生产花的土壤都带回来化验过，情况相当的熟悉。

"当然是，这方面我体会太深了！"他答。

"说说你的体会？"

"水土肥，光温风，虽说一个也不能缺，但这中间，浇水特别重要。植株，从小到大，都靠水分撑着呢。具体点说，一支切花菊，从定苗，到打花，120天。哪个生长阶段，需要浇多少水，都不一样；天热时浇多少水，天凉时浇多少水，需要灵活掌握，度要把握好，多了不行，少了也不行。甭说别的，就说冬季，植株需要补光之前，不清楚的，一茬子水浇下去，就够呛，会直接影响花芽的分化。"

"这不是基本常识吗？"

"不摸索，你还真不知道！"

"浇水有一个要掌握好时间的问题？"

"那当然，很复杂。没有一定的时间用心学习，你是掌握不好的。我在日本听同行说，学会浇水施肥，养花就会一半了。开始不信，自己这几年一养，叫你不得不信。日本花农养出来的花，杆子直，叶子绿，花朵大，就是好。养好花，真得塌下心来，闷头学习。不然，浇水浇不好，麻烦大了！"

到了双卉新华园艺有限公司，正碰上在这里考察的日籍华人周平先生，他是农学博士。他在日本读完博士学位后，一直在日本的生产企业里工作。问他在日本浇水学三年这个问题时，他频频点头称是。

周平说："日本人做事，崇尚的是十成，而不是七八成，更不是六七成。"

周平以养植菊花为例。

他说：菊花忌水淹，还忌土干，水要浇得恰如其分，没有一定时间的实践是不行的。你看土壤的表皮干了，但下面并没有干。还有，发黏的土壤和透气好的土壤，对水的要求是不尽相同的。菊花需要倒茬，这块地浇水的脾气你摸透了，换了一块地，老经验就行不通了，你还要重新摸索。浇水，需要掌握的就是平衡。同时，每个生长环节你都要非常用心。”

水浇好，这是养好花的关键之一。

第34招　美景，源于精心的管理

2006年5月13日，我们中国月季代表团从大阪出发，去奈良的灵山寺月季园参观。那是个雨天。时光虽然已经过去了5年，但至今仍忘不了雨中那个园艺工人。

灵山寺月季园不大，只有六七亩地，200多个月季品种，既小巧，又精致。

入门处，拐过一个弯儿，有个金属拱门儿。拱门儿上，爬满了粗壮的攀援月季，一嘟噜一嘟噜雪白的花朵，正在盛开着，遮满了棚架。

园子里的月季，分3个主题，先是“母子世界”，中间是“青年世界”，靠后为“老年世界”。园子里的小路，弯弯曲曲。小路的两侧，虽说月季的品种几乎都是国内有的，但株株枝粗叶厚，花朵绚烂之极。

“这些月季，壮得跟牛似的！”有人赞叹。

细心的人还发现，刚修剪过的枝条伤口处，被涂抹有一层透明的保护层，以免腐烂和营养流失。

春雨如烟如雾，越下越大。伴随着轻柔的和风，在天空中密集地飘洒。

在园子里，我注意到，有个穿雨衣、戴草帽的老工人，弯着腰，仍在不停地忙碌着。雨天，好像跟他毫不相干。

他的腰上，系着腰带，像个电工，后面别着一个袋子，里面放的是修剪工具。

走过去，与他攀谈，才知道他在这个园子已经工作了20多年。

“下这么大的雨，您为什么不到屋里避一避?”

他抹了一下脸上的雨水，笑了笑，说道：“这是我的工作。”

翻译翻译完，他又很有礼貌地朝我笑笑。然后他弯下腰，又忙碌起来。

“我已经在园子里转了两圈儿，难怪整个园子看不见一根杂草，管理这么到位，原来有这么敬业的工人！OK！真是没得说了。”凑过来的月季专家孟庆海感慨道。

的确，正因为有这样尽职尽责的园艺工人，才有这样漂亮的园子！

第35招

小苗圃，也要标准化种植

2011年5月下旬，《中国花卉报》与有关方面在成都联合举办了“中国首届花木合作社高峰论坛”。

社长周金田先生参加论坛回来之后，我对他说：

“近两三年，各地纷纷成立花木合作社，大家攥成一个拳头闯市场，这是一件大好事。但现在，花木合作社成员的经营意识亟待提高。”

他问：“你指的是哪方面？”

我说：“我指的是苗木种植观念。现在，苗农种植的苗木，大多三四亩，六七亩，甚至几分地的都有，苗木大小不一，高低不一，而且多数种植比较密集，档次不高。你一说要标准化种植，他们会对你轻蔑地一笑，说那是新苗圃、大苗圃的事，俺这一点地，不值当！”

周社长微微一笑，说道：“在这种情况下，作为合作社的社长就有责任、有义务动员自己的成员，让他们转变旧的观念。三五亩地的苗木，照样可以标准化种植。土地的多少，与采取什么样的种植方式没有必然关系。”

“你说得很对，周社长。如果我们的合作社成员的苗木档次总是那么低，合作社的组织者还怎么把这些不受市场欢迎的或者价值不高的苗木销售出去？”

“是。如果合作社的组织者不销售内部成员的苗木，自顾自，到外面调苗木，合作社岂不成了徒有虚名？”

周社长的话，本人举双手赞成。

第36招

苗圃规模适度，关键是精

一个苗圃究竟发展多大？我认为，根据中国现在的国情，要适度，有一定的规模就可以了，关键是要做精做细。

我的这个观点，近来得到了北京顺义松杉苗圃老板曹世春先生的认可。

“老曹，有一年没去你的苗圃了，有什么变化吗？”

老曹笑笑说：“没有什么变化。”

这就意味，他的苗圃还是5000亩的面积。

“我是说在苗圃规模上，没有再扩地？”

“哎哟，可不敢了。”

“你做事总是气魄大，为什么就不敢了呢？”

“根据市场现有的消费看，还有我自己的实际情况看，我还是先到此打住。”

“那你的劲头往哪方面使呢？”

老曹说：“还是在苗木品质上多下工夫吧。这步棋，我已经开始走了。”

“为什么？你是怎么想的？“

“方主任，你想，我们做苗圃，不是为了赚钱嘛，对吧？在苗子品质上下工夫，不是照样可以提高附加值嘛！这是大趋势。”

老曹的这个认识，我赞成。

第37招　苗圃种植分3个层次

山东石岛奥孚集团花木基地，现已发展到6000亩，要规格有规格，要标准有标准，看过的人无不赞叹称是。

对此，奥孚集团的董事长李元先生对我说：“我这只是刚搭好一个骨架。苗圃建设完成了第一个种植层次。我的苗圃，最终要有3个种植层次。”

“第一个层次有了，大乔木。第二个种植层次是什么呢？”我饶有兴致地问。

他说：“第二个层次是大力发展小灌木。现在，树与树之间空当很大，完全可以种一排小灌木。”

“就是嘛。过去，我们的苗圃种植不科学，像夹篱笆似地种植苗木，想搞立体种植都困难。现在，搞了标准种植，有空当了，地空着也是空着。在不影响树木生长的情况下，充分利用土地，搞立体种植是很好的。”

“是这样的。为了做到立体种植，我的苗圃，不仅要有第二个层次，大量种植小灌木，搞上七八个品种没有问题。除此之外，还要大量种植地被植物。现在种了一点，如金娃娃什么的，但还不多。”

“这就是你说的第三个层次吧？”

“是的。这样，养护上肯定比单独种植乔木要费事得多，但土地充分利用了，也为下一步的销售创造了更大的空间。”

“对呀。客户来买大乔木的同时，还可以顺便买灌木和地被植物，做到一站式采购。”

“但关键养护要跟得上。”他强调道。

养护到位，具有3个种植层次，加之设施齐全，一个现代的高标准的苗圃也就呼之欲出了。

不过还有一点不能不强调：这3个层次的苗木也是不能随便搭配的。植物和植物之间有相生相克的关系，因此苗木搭配是要讲究科学的。

第38招 具体情况具体对待

苗木实行标准化种植，在我们花木行业已是大势所趋，人心所向。

宽松的株距之间，还可以实行立体种植。大的是乔木，中间是花灌木，最矮的是地被植物，使土地得到充分的利用，彼此之间生长互不影响。

但具体情况也要具体分析，具体对待。大连盛世绿源生态科技发展有限公司北京苗木基地就是一个例子。

日前，我到了这家位于我们老家小汤山地区的苗木基地，在地里走了一圈，感觉很好。

这个基地有100多亩地。种植的几乎都是北方的乡土乔木树种。

树木都不大，胸径多是四五厘米。但株距都是3米，行距都是4米，非常的整齐、宽松。

最令我感到意外的是：通透的行距中间，一个空当，是光秃秃的裸露的土地，什么也没种。

另一个空当，倒不是空的，但种植的不是灌木，也不是地被植物，而是一片绿油油的黄豆秧。

“为什么不种小灌木，或者种点地被植物呢？”我问道。

“方老师。我们租用的这片土地，不同于一般肥沃的土地，比较贫瘠。每年都要施一些发酵的牲畜粪。这都不够。所以，我们在苗子空当中间，隔一年种一茬豆子，不是为了吃，而是为了改良土壤。”苗木基地的负责人钟岩这样向我介绍。

钟岩还介绍说：“不种灌木和地被植物，还有一个原因，就是那么做不利于机械化作业。现在，旋耕机一开进去就可以了。这样，工作效率高不说，还可以减少不少劳动力。”

仅凭这两点，他们不按常理出牌，我看就有道理。

第39招 荒山苗木栽植18字法

近年的林权制度改革，让一些企业的老板有了承包荒山的机会。承包荒山育苗，一般来说费用比较低，但自然条件一般来说也比较差。如果栽植方法不当，苗木成活率低，经营成本可就相当的高了。

“在荒山种植苗子，怎样才能成活率高呢?”近日，山东兖州一个搞绿化工程的朋友向我咨询。他刚刚承包了一座荒山。

我回答说：“最近，我们《中国花卉报》的宋波主任写了一篇介绍你们山东诸城李常玉的文章，里面有李常玉总结的荒山栽植苗木的经验，挺到位，你不妨看看。”

李常玉承包荒山种苗子比较早。

那是2001年初，他承包了诸城救主山的上万亩荒山，种植的是油松、雪松等针叶树种。

李常玉绞尽脑汁，摸索出了独特的育苗、栽植方法。

他总结为18字栽植法。

这就是：“挖大坑，带土球，促生根，灌足水，铺地膜，立支架”。采用此方法，雪松成活率达到了99%以上。

经过10年的培育，现在他承包的荒山已经是一片青翠，大的苗木胸径有十几厘米。

我想，按18字栽植法去做，别走样，别图省事，荒山育苗就不是什么难事。李常玉能成功，您也不至于失败。

第40招 剪枝长短一致法

看当天的《中国花卉报》，第八版“苗木技术”版有一张新闻照片，吸引了我的眼球。

画面上，是一个中年男人，左手持有一段枝条，右手持有一把剪刀，正在做插穗剪截演示。

仔细看，剪刀上还焊了一段细铁棍。插穗剪多长，用细铁棍一量便可得知。

画面的标题是：“这样剪枝长短一致。”

看照片说明，才知道这位中年男子叫田景军，是北京市美人松繁育基地总经理。拍这张照片的是《中国花卉报》记者李欣。拿这张报纸，上楼到编辑部找李欣。李欣正好在。

问他："这张照片，你是在北京美人松繁育基地拍的？"

李欣笑呵呵答道："不是，是在沈阳拍的。"

前几天，李欣到沈阳出差，到一个苗圃去。刚好，总经理老田也去了。

他看到几个工人正在剪插穗，有长有短，很不整齐。他看不惯了，皱了皱眉头。这样剪截插穗怎么行？现在繁殖苗木，讲究的是标准化。做到标准化，第一步就要从插穗开始。

老田走上前去，并没有说些什么，而是弯下腰捡起一根枝条，然后，掏出自己带有铁尺子的剪刀，做起了示范。这个情景，恰巧被李欣捕捉到了。

小小的剪刀，焊上一根小铁棍，就能使每一根插穗变得齐刷刷的。在场的工人看了，都赞叹不已。

西方大苗圃剪插穗，全用机械。插穗要多长，定好尺寸就可以了。

现在，我们用土方法，同样可以把接穗剪齐，做到整齐划一，迈出精细化生产的第一步。从粗放性生产，到精细化生产，有时候，只需要我们稍微开动一下脑筋，就可以实现一个新颖的突破。不是吗？

第41招

隔一年，施一次硫酸亚铁

我在与山东泰安张斌广的交谈中了解到，他有一条苗木养护经验，很重要！借用广告一句话：一般人我不告诉他！

他的经验是，在苗木养护中，除了按时施加有机肥和化肥外，就是每隔一年，在地里施一次硫酸亚铁。这件事，不大，但应该引起您的高度重视。

"在北方，不少苗圃忽视在地里施放硫酸亚铁。但我的经验证明，这样做的效果非常好。北方的土壤大多偏碱性。施硫酸亚铁，可以增加土壤酸性物质，活地，土壤不板结，这跟人到了一定年龄要加钙一样重要。另外，可以防止植株的根瘤病。去年，我一次就买了40吨硫酸亚铁。追施后，苗子长得快，树形美观，叶子碧绿，色泽光亮。"张斌广在他的苗圃里说道。

他的话，让我恍然大悟。查资料显示：加入少量的硫酸亚铁，用以提高盆土的酸度，可以满足植物生长的需要。硫酸亚铁含铁19%～20%，含硫11.5%，是一种良好的铁肥。喜酸性植物，经常使用可防治黄化病的发生，降低土壤的碱性。铁元素是形成植物叶绿素所必需的，缺铁时，叶绿素的形成受阻使植物发生缺绿症，叶片变成淡黄色。

硫酸亚铁，我也受益过，而且现在仍然收益。七八年前，老家的房子新翻盖后，我在院里种了两株玉兰。这些年，这两个宝贝真争气，树干一年比一年粗，枝条蹿得一年比一年高，叶片总是碧绿碧绿的，保持着旺盛的生机与活力，从来没有发黄、弱不禁风的感觉。

“呵！这两棵玉兰跟气儿吹的似的，长得真好！”到小院来的客人，个个赞不绝口。

我想，这一切，除了我的两株玉兰种植间距远，有宽松的生长空间，以及定期往树坑里浇浇水以外，那都是最初听人劝，撒了一次硫酸亚铁，起的大作用！

小小的硫酸亚铁，千万别怠慢了。

第42招　使用微生物菌好处多

一日，见到中国花卉协会月季分会副会长、北京泛洋园艺有限公司董事长姜洪涛先生。我们一起交谈时，他极力主张，今后月季养植应该大力推广使用微生物菌。

我们的谈话是从月季养植调查开始的。

姜洪涛告诉我：“最近有个地方要大面积发展月季，让我帮助搞一次调查。从黄河以北找来两家企业的苗子，又从国外找来一点进口的苗子，都是两年生的。洗了根一对比，好嘛，差距大了。国内的月季根儿只有稀稀拉拉的几根，而进口的根儿密密麻麻。苗子品质如何，看根儿就知道了。”

我笑了：“咱们的月季，说是二年生，实际上生长期只有一年多点儿，一般的都是论年头，跨两年。”

“我实地看了。这是一个方面；还有一个方面，就是土壤板结得厉害。”

“土壤板结可以通过轮作解决啊。十多年前我到东北杨月季那里，他就是这么做的。一块地，月季种了4年，轮作，再种一两年收效比较快的花，像非洲菊什么的。”

“但现在新搞的月季养植，很少有轮作的。有的是不懂，有懂的，也舍不得倒茬。”

“怎么解决？”我请教他。

姜洪涛说：“使用微生物菌，就可以解决这个问题。”

“微生物菌？”

“对，微生物菌。”他介绍道：“微生物菌是人为加工制成的一种活菌制剂，使用在土壤里，可以改良土壤，恢复地力，维持植物根系微生物的平衡，降低有毒有害的物质。现在，我们的月季基地，使用的几乎都是化学肥料，长此下去，土壤变得板结，根系长势自然变得缓慢。不仅如此，还会污染土壤。”

“使用化肥是不是比微生物菌便宜?”

“那是的。不仅便宜，而且见效快。但月季的根部生长情况不好，再多的营养，植株也是无法吸收的。植物的根就像我们的胃，胃不好了，你吃什么有营养的东西，也吸收不好。”

微生物菌是近些年在发达国家及地区新兴起来的，使用成本显然比化肥要高。

但目前微生物菌已经在农业种植上推广，又环保又科学，可以有效地维持土壤的健康环境，生产的东西品质又好。

近两年，姜先生常去日本，每次去，他都要带回来一些微生物菌。

看来，我们也要逐步推广使用微生物菌。

第43招 用就要用最好的药剂

在地里生长的种苗，一定要采取多种科学养护措施，因为这直接关系到日后种苗的品质。比如，在月季生产中有一个措施需要使用，这就是灌根剂。北京涌泉月季园已经尝到了这方面的甜头。

我去涌泉月季园，是5月初的一天。

举目望去，一片片种在黑色营养钵里的月季苗子都长得齐刷刷，壮壮实实的，虽然还没有开花，但瞧着就让人喜欢。几个客户正在地里选苗。

经理孟二水深有感触地对我说：“我们的月季之所以受客户喜欢，呵呵，有一个小秘密啊!

“什么小秘密?”我问。

“呵呵。说说也普及一下，就是使用灌根剂。”她说：“灌根剂要从繁殖小苗开始使用，一直到苗子出圃。”

“每年从什么时候开始使用?”

“苗子生长时期都要使用。因为苗子生长期也是细菌大量繁殖期，一年怎么也得喷四五次。喷上灌根剂，苗子的根儿不受病虫的侵扰，吸收营养快，自然就长得壮。反正，您光施化肥和有机肥是不够的。”

"有道理。"我点点头。

她又介绍道："我们用的灌根剂，是日本生产的，虽然贵，但稀释后喷在苗子根部，灭菌效果特别好。"

"我们中国有没有这方面的产品？"

"有啊。但实事求是地说，目前，还是日本的使用效果好。用就用最好的。"

她的话，使我想起几年前在青岛辉恒花业有限公司见到的情景。

这是一家专门生产仙客来的企业。当时他们的仙客来在市场上是一流的，销售价格最高。

总经理张永利先生谈到仙客来的基质，他说："养仙客来，目前加拿大的基质最好，既然如此，要想养出最好的花，我就使用加拿大的。"

对，用就要用最好的。别凑合，别图便宜，再加上干得最好，企业的产品实现最佳就不是一句空话。

第44招　植树袋是个好东西

植树袋，是一种容器袋，也称美植袋、无纺布种植袋、环保植树袋。使用植树袋，好处多多，其中有一点，就是省钱，这是前几天我在长春得到的最新结论。

容器袋在咱们花木行业引进有七八年了，一直推不开，总是极少数。去十家苗圃，不一定能碰上一家使用，还是老一套，地栽，传统种植。

我一直以为，这主要是成本的问题。花银子多，投入大，企业在成本不断上升的情况下，压力够大，哪有什么资金再用植树袋。因此，这两年我到苗圃，就没再提使用植树袋种植苗木的事。咱别哪壶不开提哪壶，先缓缓再说，省得给人家添堵。

但前几天在长春，自从去了新力城绿鑫苗木合作社，看了他们用植树袋种的苗木，我原来的印象彻底改变了。按该合作社主任潘立军先生的介绍，使用植树袋，不仅不贵，而且成本还低。这使我眼前一亮。

潘立军的苗圃，就在他们新力城村小南屯的后面。看到一大片地，种植的都是三角枫小乔木，齐刷刷的，生机勃勃，都1米多高，一瞅就不缺营养。因为，植树袋是用特殊的聚丙烯材料做成的。这种材料做成的薄袋，能让根系穿透，向外伸展，但当须根在贯穿袋壁时，受到无纺布的阻拦，以致袋外的根不会长粗，于是碳水化合物等养分就累积于袋内的细根中，形成瘤状物。也就是说，袋内的根部积累了更多的营养物质。这样，一旦移植后，能迅速恢复生长，移植成活率及品质也大幅度提高。

潘立军说，他们合作社，注册的有58户，现在参与的有120户，总共苗木基地有1500多亩。他自己的苗木是300多亩。2009年，他开始尝试使用植树袋，一经成功，就在自己的苗圃中全部推开，实现了一场革命。根据现有苗木规格，他使用的植树袋，直径都在25~45厘米。榜样的力量是无穷的，现在，合作社的其他成员也开始尝试使用植树袋。

在地里，潘立军给我介绍了改变种植方式的几大好处。

一是植树袋的苗木，可以反季节栽植，不受季节限制。炎热的夏季移栽，不用缓苗，苗子不蔫，效果立竿见影。

二是起苗快。植树袋苗，从地栽到容器的转换时，已经断了主根。之后由于植树袋材料的特殊功能，使得袋内的苗木须根发达，主根不能伸长。因此起苗时，只要沿着植树袋边沿把土移开，然后用脚一蹬就可以了。而地栽苗，相比之下要费力费工，土坨不大，主根不断，苗子就起不出来。

三是不存在土坨大小问题。起地栽苗，尽管根据客户的要求，给工人规定了土坨的尺寸。但起出来的苗木，土坨往往不那么规范，有大有小。客户不满意，起苗的工人往往也有怨言。起植树袋苗，就没这些麻烦，植树袋多大，土坨就多大。

四是植树袋苗木，在运输的过程中没有散坨的问题。地栽苗，缠绕了草绳也容易散坨。散坨的苗子，是影响成活率的。

五是成本低。这也是最为关键的问题。潘立军反复算过账：直径40厘米土坨的地栽苗，人工起苗费还有打包装草绳的费用，加在一起，成本是8元钱，有时还需要10元钱。有袋的则大不相同。由于起苗省时省力，成本是3元钱；一个袋子的成本是2元钱(从厂家购进的数量要大)，总共下来才5元钱。成本节省了近50%。即使与8元钱相比，也还便宜3元钱。

不过，说到植树袋的优缺点，还和生产厂家、原材料等有关。都叫美植袋、容器袋，产品的实质却不可能都一样，药还有假药呢。潘立军他们买的植树袋，都是正规厂家生产的，质量过得硬。如果您也想选用植树袋，一定要选准才行。

第45招

耐寒植物是筛选出来的

苗圃生产，要不断引进新品种，增加植物种类，提高绿化、美化水平，为实现生物多样化创造有利条件，这是我们必须追寻的一个方向。但引种切忌盲目。

盲目引种，不考虑一个地区的气候条件，硬是将另一个地区的物种引过来，当成香饽饽。其结果必然是，植株死亡，造成极大的浪费。

2010年春末，《中国花卉报》记者骆会欣在北京一家苗圃就目睹了这样一幕，很是惋惜。

2009年，小骆到这家苗圃采访后得知：苗圃数年前从南方引进的一大批桂花，全部种植在室外，并且在室外越冬。

主人这样做，是想通过采取一定的措施，逐步使从南方引进的桂花适应北方的气候，然后把它们售给高端客户。因为有不少住在别墅区的人家，都希望能在自家小院里感受桂花飘香的气息。

但她知道，在北京地区，桂花很难适应寒冷、干燥的气候，越冬一定要在室内进行。当时，小骆看到大片的桂花在露天茁壮成长，还佩服主人的勇气，但此次一来，让她担心的事情还是发生了。

大片的桂花枝叶全部干枯，没有了生命的迹象，无一幸免，惨不忍睹。

小骆写了一篇文章，题目是：《成片桂花变残桩》。

可见，主人数年花费的心血付之东流。经济损失和精神损失不可谓不大。

让南方的植物适应北方的气候，愿望是好的。但这只是一个好的愿望。凡是不符合科学的，不论你做多少的努力，最终都将化为泡影。

2011年5月中旬，上一年年度全国城市园林绿化企业50强颁奖大会在武汉举行。随后，举办专业讲座，北京市园林绿化职业技能培训中心教授级高级工程师张东林先生谈了一个观点，他说："耐寒植物是筛选出来的，不是驯化出来的。"

他的这个观点，被我们的记者郭泽莉捕捉到，刊登在了我们的报纸上。

我看过之后，感觉很好，随后跟张东林通了一个电话。

张东林60出头。退休之前先在苗圃工作多年，后从事园林绿化管理，在园林植物方面既有丰富的实践经验，又有深厚的理论修养。

"老张，你在武汉讲的那个观点我很赞同。耐寒植物不是驯化出来的，是筛选出来的。"

他听了，笑笑道："植物有那个耐寒基因的，你从华东地区引到华北地区来，它就能活下来。比如100棵属于南方树种的苗子，引到北京后，经过两三个冬天，冻死了70棵，剩下30棵，没死，活得好好的，说明这30棵苗子的体内是有抗寒基因的。"

"如果这些植物都冻死了，就说明这些植物的体内是不具备抗寒基因的。"

所以，他认为引种驯化一说是不科学的，站不住脚。植物生物学的形态是由它的内在基因决定的。基因是与生俱来的，固有的，不可能被驯化出来。科学的说法应该是，在植物性状发生变异的后代中，筛选出具备耐寒基因的优良后代，之后经过历代种植、优选，最终获得性状稳定的耐寒植物品种。

直接引进南方的桂花在北京室外越冬是不行的，还有广玉兰、棕榈、黄山栾树等。这些年都有人打过这方面的主意，向黄河以北引种，但一遇到低温寒冷的年份，就挺不住，就傻眼。

您弄明白了吧？

第46招 花木成活的关键是环环相扣

三四月，阳光熙和，万木吐翠，花草盈野，正是起苗运苗的黄金时期。小批量的，如何起苗，如何包装，如何保证花木成活，都是销售中的重要环节。搞不好，就出麻烦了。

我有个弟弟，前年盖了一栋二层小楼。

房子很漂亮，院子也很宽敞，自然要种几株又开花又吉祥的树木。

前年和去年，他分别种了两株玉兰和两株樱花，花也开了，叶子也出了，水也浇透了，肥也施了，但好景不长，植株慢慢地都枯萎死亡了。

五六厘米粗的苗子，100多元钱一棵，就这么死了，真的可惜！

有一次，我带一位树木专家到他家。他皱着眉头，心疼地向专家请教："这是为什么呀？"

专家说："很简单，你买的苗子，放的时间长，风吹日晒，苗子脱水了。最初开的花，是植物本身内在的营养，一旦养分耗尽也就完了。"

我弟弟属于散户，是个人消费，损失有限。

我想，要是赶上苗圃买这样的苗子，倘若数量大，客户损失就惨了！

如此下去，这样的苗圃还有回头客吗？

我的朋友、河南省遂平县名优花卉苗木有限公司的王华明在保苗木成活方面很有经验。

他说，保证花木移栽成活的第一步是起苗。这一步，最为主要的是起苗要及时，土坨要丰满，一定要覆盖住主要根系。

起出的苗子，根系不能晾晒，最好随时包装，当天晚上，或者次日运输。

另外就是包装。当天起的苗子要立即包装，以免晾晒根系脱水。

根据品种，包装材料可用水苔、草炭、农膜、草绳等，然后打捆装箱，或者是放进编织袋里。

运输尽量用火车、直达大巴等快捷的方法。

从起苗，到客户定植，这个过程，要盯紧，环环相扣，时间越短越好。

按照这些方法去做，苗子的交易过程就会圆满成功，交易双方就会皆大欢喜。

第47招　草坪种植，时间要留有余地

现在，搞一个园林绿化工程，不论大小，乔、灌、草是必不可少的。您承接工程时，有一点要把握好：在时间上要留有余地。不然，单说草就有可能出现麻烦。我们小区的草地，近年来就出现了类似的麻烦。

4月中旬，已过了清明，在北京，正是春暖花开的美好时节。“海棠初雨歇，杨柳轻烟惹，碧草茸茸铺四野。”

自然界已是如此。而我们小区的草地，却是光秃秃的，不见绿的影子。岂止是行话所说的“草坪有斑秃现象”。

物业负责绿化的工作人员可忙坏了。他们手持长长的橡胶管子，拉来拽去，不停地浇水、施救。

“开春后，这是浇第三遍水了吧?”有一天下楼，一个穿工作服的工作人员正在草地上浇水，我忍不住问道。

“不止。都浇第五遍了。”他伸出巴掌说。

“看来效果还是不明显。”我说。

他点点头说：“去年草籽撒的时间太迟。都过了国庆节了，长1个月，天就冷了，下面才出一点根儿，怎么禁得起寒冬?”

他说的是有道理的。其实，还有一个重要原因：冬季缺水。

富有草坪种植经验的北京北国绿园林工程有限公司的李云英认为：“主要是缺水。冬季应该多浇几茬水。您想，根儿还没长丰满，缺了水，加上天寒，用不了多长时间就会脱水。一旦脱水，根儿就会枯死，开春了，再怎么浇水都是马后炮了。”

您施工，如果结果是这种情况，收款可就难了。

山东昌邑生态园一角

4 勤劳与精细

在学校搞绿化，就要以学生为本。不仅要做到绿化美化，还要想方设法让学生增长植物方面的知识。

第48招 劳动最光荣

5年前，也就是2006年5月1日，我在日记里写下这样一段文字："时间过得真快。春节的热闹景象在脑海里还清晰地浮现，一晃，五一国际劳动节又到了。"

五一节，我小的时候并不知道。那时候，我是在偏僻的乡下渡过的。

我们那个村子，与北京城相隔不远。现在路修好了，从安定门算起，满打满算，也就是25千米，开车也不过四十几分钟。但当时，我却觉得村子与城市远得遥不可及。上学，能识一点字就不错了，哪里还知道有什么劳动节。

我知道五一国际劳动节，是长大到城里参加工作之后。

但当年，离开家门，到镇上集合，母亲拽着我的行李，嘱咐我的一段话，至今也忘不了。

她说："孩子，你记住，往后出门在外，千万别犯懒。人懒了不行，懒了连饭都吃不上。"

那时候，母亲似乎也不知道有什么劳动节。但一生勤劳的母亲说的话，字字体现劳动最光荣、劳动最伟大的内涵。

母亲早已不在人世了，也没有给我留下什么值钱的东西。但她的话，是我这一生的无价之宝。

记得20多年前，当我与老舍先生的夫人胡絜青先生熟悉之后，她称我是她的"忘年交"。身为著名书画家的老人家，用毛笔写了一个很大的字，赠送给我，以此激励我。

这个字就是"勤"。

勤，是劳动的具体体现。胡絜青先生的字，我一直珍藏着，并且连同母亲的话，一直珍藏在心里，不敢忘记。

我知道我是个笨人。可勤能补拙，这个道理我还是懂的。

因此，五一节那天，当我接到一条短信，说是"五一节天气预报，傍晚下人民币，西北方有支票，局部地区还会有金块，提醒各位朋友，带好钢盔，准备发财"时，我忍不住"扑哧"笑了笑，心里依然是淡定的。

因为这分明是一条调侃的短信息，世界上哪有什么不劳而获的好事?

劳动节，是让人们记住：劳动是创造一切物质和精神财富的源泉，是推动历史前进不竭的动力。

没有劳动，企业就不能发展，花木就不能长好，财富就不能积累，社会就不能进步。

即使到了共产主义社会，也不能离开劳动。好逸恶劳，一切皆是空的。

当然，从事园林花木的经营者应该懂得，今天的劳动，是体现在多方面的，既包括体力劳动，也包括脑力劳动，更包括与时俱进，开拓创新。

那一天，我还接到一条信息，感觉很亢奋。“山东省济宁市任城区李营镇苗木协会会长王继连和常务副会长李卫东，因发展苗木业有功，当选为济宁市劳动模范”。

这真是大喜讯！

一寸光阴一寸金，寸金难买寸光阴。

转眼，已经过去 5 年，到了 2011 年五一国际劳动节。在这里，我还要重复那句话：劳动最光荣！

第 49 招　天道酬勤

2010 年金秋，我在山东省莱州市采访过市林业局局长王延庆先生之后，让我想起了一句老话：天道酬勤。

这 4 个字，说得好啊！

莱州，早在 2000 年就被国家林业局命名为“中国月季之乡”。但由于多种原因，前些年莱州在月季方面没有多大发展。

但去年春，现任局长王延庆却一举成为我们月季界的知名人士。

王延庆怎么一下子就成了月季界的知名人士？

究其原因，很简单。去年春，在莱州市委市政府的全力支持下，王延庆带领全局人员，漂漂亮亮地干成了两件事，真可谓风生水起。

一件事，是投资 5000 万元的中华月季园顺利开园；另一件事，是莱州市被命名为“月季之都”。

有人说，时势造英雄。因为时势之机遇成就了英雄的伟业。英雄之所以成功，是英雄命运的眷顾。然而，习惯于用这种视角看待成功人士，却忽略生于斯长于斯的周围世界，却忽略了他自身的不懈努力。

王延庆，靠的是自身的努力。

在我的印象中，这是一个精力非常充沛的胶东汉子。他中等个儿，相貌威武，宽圆的肩膀，高挺的胸脯，敦敦实实，办事雷厉风行，说话、走路总是快快的，好像是带过兵打过仗的军人，其实，他是从基层一步步干起来的。

了解他的，莫过于莱州市林业局的刘晓进。因为，刘晓进是花卉站的站长。

可以说，他是协助王延庆做好花卉工作的主要助手。

我到莱州，先见到的就是刘晓进。闲聊时，我问刘晓进："在你看来，王局长是怎样一个人？"

刘晓进连眼睛都没眨，便说："他能干，不是一般的能干！"

"怎么能干？"

"很简单。他总是没早没晚的干事。我都替他累得慌。"

我有些不解，问道："你为什么有这样的感觉？"

"他考虑的事太多了。这件事还没干完，另一件事又压上了，实施时又关注得很具体。"

"他很注重完美啊！"我进一步问道："你们林业局有那么多的事要做？"

"当然有。从11月份到来年6月，是防火的关键时期。我们的林子也不少呢，30多万亩！这些林子，还仅局限于山地，平原的还不算。他经常要下去巡视，检查防火措施，检查手机定位系统是否完备。过了6月到9月，防治林木病虫害又是要紧的事。今年，防治美国白蛾就够他忙的。除了这些，还要造林呢，还有新建绿化带呢！再说今年春季建月季园，忙得每天吃饭他都吃不好。上午10点多钟到了工地，一转就是下午一两点钟，看得特别仔细，连犄角旮旯都不放过。不对了，不规范了，凑合的地儿，没商量，当日就要改正！"

王延庆为何这么如饥似渴地干工作？原来，数十年的工作实践，他已经有了自己的精神支柱。

他的精神支柱，都体现在他感悟的格言里。

走进林业局的办公楼，每一层都挂有格言横幅，都是他来林业局后挂上的。他的办公室，高悬的就那4个字："天道酬勤"

他对我解释说：人要干成点事，离不开一个"勤"字；无所作为，躲不开一个"懒"字。

在一楼大厅的墙壁上，迎面写有这样两句话："用心做事，没有做不成的事；努力工作，没有完不成的任务"。

在楼道的墙壁，还有4句话："求真务实，开拓创新，让领导满意，让群众放心"。

在上楼梯的墙壁上，则写的是："让流汗的人不流泪，让干事的人有地位"。

王延庆是一个非常有心的人。3年前，他来林业局工作之后，就在大会上表明了他对林业工作的理解。

他说："林业干什么？很简单：春夏秋冬造林，一年四季防火。横批是：常年栽花。"

对此，刘晓进的评价是："王局的3句话，把林业工作都概括了，大家按照做就是了。”

在王延庆的办公室，他对我说，他来林业局一直倡导的是：“整个机关要形成这样一种氛围：“想干事，会干事，能干事，干成事，不出事”。

王延庆“一团火”的工作热情，感染了他的整个团队，也结出了丰硕的果实。仅用半年时间，中华月季园从破土动工到开园剪彩，就是一个典型的例子。

为了肯定他对月季的突出贡献，中国花卉协会月季分会 2011 年 5 月在莱州召开理事会时，特意增补他为副会长。

王延庆的成功，如果用一个字概括，这就是：勤。

第 50 招　告别差不多先生

看《人一生要读的经典》大部头书，有胡适先生的一篇文章，题目是《差不多先生》，读了真是感慨万千。

胡适先生文章的第一句话就问：“你知道中国人最有名的人是谁?”

然后他说：“提起此人，人人知晓，处处闻名。他姓差，名不多，是各省各县各村人士。”

生活中，当然没有此姓此名。这是胡适先生的一种比喻，采用的是拟人化的手法，嘲讽做事不认真负责的一种现象。

胡适先生接着写道：

“他常常会说：‘凡是只要差不多就好了，何必太精细呢?’”

“他小的时候，他妈叫他买红糖，他买了白糖回来。他妈骂他，他摇摇头说：‘红糖白糖不是差不多吗?’”

“他在学堂的时候，先生问他：‘直隶省的西边是哪个省?’他说是陕西。先生说：‘错了，是山西。’他说：‘山西和陕西不是差不多吗?’”

大了，他在一个纸铺里做伙计。他会写，也会算，只是不会精细，十字常常写成千字，千字写成十字，颠来倒去的。掌柜的生气了，骂他，他笑着解释：‘千字比十字只多了一小撇，不是差不多吗?’”

“有一天，他得了急病，要请的是汪先生，却把给牛治病的王先生请来，真是让人哭笑不得。但差不多先生躺在病床上却说：‘好在王先生跟汪先生也差不多。’”

“差不多先生直到快咽气时还在说：‘活人同死人也是差…不…多’。”

胡适先生的文章写作快百年了，但在我们的花木经营中，这种现象也是屡见不鲜。

苗圃的大门口堆放一堆垃圾，问他为何不清除出去，他微微一笑，意思是："差不多就行了。"

花圃里，时不时可以看见一两块塑料布、草绳、废纸，问他为什么不让员工清理干净，他还是一笑，意思是："何必那么认真，差不多就行了。"

刚定植的小树，为了免遭风刮，用竹竿支撑。支撑的竹竿长短不一，很是不雅。问他为何竹竿不截成长短一致，他听了一笑，意思还是："为什么要那么细致，差不多就行了。"

给苗木浇水，是要浇透的。他浇到地皮儿刚湿就草草收兵。跟他说这样不行。他笑道："行了，差不多就行了。"

这种习惯，改起来是有困难的。但现在，我们已经进入了精细的时代，进入了追求完美的时代，难也要改。凡事还是大概齐，差不多，粗枝大叶，稀里马虎，得过且过，这是不可以的，真的是不可以的。倘若还是这么做，长此以往，您在花木经营中就会处于劣势地位，甚至还有被淘汰出局的可能。

差不多先生，还有差不多女士，咱们还是白白吧！

第51招

精细精美，使美国长木公园名满天下

经过30余年的发展，我们与美国等西方发达国家的差距是什么？北京植物园年轻的工程师魏钰女士的答案是："差在精细、精美上，差在精细管理上，不是差在规模上，不是差在品种上。"

我想，她的话最有说服力。

2007年，她兴致勃勃地来到美国，学习美国公园的养护技术。

"一年的学习，让你收获最大的是什么？是植物的养护技术？"她回国后，我采访她时问道。

她坦言："还真不是他们的植物养护技术，而是一丝不苟的严格管理。"

她学习的公园是美国长木公园。长木公园在美国的费城。费城位于美国华盛顿和纽约之间。费城没有华盛顿知名，更谈不上有纽约知名，但费城的长木公园可是顶呱呱的公园，OK！算得上全美国最漂亮的公园。不然，园里的领导也不会安排她到长木公园学习。学习，是要花费用的，自然要花在刀刃上，选最好的。

长木公园的前身是一家苗圃，1770年创办的，很大，占地面积有150多公顷。

到了 1906 年，因经济不景气，苗圃经营不下去，许多参天大树被砍伐了。

见此情景，一个名叫杜邦的搞化学的工业家很是心疼，便把苗圃买了下来，建设起了私家花园。

他接手之后，投巨资，对公园重新进行了修缮，还自己设计，盖起了宽敞的漂亮的温室。1956 年，杜邦先生逝世后，遵照他的遗言，把花园出让给了政府，成为一家对外开放的公园，让民众都能欣赏到园子里的美景，也作为向大众提供展览、教育的地方。

长木公园每年的开销要 3000 万美金，有一半的费用靠门票的收入，另一半的费用，要靠杜邦基金会支撑。

在魏鈺看来，长木公园换花换得很频繁。

她说："原有的花长得好好的，还看不出有什么败落的痕迹，就统统地换掉了。"

"是不是要保证完美无缺？"

"对呀！园里的花总是处在一种极佳的状态！他们认为，花是给游客看的。游客花了钱，就要让游客感受到花最美的一面。所以，景观都太精致了！"

"精致到什么程度？"

"那么大的园子，只要有花开的地方，花不仅开得齐刷刷的，而且游客看不到一点枯枝败叶。衬托繁花的草坪也相当的精致，不光总是绿绿的，平平的，而且修剪时，总是朝不同方向修剪。虽然这样修剪费时费力，但你看上去，草坪像一道道深浅不同的带子，铺在园子里，非常的赏心悦目。这还不算，草坪的边缘还镶上了精美的金属。当然，边缘绝不会有杂草。工作做得非常细致到位。"

"人家为什么做得这么好？是不是资金充足的原因？"

她笑笑说："与这方面有一定的关系，但更主要的，是他们管理到组，每个组，都要严格按照计划工作。比如各种各样的花卉展览，都是提前两年做方案。方案做好了，董事会成员就要仔细地进行审定。方案一旦审定完毕，下面的工作人员就会严格地按照这个方案逐步实施。"

"展出前，出了效果了，要是感觉不到位，有没有临时改动的？"我提问道。

她肯定地说："没有。花完全是按计划方案生产的，展出前不会有任何的更改。这个问题我问过他们，他们说方案做的是很周密的，董事会都定好了，完善了，怎么还会再改变呢？"

魏鈺去了美国整整一年，先后在园里好几个部门工作过。

她说："在长木公园，做任何事，都力求完美，精益求精，严格按照已经制定的计划推进工作，这是造就这个美国公园知名度甚高的重要原因所在。"

第52招

每个方面，都要认真对待

现在是讲究做事认真、力求完美的时代，那种大大咧咧，对付对付就可以过关了事的时期，真的是一去不复返了。

2011年6月27日，我作为专家评委，参加中国花卉协会举办的“2011年度全国十佳花木种植企业”评审会议，就有这样深刻的感触。

此次年度评选，各省市花卉协会推荐的候选花木企业是29家。在这29家中，有一家苗圃我是了解的，最近还去看过。说实话，这家企业，从规模上讲，比起其他参评企业不小，有数千亩之多。从种植档次上讲，在国内也是名列前茅。

企业所在的省花卉协会，对此也是信心满满，只推荐这家企业参评“2011年度全国十佳花木种植企业”。

一句话，这家企业从发展的水平上看，一点也不比别的参评企业逊色，甚至还稍高一些。

但就是这样一家优秀的花木企业，在第一轮评议中就被淘汰出局了。

为什么？

就一条，这家企业申报的材料不认真。

因为，中国花卉协会最初在下发本届评选通知时，用表格形式，对参评企业的基地规模、员工人数，2008年至2010年的营业额、利润、纳税金额、创新能力等，都有具体的要求。每一项都要如实、认真填写。

其他的参评企业，除了认真填写表格外，还分成几大类，附上文字材料和各种表格及获奖情况，装订成一个册子，有模有样地呈现在评委面前，像一本精装书籍，供评委查看。

最为突出的是浙江虹越花卉有限公司，申报材料达到了411页。内容包括：财务审计报告，纳税情况证明，企业法人营业执照复印件，领证及产品商标申报材料，其他资信、资质证明复印件。此外，还有反映企业经营状况的音像光盘。

然而前面我提到的这家企业，在要求填写的表格材料中，有好几项都没有填写，全是空白。

参加评比的共有8个国内知名花木专家评委，多数人都表示：

“这家企业再好，就凭填写材料不认真，也不可能在考虑评选范围之内。”

好端端的一家花木企业，本应得到的崇高荣誉，只因为填写材料不认真，就被淘汰出局了。真可惜。

我想，当今一个好的优秀的花木企业，各方面都应该表现优秀，起到带头引领作用，哪怕在很小的一个方面，都要认真对待。做，就要精益求精，力求完美。

不然，遇到情况，谁也帮不了忙。就这么简单。

第 53 招　一丝不苟，让草桥绿化队扭亏为盈

养花精益求精，一丝不苟，这几年受到很多企业的重视，其实，很多年前有人就这样做了。北京花乡草桥实业总公司董事长王茂春就是很典型的一个。

那是二十多年前的往事。

虽然相隔多年，但每每想起，仍历历在目，记忆犹新，好像就是昨天刚刚经历的事情。

记得是 1988 年，夏日的一个傍晚。我骑着自行车，在京城南边的花乡转悠。路过玉泉营，天色已经暗淡了下来。

那时候，玉泉营还没有立交桥，刚扩了路，正在修转盘，建交通枢纽。

我无意中往西北角扭了一下头，发现路边支张折叠床，床上坐着一个人，看不清长得什么模样，但能断定肯定是个不认识的人。他的身后，有几排简易的塑料大棚，两三间房子。房子周围，堆放的是宜兴花盆，显然是个养花的地方。这个人，说不定跟养花的有什么联系？出于职业习惯，我推着车走了过去。

到了他跟前，才看清楚，这是一个二十多岁的小伙子。他中等个儿，圆脸蛋，宽厚的胸脯，一双炯炯有神的眼睛。

“天都黑了，怎么还在这儿坐着？”自我介绍后，我试探地问道。

他呵呵地笑了，往后一扭头，用手指指说：“我是绿化队的，养花的。这里扩路，修转盘，占了我们的地儿，大敞扬开的，我在这里值班。”他手里拿把扇子，不时地趋赶往他身上凑的蚊子。

我往周围瞧了瞧，周围静悄悄的，并没有人。“还用得上人值班吗？”

“这晚上没人值班肯定不行？要是丢了花，丢了花盆，我们的损失就大了。”他说时，眼睛不时地向周围巡视，生怕漏掉一个可疑的人进入他们的养花场地。他的认真程度，丝毫不逊色于一个正在观察敌情的战士。

“你还挺认真啊！”我说。

“值班就要像个值班的样儿，不认真，不负责任，大黑天的，还得挨蚊子叮，何苦呢！”

花乡人真是好样的。我敬佩地点点头说：“你连床都带来了，看来要在这里熬通宵啊?”

他笑了笑:“这没什么。”

与这位长得朴实、但看上去又显得非常机敏的小伙子详谈，我才知道，他身后养花的地方，是草桥绿化队，归花乡草桥村所属。他叫王茂春，当时是草桥绿化队的队长。

那天晚上，我与他共同坐在折叠床上，聊了许久。我走后，他依然在忠实地坚守他的岗位。陪伴他的，只有漆黑夜空上那一颗颗闪亮的星星。

从此，我与王茂春熟悉了，没过多久，我到草桥绿化队采访。他的认真负责、做事一丝不苟的精神，再次深深地感染了我。

来到草桥绿化队，第一感觉是院里干干净净，神清气爽。放在温室边上的花盆，存在办公房旁的花盆，一摞摞，都码放得整整齐齐。墙角旮旯，看不到垃圾，瞧不见生产所使用过的旧竹竿、绳子、塑料布。

走进养花的塑料大棚里，更是令人欣喜。一排排的盆花，有的是观花的，有的是观叶的，都长得齐刷刷的，仿佛是一个模子刻出来的。

最妙的是，横看一条线，竖看一条线，不由得想起古人说的“横看成岭侧成峰”的名言。通道上，自然也是干干净净，没有杂七杂八的东西。

“你们的花儿，怎么摆得这么整齐?”我不由得问王茂春。

他笑笑说:“我们都是用小线拉，能不齐嘛!”

“要是有人从里面挑了花，买走了呢?”

他说:“我们有要求，负责这个花洞子的人必须及时补上。”

随后，我又看了其他的塑料大棚，但都没见一排花有缺一块短一角的现象。

“你们有什么高招，始终让花保持这么整齐?”我问。

“主要是我们有检查小组。我负责，人员由队里的管理人员组成。三天一小查，一周一大查。查后的结果与工资奖惩挂钩，是什么情况就按什么情况办，绝不含糊。谁甘心被罚啊，都不想落后，只要严格要求，很快就成了大家自觉行为。”他告诉我。

王茂春认为:“绿化队不仅是养花的场所，而且这里也是市场，也是销售场地，还是欣赏场地。花好了，场地干净漂亮，消费者就会多上你这里来，多光顾你的花，多买你的花。”

当时北京还没有花卉市场。买花的，差不多都到花圃去买。

正因为王茂春有这样超前的经营眼光，才使得当年连开支问题都解决不了的绿化队，很快扭亏为盈。1988年，绿化队的年收入名列全区第一。

众所周知，如今的草桥在王茂春的带领下早已走上了富足之路，成为北京最美的乡村，率先实现城乡一体化。然而，万丈高楼皆从平地而起。不能不说，这与他做事一丝不苟、尽善尽美的经营意识密切相关。

草桥还在变，还会变得更美好。但做事一丝不苟，力求尽善尽美的精神是不会变的。这方面，值得我们很好地发扬光大啊！

第 54 招

高档盆花，离不开精细的管理

有一日，走进北京花乡草桥实业总公司在顺义杨镇的花木基地，真是不虚此行，处处感到的都是草桥人做事的精细。自然，做事的精细，换来的是花卉产品的精细。

基地几乎都是设施栽培。4 万平方米的温室，分成 8 栋，每栋都是 5000 平方米。不论推开哪个温室门，一脚踏上的，不是水泥地，而是一块漂亮的地毯。地毯是湿的，稍微用点力，可以踩出水来。

“这是我们撒的消毒水，每天早晚要撒两遍，人出来进去的，可以减少细菌对花卉的侵害。”基地的总经理刘万有介绍道。

宽敞的温室，只有一个通道。通道的两侧，是一道道钢丝网架。架子上，摆放的是一盆盆高档花卉。数量最大的有 3 类：红掌、竹芋和蕨类。

仔细看了又看，植株上，没有发现一片病态发黄的叶子。而且，这里的盆花，摆放也是非常讲究的。

盆与盆，株与株，摆放不是左看一条线，右看一条线，而是呈三角形，这样，冠与冠之间有距离，碰不着，通风也好。

架子的上空中，悬挂着一块块黄色的粘虫纸。别小看这一块块粘虫纸，温室里只要滋生小虫子，就可以被它消灭。走过去一看，上面果然粘有不少小虫。

在红掌区的架子上，有十几排小的红掌苗，密密麻麻地摆在一起。

“这样摆放养一阵子，换一点大的盆，在架子上就可以操作了。既节约时间，又提高工作效率。”刘万有解释说。

养高档盆花，一般中水含量不能超过 7%，最多不能超过 20%。因此，这里的用水分得很细。通过一个过滤装置处理后，温室的水被分为 3 种：一种是纯水；一种是纯水中加了肥的肥水；一种是中水。中水也不浪费，可以清洗温室通道的地面。

精细养出的花，品质不会低，这是显而易见的。

第55招 苗子养得精致，说话才硬气

一个苗圃，把苗子养得精致，说话才硬气，底气十足。

“我的苗子不还价。”您敢说这样的话吗？北京环美绿源苗木有限公司王光明就敢说一不二。他在世时，几次去他的苗圃，都赶上他跟客户说类似的话。

他为什么那么牛？

因为他有“金刚钻”，才敢“揽这瓷器活”。他的金刚钻就4个字：精细养植。

“老王管理苗圃，绝对是一把好手！”业界也是这样评价王光明的。

“你这是低头拉车，不抬头看路。”有一次我逗他。

王光明的回答是：“只要苗子好，自有人来买。”

因为，王光明对自己苗木的品质特有信心，他还说：“搞大工程园林绿化的，转几圈后，还得来我这里买苗。我最不怕的就是货比三家。”

早在10年前，他在北京建苗圃之初，就确立了标准化种植管理的模式，株行间距、苗木套种、水肥管理等环节，均严格按照科学育苗方式操作。

在他心里，苗木质量始终放在苗圃经营的第一位。平日里，有事没事，他一天到晚总在苗圃里转，琢磨着怎么把苗圃管好，怎么把苗木育好。即使是炎热的三伏天，在办公室里也见不到他。

“老王呢？”问他妻子。

“在地里呢。”他妻子说。

记得有一年早春去他的苗圃参观，但见圃内的油松在他的精心管护下，被育成各种姿态的迎客松，充分展示出植物造型艺术带来的美妙。

最值得称道的是，那些因运输损伤或病虫致残的苗木，尽管长得七扭八歪的，却被他当做宝贝似地重新定位培育。

他常说：“苗木没有残废品，关键是怎么用？这些树做行道树是不适合，但在小区绿化中与假山石搭配却是难得的好苗子，不容易找到。”

“苗木遇到他是幸运的。”每每谈到王光明，我们的记者骆会欣总是这样激动地说。

苗木遇到您，也应该是幸运的。

第56招 文明施工，从细小的地方做起

有一天早上，我路过一个小区绿化改造工地，十几个工人一字排开，正在草

地上挖坑，准备栽树。

引起我注意的是，每个树坑旁，被春色染绿的茸茸翠草上面，都铺了一层塑料布，工人把挖出的黄土都堆在了上面。

待树坑挖好栽树时，黄土回填，剩下的土渣被塑料布卷走。

草地依旧还是干干净净，整整齐齐，显出一片油绿的亮光，看不出一点施工的痕迹。

不大的事，却给我留下了深刻的印象。

“铺上塑料布好，省得黄土把草坪压上，真是做到了文明施工。”我走过去，对工地项目经理说。

他笑笑道：“现在不是讲精细嘛，我们就得从细小的地方做起。”

他还告诉我：以前他们施工，在草地上挖树坑，黄土就扔在草地上，土回填后，草地用篦子搂，费事不说，还是留下不少土碴子，影响原有的景观。现在，一块塑料布就解决问题了。

“您看着好，甲方也说我们活儿干得利索。”

从细微处，点点滴滴，多为客户着想，这样的施工能不受欢迎嘛！

第 57 招　把事情做到十分

“用心去做，就能养出高品质的花。”这是我从日本冈野刚健先生那套用过来的一句话。

冈野先生的原话是：“用心养，就能养出高品质的草莓。”

这话，非常有分量。

那天，在浙江嘉善的碧云花园，和冈野先生一起就餐的时候，服务员端上来一盘新鲜的草莓。

冈野先生捏起一颗草莓说：“这颗草莓品质不太好，不饱满，有塌陷的地方。高品质的草莓，从外观上看，要饱满、鲜亮，当然，口味上还要香甜可口。”

“那您认为，怎样才能种出高品质的草莓呢?”我问道。

冈野先生笑了笑，没有解释更多的话，只是说“用心养，就能养出高品质的草莓。”

他的话，使我想起日本一位仙客来专家说过同样类似的话。他的名字我记不得了。但两个人说的话，却惊人地相似。

那是 10 年前，我在青岛张永利先生的辉恒花业有限公司采访。当时，张永利刚从港口贸易转到仙客来养植。他的技术顾问，就是日本的一位仙客来专家。

那位日本专家对张永利的员工说："养仙客来，必要的设施和材料是需要的，但更主要的，是要用心养，才能养好。"

日本的产品精致、耐用，这是人所共知的。但这一切，都是他们一丝不苟，满腔热忱，用心做事的结果。我们的企业，要想做到花木产品精致，首要的，是每一个员工都要用心做事。员工不用心，不是员工的责任，打屁股，也要打老板。

我在北京延庆双卉新华园艺有限公司采访时，碰上的日籍华人周平博士也特别强调说："一个优秀的园艺工人，与普通的园艺工人最大的区别就是，前者总是严格要求自己，把事情做到十分，而后者总是把事情做到五六分，最多做到七八分。浇水这个环节同样如此。一个出色的企业管理者，要想让自己的园艺工人做到优秀，当他做事做到六七分的时候，就要及时督促他继续把那三四分做完。"

把事情做得尽善尽美，考验的，往往是一个管理者和园艺工人的耐力。只有这样，高品质的花才会由此产生。

记住，要用心做事哦！

第58招

勤能补拙

在花木业这个圈子里，月季专家孟庆海以擅长识别月季品种著称。我一直以为，这不是一般人能够做到的。但自从2011年4月底和孟庆海一起到北京涌泉月季园，见到这里的经理孟二水，我这个认识改变了。

孟二水和孟庆海是一奶同胞，姐弟两个。

"我们现在这个基地，是10年前创办的。由我负责后，我就一直在识别品种上向我弟弟学习。不客气地说，通过辛勤学习和不断摸索，我现在也能识别不少月季品种。"孟二水自豪地对我说。

"是嘛。"我轻轻地点点头，但心里还是不大相信。

可巧，我和孟二水站的地方正是他们的品种资源圃。植株已经从根部蹿了有半米多高，枝梢上都挂了一个牌子，上面写有品种名称。

我随手托起一个牌子，念出了声："胡佛总统。"

"想考考我，好啊。"她笑笑后，端详了一番那棵月季的枝叶，说道："这棵月季的牌子挂错了，品种不是'胡佛总统'。"

"孟经理，那是什么品种？"

“这是‘粉和平’。”她断言道。

“我可叫专家鉴定了?”我笑着说。

“没问题。”她扭头喊在棚子里的孟庆海。孟庆海过来，我赶紧把有字的那一面翻过去，问他：“庆海，这棵月季是什么品种?”

他看了看说：“这是‘粉和平’。”

呵，孟二水说得一点不错。这下我服气了。

事后，不由得使我想起华罗庚说过的一句话：“勤能补拙是良训。一分辛苦一分才。”真是不假，说到点上了。

第 59 招　执著 25 载，打造精品种苗企业

专心如一，把产品做细、做精，才能把企业做好、做稳。

北京华乐种苗有限公司是我国最早成立的花卉合资企业之一，这二十多年，他们基本没做别的，主要就干一件事，专吃蝴蝶兰这碗饭。

1987 年，华乐公司成立时，从事兰花组培生产还算是“高科技”活儿。如今再看组培，已经是全国普及，有组培生产设备、从事兰花组培生产的企业越来越多。

但无论是当时的一枝独秀，还是现在的遍地开花，华乐都是宠辱不惊，一心一意练好内功，扎扎实实做好组培苗生产，不断提高技术水平。

华乐最初的技术是从日本引进的。随着规模的扩大，技术需要不断完善。实验室技术要应用到规模化生产中，需要解决的问题很多。

组培苗是蝴蝶兰生产中的重要环节，如果质量不过关，轻则优良品种特性不能充分展现；重则会产生变异，导致毁灭性经济损失。

所以，华乐公司用了约 10 年的时间，不断摸索解决组培规模化生产中遇到的各类技术问题。例如，蝴蝶兰组培苗的变异控制；下一代培养产生的激素累积；玻璃化以及难生根的问题，等等。为此，技术人员攻克了一个又一个难题，虽然“学费”交了不少，但却有了现在的稳定技术。

“蝴蝶兰的生产周期长，试验两三个月，只能看到表面现象，需要七八个月才能判断最终结果。所以，我们尽量把可能会遇到的问题考虑好，不间断地试验，以保证技术体系的完善，确保产品的品质。”董国兴说。

现在，华乐种苗有限公司在涿州的基地年生产蝴蝶兰组培苗在 500 万株左右，销路非常好。

在国内企业中，华乐的种苗品质高，品种多，较齐全；每逢兰展或花博会，华乐的蝴蝶兰盆花总是最亮丽的风景线。

因此，专业化生产，目标是高端客户，技术一定要过硬，这样才能保证好的产品，企业在圈子里有好的口碑。

第60招 一个细节都不能马虎

2011年国庆节前夕，南昌市举办了首届南昌月季文化节。中国花卉协会月季分会是主办单位之一。南昌市政府为此项活动专门召开了一个小范围的筹备会议。会上，有关部门介绍了南昌近年开展的“百万月季进洪城”的情况（南昌又称洪城）。

谈到月季苗子的来源情况，有关部门一位领导介绍说，目前，南昌几乎没有月季生产，月季苗子基本上都是外来的。由于多种原因，苗子成活率不高。有一次，他看到从外省运来的月季苗子都是一棵压一棵，像割下的韭菜似地摞在一起，土坨也散了。种上之后，苗子成活率不高。

听完南昌方面的介绍之后，著名园林专家、中国花卉协会月季分会会长张佐双先生讲了一番话，他首先肯定了南昌月季的发展形势：

“月季，一年多次开花，奇异多姿，绿化、美化效果俱佳。因此，大量种植月季的城市，特别是把月季定为市花的城市，会越来越多。南昌就是这种情况。一年要种植上百万株的月季苗子，是多么的振奋人心。其力度之大，气魄之大，在全国少见。”

接着，张佐双先生又语重心长地谈了这样一些看法：

“让月季扮靓城市，让月季市花深入人心，这是一个大趋势。我们的经营者要看到这个大趋势，适应这个大趋势。

企业要适应这个大趋势，搞好销售，你提供的苗子首先要做到是袋装苗。

因为，现在月季应用是不分季节的，春夏秋三季，哪个月份都可能大量种植。

一年要种植这么多的月季，不可能一下子都在春季完成。植物移植，都有个缓苗期。袋装苗，就减少了缓苗期的环节。

还有，苗子从装车到码放、卸车，以至到定植，一定要对客户负责。一个环节都不能马虎，一个细节都不能疏漏。一个地方疏忽了，最后的结果都有可能会不尽人意，甚至全军覆没。

比如，装车不注意，散了团儿，头发丝那么大的根儿就容易折断。断了根儿，根儿就要重新长，栽上的苗子长势自然就弱得多了。

还比如，运输时间过长，车内通风不畅，植株缺水，就有可能损失惨重。

什么是为客户服好务？这些方面做到了，就算是为客户服好务！服务是具体的，不是抽象的；是做出来的，不是说出来的。”

张佐双先生的这番话是针对月季经营者讲的，但实际上具有普遍意义，同样也适合我们的其他花木经营者。对我们的经营活动应该有很好的提示作用。

第 61 招　修剪的白皮松身价涨

“要做就做精品，让客户对苗木一见钟情，之后再谈价钱。”这是北京温泉苗圃黄玉忠的经营观。那天，宁波藤头村掌门人傅企平参观他们苗圃时，他就这样说。

因为，傅企平在参观北京温泉苗圃一块白皮松地块时，停下了脚步，好像下面有引力似的。

看着那一株株神气十足的白皮松，傅企平连连点头道：“这样的苗木多有精气神，看着就舒服，不愁卖不上好价钱。”

培育出这样漂亮的白皮松，在温泉苗圃也是有个过程的。

由于建圃早，温泉苗圃尽管不乏大规格常绿树种，但有些因为树形不好，卖不上价钱。面对难题，黄玉忠请教专家，试着对白皮松、华山松等进行修剪。修剪后的这些松柏类植物还真争气，多年滞销后不仅有了买主，而且身价还翻了一番，甚至几番。现在，温泉苗圃的苗木质量高、卖相好。应该说，得益于他们尝到了甜头后，摸索出的一整套常绿针叶树修剪的成功经验。

“关键是要舍得投入，地要肥，水要足，空间还要宽敞。”为提高苗木精品率，温泉苗圃低价处理了残次苗、淘汰了滞销苗、合并了同类苗，让它们在最好的条件下享受阳光雨露，茁壮生长。”黄玉忠感悟道。

看完苗木，面对大门前一排排荣誉奖状，傅企平伸出大拇指：“兄弟，干得好，不虚此行呀！很高兴认识你，以后得多向你学习，建设高品质的苗圃。”

第 62 招　做一流的企业

做，就要做成一流的企业。因为，这是一个讲究精品的时代，一个讲究尽善尽美的时代。

因此，江苏盐城今朝园艺科技有限公司2009年成立时，公司董事长邹相国就确定了一个奋斗目标。他对《中国花卉报》记者戴呈玲说：“以最好为宗旨，做最好的草花企业，是我进入花卉行业的初衷，也是今朝园艺发展的宗旨。”

2010年，在第十二届中国国际花卉园艺展览会上，江苏今朝园艺科技有限公司参展的草花，因其产品丰富精美，引起众多业内人士的关注。

眼下，今朝园艺无论是规模还是实力，都保持了强劲的增长势头。

今朝园艺董事长邹相国说，他进入草花行业，除了看好其市场前景外，还源于一次展会。

2008年4月，他在一位朋友的邀请下，参观了当年的中国国际花卉园艺展览会。

展会上，他发现，国内草花企业的展位规模都不大，并且都处在不起眼的边边角角的位置上。稍微有实力的公司，大多代理的都是国外草花产品。

这个场景深深刺痛了他。

在这样的情况之下，邹相国创建了今朝园艺科技有限公司。

在此之前，邹相国经营的业务一直以承接园林绿化工程为主，但在过去的两年里，公司在园林绿化工程上的投入基本停滞了下来，专心做花卉研究。

这两年里，每年花卉的业务收入只占总营业额的5%，但公司却把大部分研发费用投进了草花项目中。

现在，该公司已经开始进行大规模的花卉生产。2011年，又引进了容器苗生产线。国庆后，公司将具备年产2000万盆草花的生产能力。

邹相国相信，虽然现在公司是苗木反哺花卉，但只要他将他的宗旨一直贯彻下去，5年、8年、10年以后情况肯定会颠倒过来。

当然，邹相国深知，世界上没有最好，只有更好。美，是无止境的。

坚持，只要坚持，铁杵都能磨成针，什么奇迹都是可以出现的。

第63招 精品苗木是扩大销路的源泉

山东泰安汇源园林张斌广的经营之路是一条精品苗木发展之路。

对此，我与张斌广曾有过一番对话。

“从1998年开始从事苗木生产，到2002年，你的生产基地已经发展了500亩，苗木有什么特点吗？”我问。

“我的苗木，要说特点，就是大树多，造型泰山松多，还有，就是各种海棠多。针对这几年绿化工程讲究苗木品质的情况，从 2002 年开始，我就开始注重培育精品苗木。不这样，就跟不上趟，缺少竞争力了。”

“有这种意识很好。那么，你是怎么注重培育精品苗木的？下了哪些工夫？”

“首先是稀植。2002 年定植西府海棠、垂丝海棠、樱花时，我就栽得很稀。给植物一个宽松的生长环境，植株的冠径才丰满。紧跟着，定植白皮松、红叶碧桃、菊花桃、榆叶梅、紫薇、玉兰时，采取的也是稀植。此外，植株在生长的过程中要及时修剪，少一剪子不行，多一剪子也不行。必须要恰到好处。还有两条也很重要。一条是按季节给植株喷药，以预防为主。不然，等植株有了病，再喷药就晚了。”

“别看你原来不是学植物的，但掌握的植物科学知识不少，你是请专家指导过，还是自学的？”

“都有。干这行，吃这碗饭，不钻研怎么能行？”

“销售上有什么高招没有？”

“没什么高招，以诚为本。诚是扩大销路的高招。在数量、规格、土球、包装和发货时间方面，必须听客户的。我这些年，一直是这么做的。加上苗木品种多，质量好，客户就像滚雪球似的，越滚越多。退一步说，你发货时不认真也不行。现在的苗木，基本上都是发到园林绿化工地的。工地都有监理的，验收都很严格，哪一方面做得不好，不精细，你都有可能失去一个客户。”

“在公司大门口，我看还挂有一个泰山茂源花卉苗木种植专业合作社的牌子。你是这个合作社的社长了？”

“是。我这个合作社已经有了好几十个会员，去年开春成立的，是我们泰安成立的第一个花卉苗木合作社。合作社是个法人团体，可以联合起来办贷款，可以互通信息，联合起来搞苗木销售，政府非常支持。但我还是那句话，只有苗木养得精致、漂亮，做事细心，才是扩大销路的源泉。”

他的经验，无需我多评说，您自己咂摸滋味。

第 64 招　太密了，重栽

现在，花木种植都讲究标准化种植，株与株之间要保持合理的距离，更别说是绿化应用了。但一个春日，我在我们小区却看到了另一番景象。

那天是从外地出差回来，突然发现小区外墙的绿地里，新添了一排龙爪槐。本来，增加了乔木，绿化提升了一个新的档次，挺好的事，但我看后却觉得很不舒服。什么原因？一句话，龙爪槐种得太密了。

龙爪槐的干径都有十几厘米粗，新叶还没有生出，树冠上，裸露着五六根粗壮的枝干，向外弯曲着，好似蛟龙的爪。整个冠径起码有 3 米之多。问题是，株与株之间的树冠，相隔不足半米。

由于种植过密，从一个侧面看上去，那些树枝都挤在了一起，好像一堆干柴。天哪！这样栽植，一旦树枝伸出新枝新叶，不用半年，两者保准交叉在一起。

次日，我把这个发现向豪门园林有限公司董事长张岐说了一遍，然后说："这有可能是新的绿化公司干的活儿。"

豪门园林在京津地区是一家非常知名的园林绿化公司。

张岐说："你分析得差不多。施工方显然还没有什么施工经验，小区管理部门在绿化上又不大懂，都凑在一起了。"

"你十五六年前开始承担绿化工程时，有没有干过类似的活儿？"

"有啊。这很正常。"

我问："遇到这种时候就这么凑合了？睁一只眼，闭一只眼？"

"呵呵。怎么可能呢！返工，一定要重栽！合理定植，看着也舒服。"

我故意说："现在劳动力很贵，多费工啊！"

"那也要重栽。眼里容不得沙子。对客户负责，绿化工程这碗饭才吃得长远。"

此言极是。

第 65 招

想出口，就要向国际标准看齐

前几天，见到王波，聊起了八九年前南阳月季基地是如何把月季种苗出口到国外的话题。她笑笑说："都是被外商逼的。"

这话算是说到了点子上。

那时候，国内月季种苗只是有一个大概的标准，很粗放，按年份来划分。如一年生苗，二年生苗。再细致点儿，也就以地径的粗度为标准。地径 0.8 厘米以上的算合格苗，对其他数据指标，基本上没有明确的要求。

但是，随着她们与外商有了贸易交往，情况就大变了。

客户提出了一个当时看来十分苛刻的标准：

月季种苗的外观要整齐、均匀，色泽正常，枝条充分木质化，根系完整，无机械损伤，无失水风干现象。对种苗的主根长度、毛细根分布、地径粗度、修剪后植株高度、主分枝数量、主分枝粗度、分枝点之间的距离也有具体的标准。

对病虫害的检测，更是非常严格，明确提出了根结线虫、根腐线虫的存在比例及有关病虫害的禁绝要求。

对种苗的清洗、修剪、包装也提出了明确的要求。苗子包装，要单株包装，使用专用草炭、专用麻袋网、塑料袋等。

这些又详细又繁琐的具体要求，一时间把她们都听傻了。

“怎么办？退缩，说你做不到。很简单，把订单推出去，生意不做，钱别挣。”王波笑笑道：“但这不是我们的性格，做生意哪有怕钱扎手的道理。”

于是，她们硬着头皮按照外商的标准要求去做，终于获得了成功。

由于被外商逼上了“梁山”，如今，南阳月季基地的一切都变了，已经成为国内出口整株月季最大的公司。

第 66 招　跟上市场，不断逼自己改变

2010 年去四川温江一个朋友的苗圃，感到很兴奋。头一年去他的苗圃，一个品种的苗木还是高高低低，有疏有密，树冠之间交叉，好像在掐架。而这年却变得高矮一致，疏密一致，树冠之间起码保持 1 米的距离，看上去好舒服。

“你老兄的苗圃变化为什么这么大?”

他淡淡地一笑：“都是被市场逼的。”

逼得好，逼出一个新天地，逼出一个气象万千。

近几年，我们谁都会明显地感觉到，我们的社会，需要的是品质越来越优良的花木产品。企业正在被无形的市场所逼，粗放性经营的老路不能再走了。有两点，是显而易见的。

一是城市建设向国际化大都市迈进的步子在加快。

北京已经明确提出：要建设世界城市。上海、广州、杭州、成都、深圳等地也提出要建设国际化大都市的相应目标。既然是国际化，城市建设的标准就要高，绿化美化所需要的花木标准也要高，这就是为什么近年兴起“景观树”“高端花木”的新时尚。而这些有品质的花木，又畅销，又价高。这意味着，我们必须走标准化生产之路，才能使花木产品显档次，有品质。

二是成本上升的压力越来越明显。

有关部门统计：2008 年至 2009 年花木企业成本上升了 25%，其中劳动力成本上升最快。2010 年至 2011 年，劳动力成本上升的压力进一步趋紧。还有，由于经济的迅速发展，生产资料中的农药、化肥、塑料薄膜等价格也上涨了很多。

生产成本上升，是大的气候形成的，企业是不好左右的。

在这种情况下，如果还是粗放经营，产品参差不齐，树瘦得跟麻秆似的，按老北京的话说：没人待见。身价不高不说，产品谁要都是问题。久而久之，企业就会被淘汰，应了“物竞天择，适者生存”那句老话。

朋友被市场逼，感觉到了“山雨欲来风满楼”的气氛，是非常明智的。

我们必须逼自己改变，我们没有理由不变。这是大势所趋！

第67招 自己逼自己超越

我们从小就知道，古人为了发奋学习，头悬梁，锥刺股，这是典型的被自己逼。我们从事花木经营的，要想超越，也要有这种精神，自己逼自己。

那是5年前，我见到老朋友、唐山豪门园林有限公司董事长张岐。

他说：“我一年用于到外面学习所花的费用就有30多万元。前些日子还在北京大学听了一周的讲座。”

“花那么多钱，谁逼的？”我问。

“自己逼的。”他答。

他的公司在业界大名鼎鼎，2001年就已经有了国家一级园林绿化资质证书，大工程接连不断。他是老板，在公司说一不二，是啊，谁敢逼他？那不是耗子找猫叫板，找死呢。

他听了我的问话，呵呵一笑，又说了一句：“谁逼的？自己逼自己。”

“为什么？”这句话，有点意思。

“很简单啊。”他诠释道：“社会在发展，时代在前进。我是公司的老板，如果不逼自己学习，思想就会僵化，跟不上形势，企业的很多问题就解决不了，再超越，难啊！”

是啊！只有自己逼自己，不懈怠，企业才能做到发展、发展、再发展。

5 诚信与服务

诚是扩大销路的高招。在数量、规格、土球、包装
和发货时间方面，必须满足客户的要求。
加上苗木品种多，质量好，客户就像滚雪球似的，越滚越多。

第 68 招
品牌，意味对社会的一种承诺

为了保证盆景的艺术品质，如皋绿园的郑长才老先生对我说：

“一盆小叶罗汉松盆景，到了我们绿园公司，从嫁接到成型，到实现理想的艺术效果，一般需要七八年时间。”

郑长才先生，人称“小叶罗汉松盆景王”。

“七八年？为什么要这么长时间？”我听后，一时有点惊愕。

他解释道：“很简单，一盆好的盆景出现，没有一定的时间是培养不出来的。就如同一锅香浓的好汤，那是靠长时间的小火煲制出来的。”

“到了七八年就可以出售了？”我点点头问道。

他说：“也不一定。具体情况要具体分析。如果没有达到理想的状态，即使到了七八年，也不能出手。”

“如果有的客户相中了怎么办？”

“我们会向他解释，指给他看，说这盆哪里还有养护不到位的地方。”老先生说道：“我们这样做，一是要对客户负责，二是要保证‘绿园’牌盆景的品质。”

如皋绿园的盆景是注重品牌的。

老先生随手从抽屉里拿出一把椭圆形的金属牌。黄底上，印有一个绿色的地球，上面，有大树，有“绿园”二字，还有一排“GREEN GARDEN”英文字母。

他说：“一个公司有了产品品牌，就意味着你对社会有了一种承诺。糊弄是不行的。”

是啊！糊弄，最终只能砸自己的牌子。

第 69 招
口碑好，关系大

靠内行帮助，东莞市润绿园林绿化有限公司陈摇东承接的绿化工程一炮打响，受到甲方的肯定。很快，他的美誉在清溪镇传了开来。

“阿东，行啊！想不到搞绿化工程也很棒！”喝早茶，有人就这么议论。

2002 年年底，清溪镇政府决定，从 2003 年起，镇里所管辖的公路绿化养护实行对外承包，养护费一年 220 万元。

220万元，在当时的东莞，这是一个诱人的大工程。

“我听到这个消息后，非常兴奋，夜里连觉都没睡好，盼着天赶快亮，好去联系，参加招标。”他对我说。

“第二天你去了，参加招标的企业是不是很多?”

“是很多。但政府没有招投标，而是采取议标的形式。”

“怎么议标?”

“就是指定几家企业，和大家商量，听取承包方案介绍，最后确定一家来做。”

“指定的企业中有你吗?”

“肯定的啦!”

“你这么有信心?”

“我起步好，口碑好，最后政府选择的就是我的公司。”

现在，岁月已经过去了8年，但清溪镇公路绿化养护依然由陈摇东承包。

看来，起步好，第一步迈得稳，关系极大。万丈高楼平地起，也是这么个理儿。

第70招　信誉不能当歌儿唱

先说一件新近发生的事。

盛夏的一个周末，本来应该是个轻松愉悦的日子，但这一天摊上一件事，让我好一阵郁闷，不开心……

40天之前，我在家具城订了一套书柜，合同上写的是8月27日送货上门。这个日子并不是我选的，而是销售商定的。

眼看送货的日子临近，我赶紧和妻子把已经破损的书柜腾空，迎接“旧貌换新颜”的日子到来。这样一来，我家的地板上自然是一片狼藉，到处都是散落的书报，还有我喜爱的坛坛罐罐。

说是送货前一天会通知，可到了26日下午，厂家也没有音信。

我有些沉不住气了，打电话给销售商：“小伙子，明天就是27号了，你们什么时候把书柜送来?”

“方先生，明天送不了货，还要一个星期。”

“还要一个星期?”我顿时感觉热血往上涌，脑袋一下子大了：“你们怎么说话不算数? 时间可是你们定的。”

“货不在北京，要从广东运来，还有……”

“你不用跟我解释。你知道吗，你们这样一改，把我的生活都打乱了。不能按时送货，你们早点通知啊。一声也不吭，说延期就延期了。”

“呵呵。真的没办法……”

真的是一点办法没有，你即使跟他吵翻了天，货也送不来。

中午，来了一个花木行业的朋友。我把这件事跟他叨唠了一遍。

我说：“现在的人怎么这个样子。订货的时候，他在价格上跟你斤斤计较，寸土不让。轮到该给你送货了，他却那么随便，说改日子就改日子，连个招呼都不打，像唱歌似地那么轻松。如果是这样，签的合同还有什么用?”

他笑笑，然后郑重其事地跟我说：“是啊，现在的人怎么就不讲一点信誉，说得好听，拿嘴填哄人，就是不动真格的。”

他给我讲了他最近经历的一件事。

去年年初的时候，他在饭桌上认识了一家苗木公司的经理。经理对他说，老兄，有要苗子的帮我留点意，做成了，我按10个点给你。”

10个点，就是10%，够大方的。

我这个朋友也神通广大。去年开春的时候，他就帮助那个老板做成了一笔苗木生意。接下来的一年时间中，彼此见过3次面，每一次，那个老板都拍拍他的肩膀说：“兄弟，忘不了你的好，最近周转不开，过一段时间啊!”

过一段时间是什么时候，到现在，时间过去了一年，他也没有见到一分钱的影子。

难道承诺、信用只是一首歌儿？糊弄人就那么轻松？那么随意？

我赶上的这事，朋友碰上的那个人，说给您听，您也许会嘻嘻一笑，不当一回事，觉得没什么大惊小怪的，类似的情况，并不新鲜，满嘴跑舌头的人多了。

多是多。但我还是要说，这不是我们这个社会的主旋律。“讲信誉，重承诺”才是我们这个社会的主流。

前几天看中央电视台经济频道节目，介绍温州一个搞服装的老板，就很让我钦佩。

他为了实现对美国客户的承诺，保证在40天之内交付一批服装，整日忙碌不停，一连几天都没有睡觉。

在最后的几天内，他因为着急上火，一觉醒来，黝黑的头发成了雪白。

“你为什么那么着急?”记者问他。

他说：“我答应的事，就要按时兑现，不急能成吗?”

他这样做事，他这样敬业，他这样付出，客户能不感动吗？能不信任吗？下一批活儿，下一个订单，不用他讲，客户自然而然地还会给他。

我认识一个搞苗圃的大老板，他的苗圃是靠滚雪球发展起来的，不断地进货，不断地出货，形成了良性的循环。

做生意，进货出货，难免有资金周转不开的时候。但他说，资金就是再紧张，到了年底，大年三十前，即使借钱，也要把欠人家的钱还上。

信用是无形的动力，也是无形的财富，在他们这里得到了很好的体现。成功人士，很大程度上，就体现在了诚信上。

一言既出，驷马难追，是做成大生意的共同特征。

反之，那些非常不拿信用当一回事的人，那些只会嘴上抹蜜、不干真事的人，会被人看瘪了。这样的企业，要想做大，用李白的“蜀道难，难于上青天”做比喻，都不过分。

因为，信用重于泰山，承诺是要兑现的，不能当歌儿唱。

第 71 招　说好了，就不能变

把客户放在心上，讲好的事就不能变，即使是一个很小的约定。一个公司上上下下都有这样的意识，不愁不兴旺。

2011 年 3 月，我到杭州赛石园林集团有限公司去，公司董事长郭柏峰先生叫过来 3 个部门经理。

他说：“方老师来了，你们先陪他参观西溪花市，中午一起吃吃饭。”

西溪花市是集团新开发的一个项目。我在 3 员大将的陪同下，在花市里一家一家地转。不知不觉，时间已过 12 时。

“方老师，我们该去吃饭了。郭总安排的地方非常美，菜也做得非常地道，不然他该等急了。”其中一个部门经理提醒我。

负责西溪花市的经理马上打招呼说：“是啊，您去吃饭吧，让他们陪您去，我还有点事，就不去了。”

我说：“你为什么不去了？有什么大不了的事，还是先去吃饭要紧。你们郭总可是叮嘱过的。”

她笑笑说：“我约了一个客户，说是 12 点半来，我得等人家。”

“那也得吃饭啊。”

“不合适，说好了，就不能变。”

“还是先去吃饭。”我出主意说：“你现在打个电话，让他到了给你打个电话不就行了嘛。”

“真的不合适。”她说。

第72招

言必行，行必果

“信，智，勇”，是一个人自立于社会的3个重要因素。

在这3个因素中，信则是排在第一位的。因此，“言必行，行必果”是我们从事经营活动必须遵守的原则。如果按我们北京家乡话就是：“老爷们儿说话得算话，吐口吐沫就是钉。”

如果不是这样，可能不大的事，都会让人长久记在心里，不愿意与你打交道。

六七年前，我就遇到过一次。

一日，在《中国花卉报》报社接到一个电话。打电话的，是泰安地区的一个苗木经营者。他向我咨询有关苗木经营的情况。临挂上电话，他笑着说：“方老师，到泰安的时候，给我打电话，我接待您！”

他的话，很是热情。我记在了心里。

时隔半年之后，我从青岛到了泰安，要去南方，在这里转车。

在泰安停留的时间不多，只有3个多小时。

泰安，我有不少搞苗木的朋友，但还想接触更多的同行朋友。于是，就拨通了那个经营者的电话，想到他那里看看。

“哎哟，方老师来了！您住的饭店在城东，我在城西呢！快到晚上了，一会您想吃什么？当地风味的？”

他还是那么的热情。我说：“一会想到你那里看看苗木。晚上吃点什么随便。”

挂上电话，我就在房间里等待。两个多小时过去了，也没见有人敲门。后来到了泰山火车站，也不见他一个电话打来，也看不见一条短信发来。人好像一瞬间蒸发了。

那位经营者兄弟，我想，你可能遇到了急事，情况突变，脱不开身，这都没什么关系。但现在通讯那么发达，打来一个电话，或者发条信息，总是可以的。

不能说过的话，许下的愿，就像浮云一样，被风儿吹得无影无踪。倘若这样满嘴跑舌头，开空头支票，以后谁还敢跟你做生意？

因为，谁都不齿于言而无信的人。所以，孔子有句名言：“人而无信，不知其可也。大车无輗(ni)，小车无軏(yue)，其何以行之哉？”

孔子的话该是多么的生动！人不守信用，怎么可以立身处世？大车也好，小车也罢，没有车轴，怎么能够行走？

兄弟，这个毛病要改掉。

第 73 招

对每拨客户都要同等招待

赶上吃饭的钟点，商家招待一顿便饭是人之常情。但这人之常情如果搞得不好，也会影响商家的生意。

一日，在北京见到一家园林绿化工程公司的采购商，我称呼他小王。随意闲聊，小王说：“前几天，我到河北一个地方去看苗木，快下午 1 点了，苗圃的老板招呼我吃饭，让业务经理陪我，业务经理就点了 2 个普通的小菜。我感觉心里很不是滋味。”

“为什么呢？”我分析道：“可能时间有点晚了，过了吃饭的钟点。”

他说：“是有点晚了，但 2 个人也不至于点 2 个菜，这不是糊弄人嘛！”

“慢待你了？”

“可不是嘛。”

“你是第一次去他们那里？”

他摇摇头：“哪儿啊，这是第二次。”

“第一次招待如何？”

“第一次很热情。可那天业务经理说了，他这是中午陪的第三拨儿客人了。下次看苗子，能不去就不去了。烧香还愁找不到庙门儿？”

不去看苗子，就意味没了买苗子的可能性，那家苗圃就少了一次销售的机会。

招待客户，应该是同等对待。对每一拨都应显示出诚意。不能你酒足饭饱，到了最后就凑合了事。

“小王，两个菜够不够？不够，咱再点一两个如何？一定要吃好喝好。”倘若主人当时垫上这样真诚热情的话，客户也不至于有慢待的感觉。

主人可能是无意，无所谓，但在客户眼里，可就有所谓了。

别小瞧这类小事。日后人家不再登门，你还不知何故，云里雾里呢！

第 74 招

让苗农只赚不赔

新近，在北京顺义参加全国苗木行业发展研讨会，碰上了辽宁省开原市云清苗木花卉有限公司总经理郭云清先生。

这位40岁左右的苗木经营者非常能干，短短的几年间，他已经从数百亩苗木基地发展到了3000亩。他主要种植小灌木：密枝红叶李、金叶复叶槭、桃叶卫矛。

他说："如今，国家这么重视绿化美化，我作为生产苗木的企业，只有前进挡，没有后退挡，也没有空挡。"

说得好！我问这个充满朝气的中年人："3000亩地，你是怎么发展的？"

他说："有很大一部分，都是苗农的地。他们出地出人帮我种。负责资金，负责技术，负责包销。苗农只赚不赔。"

"具体怎么操作呢？"

"一亩地，3年付给苗农费用3000元。第一年先付500元。剩下的2500元第二年和第三年付清。但前提是，苗农要保证90%的成活率。"

"如果不够90%的成活率怎么办？"

"按比例扣除。这样做，可以增强苗农的责任心。"

"什么时候收购苗子？"

"从第三年开始。我算了一笔账，3年的苗子可以长到4厘米。4厘米的苗子可以卖到20多元。苗农合适，我也合适。"

"如果市场价格跌了呢？"

"跌了只能说少赚点儿。我已经考虑了这方面的风险。再过两年，我们开原的密枝红叶李至少可以发展到2000多亩，成为红色的海洋。"

郭云清所走的经营之路，是一条公司加农户之路。这个路子不算太新。但选准了产品，操作得当，让苗农没有风险，只赚不赔，仍不失一条很好的路子。

第75招

按合同办事不动摇

让苗农只赚不赔，公司做到可持续发展，里面还有一个具体问题需要解决，这就是：保证苗农兄弟的收益，别打白条，或者该付一块，别先给五毛，让他们按时拿到足额的票子。

做到这一点，就要解决公司出售苗木时，款项及时收回的问题。

说得实际点，倘若公司拿不到钱，久而久之，苗农要想拿到钱也难。

在这方面，西安市绿地白皮松苗木繁育基地总经理安双正做得不错。

日前，我在北京见到了30多岁的安双正。

安双正的公司在西安市东南郊的蓝田县。蓝田县山多，层峦叠嶂，很多苗农都在山坡上种植白皮松。由此，蓝田也素有"白皮松之乡"的美名。小安就是这里众多苗农的经纪人。从小安给我的名片上可以看到，他曾"荣获经济风云人物”称号，业绩被多种报刊刊登。

“你自己有多少地的白皮松?”聊天时，我问他。

“我自己不多，100 多亩地，主要销售的是苗农的白皮松。”他坦诚地答道。

“帮苗农销白皮松有多少年了?”

“哦，10 多年了。”

“一年能销多少?”

“五六百万元。”

“真不少。有没有资金周转不开，给苗农打条子的时候?”

“呵呵，没有。我都是按时给苗农付钱。有时候，从苗农手里收了苗子，苗农自己就说先别给了，不急，不急。”

“他们为什么这么相信你?”

“肯定是苗农知道从我这里卖出去的苗子，不会亏欠他们一分钱。”

“你就没有款子收不回来的时候?”

“还真没有。”

“这个问题你是怎么解决的? 不少经纪人可没你那么幸运。”

“我有一个护身符。这个护身符就是《白皮松销售合同书》。”

“有这么一个合同书就能解决资金按时回笼问题?”

“对呀，合同书写得特别详细。谁买我的苗子，不管熟悉的还是不熟悉的，一律按合同办事，从不动摇。合同中有一条就是约束收缴款项的。苗子挖出前，购苗者象征性地交点费用就可以了。苗子一旦挖出来，装上车，购苗者必须付清全部款项。”

安双正由于合同书执行得出色，已经连续 6 年被蓝田县评为“重合同守信用”单位。

按西安市的规定，连续 6 年在县里获得此殊荣的单位，还可以晋升为“西安市重合同守信用”单位。

因此，他的企业去年已经成为市级“重合同守信用”单位。

按合同规定办事不动摇，从而使资金实现良性循环。安双正获得荣誉，苗农得实惠，这是双赢啊!

第 76 招

数字别玩虚的

2011 年 6 月 27 日，我以评委的身份，参加中国花卉协会举办的“2011 年度全国十佳花木种植企业”评审会议。

这次会议，传递一个鲜明的信息：花木企业发展的水平，靠的不是含有水分的数字，而是靠实实在在的真实情况。

这是 8 位评委一致的观点。

此次会议上，我注意到一个细节。10 佳花木种植企业评出之后，坐在我身边的舒大慧先生站了起来，以表明他要说的话的重要性。

他郑重其事地说道：“以后评选全国十佳花木种植企业，申报的材料，各种数字一定要真实可靠，如果发现数字不真实可靠的，一定要取消其参评资格。”

舒先生是上海人。从 20 世纪 80 年代中国花卉协会成立初期到现在，他一直活跃在中国花卉产业的舞台上，是比较早的在中国推广穴盘苗的著名花卉专家。

他讲了这样一番话，显然是在审评材料中，发现有的企业的统计数字不是那么真实可靠。

因此，他的话立即引起所有评委的响应。有的评委还对主持会议的中国花卉协会副秘书长陈建武先生建议：

“舒先生说的这一点，要明确写在来年评选十佳花木种植企业的条例中。”

陈建武立即微笑，点头赞同。

统计数字，代表一个企业发展的规模和水平，但一定要实事求是。

实事求是，是我们发展花木产业的出发点和落脚点。

不论是对内，还是对外，传递的数字，都要客观、真实、准确，绝对不能夸大其词，添枝加叶，弄虚作假。

明明是 1000 亩，说成是 1500 亩、2000 亩。明明年销售额是 1000 万，却说成是 2000 万或者是 3000 万。

一就是一，不能说成二。

实际上，这次评比，在 29 家申报企业中，究竟评哪 10 家，也没有把数字作为评比的主要条件，并不是谁忽悠的规模大，谁忽悠的数字高就评谁，而是全面地、综合地考虑。

玩数字游戏，并不能给企业带来什么，也不能给社会带来什么，而是被社会唾弃的！

第 77 招 诚信无孔不入

大约六七年前，我的同事钱振权去了一趟荷兰。他回来，跟我聊起荷兰之行，说了一句话，至今难以忘记。

他说："去荷兰感受最深的，是那里讲诚信，按规定做事，已经到了无孔不入的程度。"

在荷兰，你在酒店预订了客房，那么，这间客房在规定的时间里就是属于你的，任何人不可侵犯。反之，到时候你另打主意，想要退掉预订的房子，酒店的服务人员会向你说NO(不)。如果你不遵守规矩，坚持要退房，酒店会通过你订房使用的银行卡，通知银行罚款。

因为，你订了房子，不去入住，违背了诺言，房子就会空闲，酒店的损失自然要由你来承担，没有什么理由可讲。

在荷兰，你要拜访一家花卉方面的客户，随便打个招呼甚至根本就没打招呼，便破门而入，这是完全不可以的，人家也会说NO。

你去一家公司，必须提前预约，讲清楚谈什么事情，或者看什么东西，为人家留有准备的时间。

一旦约好时间，答应下来，对方即使再忙，再有紧急的事情，也会安排人员按时等待客人。

绝对不会出现借故推辞毁约的事情，更不会连个招呼都不打，好像在人间蒸发了似地，就不声不响地与你拜拜了。

在荷兰，上下班是严格区别开来的。

上班时间，如果规定是晚上6:00下班，即使到了5:50，大家依然会在工作。但过了6:00，即使没有做完，所有在场的人都会自动离开。倘若是在开会，没有开完，也要待第二天上班再说。

小钱说的这些事情，我在十几年前去荷兰阿姆斯特丹也深有同感。

有些人会说，你说的这些，都是芝麻粒大的小事，何必那么较真，拿根鸡毛当令箭。再说，国情也不同。

我想，有这类似想法和做法的同行，您还真别拿这些小事不当一回事。

随着经济的持续发展，我们的经济已经融入到世界经济中，与不同肤色的老外打交道成为一件平常的事情。

因此，人家诚信可以做到无孔不入，我们为什么不能？我们也要向人家学习，诚信做到无孔不入。

现在，大家都认可细节影响成败。既然如此，诚信无孔不入，就从您做起，就从您的公司做起，就从现在做起吧！

第78招 每个细节都要想着客户

“我们种树栽花时，选的每一棵树，每一株花都有讲究。例如银杏，不是够规格的就栽，而是要雌雄搭配，这样才显得相得益彰。如果都是雄株，以后学生就会问老师，咱们学校的银杏怎么不结果啊？老师还得解释，这都是雄株。那为什么不种一点雌株呢？所以，这些细节我们要为校方考虑。”

和我说这番话的，是北京美林园景园林绿化有限公司总经理岑岩先生，时间是2006年的一个春日，地点在北京重点示范高中的171中学。

当时，他已为这所学校绿化施工了2年。

在岑岩的心目中，为客户服务不是空的，而是要从每个细节做起。

这家学校的大门两侧，经过岑岩的施工后，面貌焕然一新。

围墙，是2米高的铁栅栏。

铁栅栏上，爬满了藤本月季。这些藤本月季，正在盛开着。花海似的花朵，漫天铺去，流光溢彩，璀璨晶莹。

铁栅栏里外，各有一条约有30多米宽的绿化带。

高的是玉兰、银杏、八棱海棠、云杉等；矮的（在地面上的）是草坪、爬地柏、大花萱草及地被石竹。这些植物，不仅品种搭配合理，而且花的颜色也搭配得非常协调，看上去赏心悦目。

岑岩介绍道：“在学校搞绿化，就要以学生为本。不仅要做到绿化美化，还要想方设法让学生增长植物方面的知识。”

校方的总务处主任韩先生对我说：“学校的绿化为了做到以学生为本，岑总在施工中，真的是每个细节都想到了。”

为了实现以学生为本的绿化目标，岑岩除了选择不少观赏植物种植外，还选择了一些果树经济植物。

在果树种植上，校园广场的南侧体现得特别充分。

那里，是一条长约200多米的有花有廊的绿化带。路是弯曲的，铺的是石板，名为“风琴路”。走上去，就好像走进了百果园。

北方的水果，如葡萄、梨、苹果、柿子、海棠、山楂、桃、枣等，这里几乎应有尽有。

数株杏树，2米多高，白中透红的杏子，一串串，一层层，挂满了树枝，特别诱人。

走到海棠、葡萄、柿子等树前，只见茂密的枝叶间，已经悄悄地挂满了青色的果实。

树下，是一个又一个供学生读书使用的石凳。

“现在，学校的绿化养护谁来做呢？咱们学校自己？”我问学校总务处主任。

他说：“不是。岑总这么优秀，当然是让他们来做了。该什么时候修剪，什么时候施肥，什么时候打药，他们都做得很到位。再说，我们也不懂。”

从事绿化施工、养护，以学生为本，赢得了校方的信任、好评，这是一切为客户着想的结果。

我们只有这样做，也只能这么做，这碗饭才端得稳，吃得饱，吃得香。

切记：不要因为客户不懂绿化，就糊弄人家。要小聪明，最终，害的会是自己。

第 79 招　送别时要让人感到温暖

还是一件不大的小事，也是一个很小的细节，但在人际交往中是不能不注意的。这就是与客人分手时要让人感受到温暖和热情。

我有个文学朋友，姓冯。我们交往了几十年没间断，不容易。这方面，他做得很是出色。我们几乎每周都要聚上一次，不是到我家就是去他家。我每次从他家出来，都会感到很惬意。

他家住在 11 楼。一层两户，中间就是电梯。

每次分手时，我走出门，等电梯，他也跟上来，总是笑吟吟地敞开半扇门，随意说上那么几句，等我进了电梯门，他才关上门。

夏天的时候，他敞门目送我上电梯时，我有时会说：“你关上门吧，会进蚊子的。”

他总是笑笑说：“没事。”直到我进了电梯门。

我当然也是以礼相待，他离开我家的时候，我也总是送出门，直到他进了电梯为止。彼此的交往，彼此的分手，就是这么过来的，让人感到很正常，很舒服。

我们是礼仪之邦，本来就应该是这个样子的。

但几日前，我去北京一家花卉园艺公司，就不是这个待遇了。公司办公的地方是一个二层的楼房。采访肯定要找老板了，他的办公室在二层。

我到了二楼。采访结束后，我出门，老板竟然没有迈出门一步，就把门一关了事。

这道门就那么一合，瞬间把两个人分成了两个世界。

我一个人走在空荡荡的走廊里。从出门到下楼梯，不过二三十米远。但那一时，那一刻，我却感到很孤单，很失落，很冷漠。

诚然，我的到来，并不能给他直接带来什么经济效益。莫非见了“煮饽饽(饺子)才肯迈出大门？他这样做，也许是无意的。但我想，做人做事，都不能这样。你这样对待别人，度量小的，人家也会这样对待你。如果大家都是这个样子，这个世界就不那么可爱了。我们即使拥有再多的物质财富，又有什么用呢？

人与人之间，需要的是多一些关爱，多一些温暖。温暖多了，即使挫折再多，物质再匮乏，也会被击碎的。

我们中国人，处事讲究“宠辱不惊，看庭前花开花落”。但以礼待人，热情待人，注重这些细枝嫩梢，还是会让人感到很温暖的。

第80招

该破费的时候要破费

2010年年初，我在海南三亚经历了一件事儿。事儿不大，也很俗，但我觉得还是与经营密切相关，不吐不快。

那次去三亚，到一个单位，总共2天，该谈的都谈了，该看的地方也都看过了。临走前，还想到另一个花卉公司转转。因为认识那家公司的老板已有数年。

那家老板说过几次，到海南一定要到他那里做客，说得很是真诚。现在机会来了，自然要给他拨一个电话。

“真巧，我开车，就在你们酒店附近呢，我去看你。”他接到我打的电话，这样说。

既然如此，我只好另做打算。过了一会，我拎着行李下楼，去等他。与我一起下楼的还有几个搞花木的同行朋友，也是从北京来的。

我们坐在一楼大厅的小酒吧那儿，等候车子送我们到另外一个地方。

不大一会儿，他手里拎着车钥匙，满面春风地来到了酒店。

我给他一一做过介绍，他掏出自己的名片，热情洋溢地给每个人递上一张。然后，就有说有笑地跟大家海聊起海南来。

过了半小时，我有点口渴，很想跟酒吧的服务员说给大家每人买上一杯茶，或者要上一杯咖啡。就这么干聊，差点意思。

我想说话，但话到了嘴边又咽了回去。因为，我觉得我这个朋友应该做东。毕竟是在他的地盘上，他应该尽点地主之谊，请一下我们这些北方远道而来的朋友。

破费，也不会很多，顶多100多元钱。此时，如果我掏钱，或者别的朋友掏钱，他的脸上会没有没面子的。

我瞟了他一眼，但就是看不出他有一点这方面的意思。窗户纸又不能捅破。他嘴角都挂起了唾液，依然这么干巴巴地说着。

时间过了半个小时，一小时，到了一小时二十分钟，接我们的车来了。这么长的时间，他始终没有任何行动。他是抹抹干巴巴的嘴唇与我们说再见的，也没提让我到他公司的事。

过后，一个北京来的朋友对我说："你这个朋友太抠门儿了，连杯水都不请，真不知他的生意是怎么做的?"

我想，这样不懂人之常情的老兄，恐怕大家不是要和他说再见，而是要和他彻底地"拜拜"了。他发的每一张名片，即使来头再大，恐怕也是废纸一张。倘若大家日后在海南有生意要做，黑灯瞎火地打着灯笼满世界找人，也不会去找他。因为，他在别人的心里已经没了位置。

没请人喝杯水，事儿极小，但起的负面作用会很大。与人打交道，不能小瞧了这些地方。

做生意，该破费的时候您一定要破费。大凡做成大生意的，在这些地方很少有小里小气的，都很大气。手头没带银子，或者资金一时吃紧，有招，您可以婉言回避啊!

有人说，抢着买单的人能做大生意。这话，我看不无道理。

出现在生意场上，就要像个爷们儿，就要像个纯爷们儿。

第81招
欢迎挑剔苗木质量

"欢迎采购商挑剔我的苗木质量!"这是江苏夏溪苗木经纪人楼飞君对待客户的态度。

30多岁的楼飞君，是夏溪市场里有名的女强人。2007年，她被评为"全国十大苗木经纪人"。

在市场里南侧，她租用了一座三层的办公楼，楼上一排大字很是明显：浙商苗木配送中心。

2009年，我在夏溪访问楼飞君时，她告诉我，与她打过多年交道的苗木采购商，如今在采购苗木时，都会毫不留情地在品种、规格、土坨上挑剔。

她介绍道："随着园林绿化水平的提高，工程用苗已经不再凑合，以前差不多就行的做法有点吃不开了。现在园林绿化用苗，有点像工业那样，严丝合缝，可丁可卯。过去，偶尔碰到过因质量问题退货的情况，现在不同了：苗木规格差1厘米，退货；土坨不够规格，退货；树形达不到要求的，退货。很显然，用高质量苗木的趋势今后会越来越为明显。"

"面对这种新的形势，你怎么办？"

她呵呵地笑道："我能做的事，也是首先要做到的，就是在我选苗子时，把好苗子质量关。这比什么都重要。靠拉关系，说好话，没用的。他们挑我的毛病，就是帮我提高质量。"

此言妙也！

第82招

遇到市场空缺，也不能破质量这个底线

严守产品质量关，不为利益所动，应该是每个花木企业经营者所遵循的标准。

2011年4月初的一天，我与北京双卉新华园艺有限公司董事长刘克信先生联系之后，就有这种感触，并且还在心里说："克信，做得好，有你的！"

3月11日，日本东北部海岸附近发生里氏9级大地震，随之而来的是大海啸、核泄漏。

这场突如其来的大灾难，让日本这个岛国损失惨重。国民经济，民众的生活，都受到了重创。双卉新华园艺，好几年了，一直吃的是向日本出口菊花的饭，生意怎么样了？真的让人担心。

"克信，你们公司出口日本的菊花受没受影响？"那天，是我先发的短信息。

"呵呵，谢谢关心。据初步情报，目前我们出口到日本的菊花比较幸运。"刘克信回复说。

什么意思？我很纳闷。日本受灾如此严重，他出口的菊花竟还比较幸运？

"克信，你说的话我有点不明白？为什么呀？"我忍不住，给刘克信打了电话。

他介绍道："情况是这样的。日本这次大地震死了那么多人，活着的亲人、好友都会买白菊花悼念。这点钱，他们还是花得起的。还有，种白菊花的日本企业，多数集中在日本这次地震的地方，起码今年生产会受到很大的影响，产量会减少不少。3月23日，又是日本的清明节。这一段时间，日本方面老是跟我要花，订单增加了不少。十二三天，一家公司就要100万支，我不敢应啊。"

“好事啊！为什么不敢应？”

“花头达不到标准。”

“那你们公司能生产多少支？”

“应该说能生产多少有质量保证的花。”

看来，他的质量意识非常强。质量第一，已经在他的心里扎了根。

“呵呵。对，保证质量的花能有多少？”

“十二三天也就 120 万支。硬发，砸了，咱的信誉就有可能受影响了。所以，凡是花头达不到标准的，我是肯定不会出口的。”

遇到市场缺货也不能破质量这个底线，好！一个企业有很好的声誉，做到可持续发展，靠的就是这一点。

第 83 招　把好选苗关，赢得客户良好的口碑

把好选苗关，不敢有半点疏忽，会赢得客户良好的口碑。

李模喜就有这样的口碑

“在汤泉，做雪松生意谁做得好？”2009 年去南京汤泉，坐的车子，司机正好是汤泉人，我试探地问他。

“李模喜是一个。”司机答道。

李模喜，是汤泉科茂园艺苗圃场总经理。我要访的，就是李模喜。认识李模喜，是这一年的年初。在山东济宁李营镇召开的苗木协会年会上，因为他与李营不少苗木经营者有业务联系，所以主办方特意邀请他去参加会议。

“这是汤泉大名鼎鼎的李模喜。在汤泉，销售雪松走的量非常大。”李营苗木协会的一位副会长向我介绍李模喜。

李模喜，白皮肤，高个头儿，四十多岁，高鼻梁，浓眉大眼，长得英俊、潇洒。虽然业绩突出，但言谈举止，显得非常斯文，温文尔雅，很像个教书的先生，没有一点张扬的痕迹。

到了汤泉镇，来到三泉社区的街上，车子在数间漂亮整洁的平房前停下。这里，就是李模喜临时住宅兼办公的地方。因通了电话，李模喜早已在房前等候我。走进屋里，有几个男子坐在屋里正谈着什么。

他笑着介绍道：“这几个人是我的服务队成员，这两天正忙着帮我组织雪松货源，往山东发。”

他说，他的服务队有八九个成员。每次，根据客户的要求，他都要向他们提出苗木数量、规格、质量、价格、交货时间，这些人，就会立刻不折不扣地到苗农中组织落实。

他平均每年要往山东、河南、陕西发300多辆货车的苗木，靠他一个人，显然是根本无法实施的。

这样一来，他就要让别人给他组织苗子。他委托的人，是个他信得过的人，手底下，有一帮弟兄搜集货源。

他虽然信得过，但看苗也不敢有半点疏忽。

“每次发苗，他都要亲自到地里看苗，把质量关。不然，他总不放心。”他妻子林霞在一旁插话说：“这时候，他即使是发烧了，也要去，拦都拦不住。”

李模喜明白，苗子质量一旦出现闪失，砸的是自己的牌子。

第84招

多为对方着想

2006年春，中国夏溪新优地被植物研讨会在常州举办，来自全国10多个省市的40多位花木业的同行嘉宾普遍反映，这次会议开得好，受益颇丰。

为开好这次会议，会议的主办者、夏溪花木市场股份有限公司董事长邓文忠和总经理史亚飞，想得很周到。

嘉宾们吃住的地方选择的是常州，而不是夏溪。吃住不在夏溪，是因为夏溪离常州比较远，有40多千米，绕来绕去的，嘉宾们报到很不方便。

而吃住在常州城里，则大大方便了各地的嘉宾。例如，从山西运城赶来开会的运城锦上园林绿化有限公司总经理薛琴，还有从青岛来的青岛森华园林有限公司的董事长刘宇琪，他们都是开车来参会的，到常州已是深夜。虽然时间已是很晚，但他们找起来却非常方便。若是到夏溪报到，夜已深，黑灯瞎火的，又人生地不熟，真不知要找到何时？

为了让嘉宾有一种回家的温暖感觉，已经忙碌数日的邓文忠并没有早早休息，而是一直在等待嘉宾的到来。那一晚，他为他们安排好住处，还特意陪他们到街上吃了一顿夜宵。

还有，吃住在常州，晚上大家逛逛热闹的街市也方便。出了门，就是鳞次栉比的店铺。

当然，开会的地点肯定是在夏溪花木市场。大家坐上一辆大巴车，即可解决问题。会议的费用虽然要增加一些，但主办者认为这也是值得的。

这一切，在嘉宾们报到之前，邓文忠就已经想到了。

他说：“做什么事情，一定要多为对方着想。”

研讨会举行那天，我主持会议，并第一个发言。我讲的题目是：今春，花木行业的发展特点。其中，有一个内容就是：做事情，从事花木经营，一定要多为对方着想。

讲到这一点时，我把邓文忠说的话重复了一遍。然后我说：“2000 年时，夏溪花木市场占地只有 40 亩，现在，翻了 10 倍，已经达到 400 亩地。花木销售额从不到 1 亿元达到了 17 亿元。在苗木销售方面，夏溪花木市场无疑已经成为全国苗木市场的龙头。他们靠的是什么？他们凭借的是什么？我个人的体会，他们除了勇于抓住机会，想方设法把花木市场规模做大，很重要的一点，是他们做什么事情，总想着为夏溪考虑，总想着租赁的客户。”

我的这番话，得到了与会者的一致赞同。

“我们参加这次会议，最大的收获还不是搞到几个新优地被植物品种，而是学到了夏溪人为客户服务的精神。”会议结束时，好几个参会嘉宾都不约而同地向我表达类似的感受。

其实，大凡事业有成的人，他们都是站在社会的角度，站在客户的角度，去经营，去做事，去思考问题，而不是挖空心思地总是先想到个人的利益，先想到小团体的利益。

越是想着个人利益的人，如意的算盘越容易落空。

第 85 招

多个朋友多条路

读过马克思《资本论》的人都知道。马克思在该书一开头有个著名的论点。他说，商品具有二重性，即使用价值和交换价值。

大家请注意，马克思在这里说到了商品具有交换价值。那么商品交换，由谁来交换？显然是由人来交换。因此我们可以这样说，商品是人与人之间用来交换的具有使用价值的劳动产品。从这个意义上说，再好的花木，最后也是通过人交换出去的。所以，我们要不失时机地主动与人交往。

在此，我说个我爱人最近经历的一件小事。

前不久，因为天热，夜里贪凉受风，她的嘴唇有点轻微的扭曲。就是医生所说的“面瘫”。去医院，医生给她采取的是针灸治疗。

一个疗程 7 天。医院条件有限，只有一个针灸大夫，每拨只能针灸 8 个人。赶上第一拨，9 点钟可以看完。若是赶不上第一拨，扎完针灸，就要 10 点多钟了。

因此，我爱人早晨 5 点就要出门，到医院排队。在第二天排队时，她见前面的人，就是头一天排在她后面的那个胖女人。

她面带微笑地看看她，她也面带微笑地看看她。没过一会，我爱人主动与她打开了招呼。“您好。”

对方立即回敬了一句：“大姐，您好！”

两个人就这样，像个老朋友，你一句我一句地聊了起来。人与人之间的距离，就这样拉近了。

针灸过后，胖女人主动地对我爱人说：“大姐，您住得远，年纪又比我大，明天，您就别起那么早了，我给您占个位子好了。”

我爱人听了，心里热乎乎的，很是感动。

瞧，这就是主动与人沟通的好处！

大家在参加花木展会或者相关的会议时，就要珍惜这种与同行接触的机会，主动与陌生的同行打招呼，主动地问声好。切不可金口难开，你不跟我说话，我也不跟你说话，老死不相往来。

主动，热情，友好，才可以为日后多个朋友奠定良好的基础。

多个朋友，毫无疑问，您在经营的道路上就多一条路子。路子多了，实现花木商品交换的机会不就多了嘛！

第86招

习惯于把对方视为一个潜在的客户

近几年，随着绿化需求市场的扩大，报纸上不断爆出这个产品走俏，那个产品兴旺的信息。这种情况，都是真实的，都是客观存在的。

但不管怎么说，如今已经是花木产品极大丰富的时代，离开哪个“鸡蛋”，也能做成槽子糕(蛋糕)。这应该也是不争的现实。

在这种情形之下，我以为，花木销售还是找上门来为好。

你的产品，就如同是一个超市，让人家来选。

再好的东西，如果是“王婆卖瓜，自卖自夸”，效果与你的初衷往往会适得其反。

一天上午，有个福建的老板给我打电话，向我要一家浙江花园式休闲农庄老板的电话。

这家花园式休闲农庄，正在建设之中，我前几天在报纸上做了介绍。见有询问者，我马上把他想要的手机号码告知了他。

下午，那个老板又打来电话。

“你说的那家企业的经济状况怎么样?”他问我。

“很好啊。”我说。

“那他怎么一接电话就说忙啊?”

“你是不是向他推销你的产品了?”

“呵呵。”从口气里，显然是的。

“他不负责进货。下面有人负责。”我只能这样说。

“那你熟悉他下面的人吗?”

“不熟悉。”

我们的谈话就这样结束了。他显然不悦。

其实，即使我说我熟悉老板下面的人，也是没用的，人家不会因为一个陌生人打来电话，就去采购你的花木。

心急吃不了热豆腐。一方有积极性不行。

这种情况下，我以为，你不妨先把对方视为一个潜在的客户，先沟通，先建立联系，待人家有机会去贵地时，到贵府看看。或者，你有机会去拜访人家。

到那时，你要销你的A产品，人家还没准相中了你的B产品。

还有一种可能，是一起相中。岂不妙哉!

第87招

对别人好，就是对自己好

四川温江年轻的小伙子张强，近年在家乡众多的苗木经纪人中脱颖而出，一年销售上千万元的苗木，成为领头羊。2011年10月，他被《中国花卉报》评为“全国十佳苗木经纪人”。

“你是怎么让客户相信你的?”

我采访他时，心里想着：想必他有自己的一套营销招数。

帅气的小伙子说：“这好解释。别人让你赚钱，你就要一心对别人好。一心对别人好，人家自然而然地就相信你。例如，今年我往奉节发了一批乐山含笑，派了3个人去做栽培养护指导。奉节是重庆市靠近贵州的一个小地方，很偏僻。他们在绿化上没有经验，况且要的都是大规格的。我说这话后，他们说我想得很周到，真是谢谢喽!”

“你怎么说?”

“我说这是小问题喽!”

“但对他们可能是大问题。”

“就是，就是。您说的对。不然我也不会派3个人去。因为运过去真要是种植不当，采取的方法不妥，苗木成活率低，客户受损失了，我心里会不安的。还有，有时候因为一些自然因素，达不到客户的要求，差了那么一点。这时候，必须要跟客户说清楚。”

“哪方面的因素？”

“例如土球。根据树的大小，客户要土球10厘米的，已经不小了，但运输过程中经过风吹日晒，潮湿的土球会缩水，直径会变小。”

“有没有跟你较真的，因为土球不够，克扣你货款的？”

“有，极少。你只要说清楚，一般来说，客户还是比较通情达理的。因为即使土球缩点水，只要运输及时，苗木成活是没有问题的。”

你对别人好了，别人也会对你好，大家都是相互的。

第 88 招
瞻前也要顾后

“做事要瞻前，也要顾后，以后人家才愿意跟你打交道。”这话是今年夏日一个晚上，月季专家孟庆海先生接受《中国花卉报》记者戴呈玲采访时说的，不无道理。

小戴说道：“这几年，据我所知，月季在园林绿化中的作用越来越大，您认为月季应用上还有哪些潜力？”

孟庆海答道：“你说的对。由于月季的花期长，在北京地区一年就有六七个月的花儿不间断，因此大家都觉得月季是一种非常好的植物材料。说到月季的应用，我觉得月季在立体应用上还有不小的空间。像藤本月季、地被月季。藤本月季这几年北京在隔离带上种了不少，效果不错。地被月季就差多了。地被月季，现在可以应用的有，开鲜红色花的‘皇家巴西诺’，开粉色花的‘哈德福俊’，开白色花的‘林肯’，还有由白变绿花的‘绿浪’。这些品种都是不错的，除了在坡地种植、覆盖地面快，还可以立体种植。”

“地被月季怎么立体种植？”她问。

“哎哟，我的妹妹！简单得很，可以像迎春一样，栽在种植槽里啊！挂在立交桥的两侧。像瀑布似的，垂下来，花一开，多漂亮！”

“您说的真好。”小戴说。

“但有一样，千万要记住，种植槽一定要有滴灌配套。没有滴灌设施跟进，就不能揽这个活儿。”

“人工浇水不方便？”

“对呀。不是在地面。”

孟庆海强调的这一点，不由得使我想起家乡老人常说的一句话，不大雅，但很实际。老人说：“出门做事，千万别做没屁眼儿的事。”意思是，想到进，还要想到出。我们在经营的过程中，做事不能只瞻前，不顾后。总替客户想，你的钱才挣得有意义。

倘若不为他人着想，光考虑推销自己的东西，是不行的，十有八九会是一锤子买卖。

第 89 招 客户心情不好时就放一放

有一天，我带一个年轻的记者去采访一个知名的苗木经纪人。

年轻的记者问苗木经济人：“我听方老师说，您在销售苗木上非常有一套，您能说说，您在销售上有什么秘诀吗？”

那位经纪人笑道：“没什么秘诀。”

“您还谦虚什么？”

“我没什么可谦虚的。要说，哦，也有一条，就是客户心情不好时要放一放，改个时候再说。”

“不提苗木销售的事了？”

“对。”他来了兴致：“对的，小伙子。因为，谁都有遇到烦心事的时候。这时候，你赶上了，就像来串门似的，海阔天空地，随便聊聊天，多说点解心宽的话，别提正事。如果有可能，拉他出去喝喝茶，吃吃饭，是挺不错的。”

他说的极是。就像下雨了，我们就要找个地方，避一避，雨过天晴了，再出门，多爽。

谈生意，也是如此。这是一种智慧。

人家心情很糟糕，你还一个劲儿地推销你的东西，八成效果不大好。老北京管这叫没眼力见儿！

第 90 招 允许客户有个认识过程

“客户买苗子，往往要货比三家，这是可以理解的。因为，谁都想买到又便宜又好的花木。”汤泉的李模喜真诚地对我说。

前年，汤泉来了两个北京大兴的老板，采购苗子。他们在汤泉转了好半天，最后转到了李模喜这里。

但很快，二位就离开了。

“欢迎二位下次再来喝茶!”他热情地跟二位握了握手，笑容可掬地说。

过了半天，那二位从别人手里买了大部分扦插苗，又回到了他这里，从他这里买了少半部分籽播苗。李模喜照常热情接待。

二位回去一种，很快就知道了扦插苗虽然便宜，但与籽播苗在树形上差距很大。再来，他们直接就来到李模喜这里，全部买了上乘的籽播苗。

李模喜能这样淡定，这样宽容，是因为他知道要尊重别人的选择。遇到这种时候，作为一个经营者，你不能急，你要允许客户有个认识过程。

经营者所要做的，就是等，就是尽可能地为人家搞好服务。不买，也要笑脸相迎，笑脸相送。

按山东昌邑花木场、全国十佳苗圃获得者朱绍远先生的话说：“客户来，就是看得起咱，咱就不能怠慢了人家。”

第91招 同一个起跑线，拼的是服务

一个花木之乡，这公司、那苗圃的，数量众多。但经营的几乎都是一个品种。在这种情况下，大家拼的是什么？很简单，拼的是服务。

“我从搞毛呢子销售时就懂得，要做好产品销售，首先要诚实待人，把别人的事一定要当成自己的事来办，搞好服务。人家找到你了，这是你的福气。你就要按人家说的，不打折扣，给人家做好。我们家老爷子今年85岁了，他大事一点也不糊涂。他总跟我说，出门做事，宁可别人负你，你也不能负别人。”汤泉的李模喜如是说。

前几年，河南有3个小伙子，开着大货车来汤泉，带了十几万现金来买雪松。他们打听了两家，一家是李模喜这里，另外一家是别人。

他们从那家出来之后，到了李模喜的公司。问清2米左右的苗子价格后，其中一个就说，你的苗子比那家的贵。

李模喜不慌不忙，仍如实地介绍，说他的苗子保证质量，苗子也并不贵。

他们了解到实际情况后，觉得他很实在，最后还是决定买他的雪松。

第二天，下雨了。

对方很着急。他们是搞绿化工程的，市领导要剪彩，时间紧，等不得啊。

李模喜知道了就说：“今天就是下刀子，也要把苗子拽出来装车，绝对不耽误你们用苗。”说完，立即组织人力，冒雨在泥泞的地里运苗。他的行动，让对方很是感动。

一晃，事情过去好几年了。但到现在，那个河南的客户还跟他保持密切的业务关系。

用北京话说：李模喜够爷们儿！

第 92 招　每一棵苗子都要挂上标签

王华明在给客户发送苗子前，有一个做法很关键。苗子在包装前，一定要考虑客户的需要，方便客户，给苗子都挂上标签，按品种进行分类。他说：在这方面绝不能嫌麻烦，不然会造成鱼目混珠。

我有个月季专家的朋友，在这方面就遇到过麻烦，给他的工作造成很大的被动。

那是前年，他帮助一个地方引种月季品种。按照计划，10 月初定植，10 月底完成。但真正实施时，进度缓慢，苗子定植完已是 11 月底，整整晚了 1 个月。

“这是为什么？什么原因啊？”他跟我聊天说到这一段时，我问他。

他说：“哎，别提了！苗子从外地装车前，不少苗子没有挂品种标签，运到了，稀里糊涂就卸了车。得，我只能一棵一棵鉴定，然后才能栽种。时间能不晚嘛！”

帮助定植的，幸亏是月季专家，懂行的，要是经验稍微差点的，这活就算干瞎了！

对客户敷衍了事，不负责任，就是对自己的销售工作不负责任。

否则，以后人家有一条路可走，也不会去您那儿买苗了。

第 93 招　不能什么都跟钱扯到一起

“好心有好报，真的。呵呵。为客户着想，客户也会为你着想，我算是体会到了。”有一天，看见北京美林园景园林绿化有限公司岑岩先生，他满面笑容地向我感慨道。

原来，他刚刚完成一个绿化工程。那是一个中学的活儿，活儿不大，几十万元。

但按他的话说："这活儿，等于是天上掉下一个林妹妹，白捡的。"

"还有这等好事?"我说。

岑岩点点头，说道："本来这活儿我们是根本没有希望的。说真的，事先一点消息不知道，想争取的机会都没有。"

"那你们是怎么得到消息的?"

"呵呵。运气好，靠我们心眼好，原来给人家留下了好印象。"他笑道。

"有点意思。你说说看。"

岑岩叙述道："其实也没什么大不了的。去年，这所学校扩建要挪走几棵树。学校一位副校长认识我们公司一个人，找到我们，问我们能不能给帮帮忙。我们没含糊，很快就给人家帮了这个忙。学校要付给我们钱，我们没要。我说，这点小事算什么！不能什么都跟钱扯到一起。想不到，日后人家主动打电话找我们，送上门儿一个绿化工程。"

"就这么简单?"

"就这么简单。"

简单是简单，但蕴含的道理是深刻的：好心会获得好报。

搞园林绿化工程，一般来说，要按工程设计施工，讲究成本核算。竣工后，甲方验收合格，就算告一段落。

可是岑岩他们公司，会在工程验收前，根据实地情况，无偿地为甲方种一些野花，尽点义务，使工程锦上添花。

"岑工，再有绿化的活儿，还请你来做，咱们还得合作。"甲方负责人满面笑容地对岑岩说。

果不其然，前几天，那个单位有点绿化的活儿，100来万元，又把岑岩找去，成了他的回头客。

6 坚毅

成功属于比对手多做一些，
属于不畏困难，坚持到底的人。

第94招

再努把劲儿，也准成

人在遭受挫折的时候，如何咬紧牙关，不停地往前走，有时候，是需要点精神的。

我14岁时，有过这方面的感受。

那是暑假，到生产队劳动，放一匹老马。

日复一日，放马一切似乎都很顺利。但终于有一天，让我起急冒火的事情发生了。

晌午刚过，下了一场大雨。雨后天气依然阴沉。

我像往常一样，牵着马来到天天去的那条小河边。

河两岸是玉米地，玉米已经抽穗，一人多高，像两道高墙，绿油油，齐刷刷的。周围显得特别静寂，只有远处的蛙声，在可劲地鸣叫。

我领着老马，沿着河边，由东往西溜达。

忽然，太阳从西边浓重的云层钻了出来，而东边村子的上空，依然黑云密布，大有“东边日出西边雨”的意境。

更神奇的是，趁我一不留神，一道绚烂的彩虹出现了。那彩虹，呈现一个弧形，恰好架在前面小河的上空，美极了。

我看得目瞪口呆，手里攥的缰绳松开了也没有感觉。

我兴奋地蹦着，跳着，喊着。

累了，停下来，才发现，大事不好，老马没了！

马到哪里去了呢？往前看没有，往后看也没有。

老马要是丢了，那可是捅了天大的娄子。慌乱之中，脑门上立刻滋出了一层冷汗。赶紧去找。

原来，马是钻进了玉米地，卧在一处低洼地里。

我跑过去，立即紧紧抱住了它的头，兴奋得心都要蹦了出来。

我拽住缰绳，拉老马起来。它晃了晃身子，没有动窝。

我这才发现，老马的四个蹄子陷在了泥潭里，不能自拔。

我着急了。折下一根玉米棒，一手拉着缰绳，一手用力抽打老马的后背。它还是纹丝不动，站立不起来，一双大大的眼睛，无奈地望着我。

此刻，玉米地外的小河边，一个人影也没有，周围静悄悄的。我泄气了，毫不犹豫，就跑出玉米地，回村搬援兵，求父亲帮忙。

父亲自然是“过来的人”，恰好在家。

他有肺结核病，六七年了，因为经济拮据，看不起病，也没有什么营养可补，他的身子一天不如一天。

我看到他时，他正蹲在院子里，大声地咳嗽。因为咳嗽过于用力，清瘦干黄的脸上，凸起一道道青筋。

看他一副非常难受的样子，我站在一旁没敢吱声。

“你怎么回来了？有什么事?”过了一会儿，他扭过头来问我。我只好实话实说。

父亲二话没说，站起来只说了一个字：“走。”

到了玉米地，老马还在那里卧着。父亲走上前，拽起缰绳，拾起我用过的玉米棒，就在它身上抽打。一下，两下，三下，四下，到了第五下，还是没有奏效，然而，到了第六下，白马腾地站了起来。

我乐了，对父亲说：爸，还是您行。”

父亲蹲在地上，又是一阵剧烈的咳嗽。

之后，他才接过话茬对我说：“孩子，你刚才要是不泄气，再努把劲儿，也准成。”

我没有说话。父亲为我牵着老马，我们走出了玉米地。

西边的天空，彩虹依然绚烂。

他叫着我的小名，对我说：

“我刚才说的话，你要记住。有点儿难处，没什么了不起的。甭怕。”

3 个多月后，父亲吐了一大摊鲜血，离开了我们。

父亲没有给我留下什么财产。家里仅有一点值钱的东西，后来因为经济实在窘迫，都被母亲变卖了。但他却给我留下了一笔巨大的精神财富。

他说过的那些话，我始终牢记在心里。

正是这极为宝贵的精神财富，使我在走南闯北的岁月里，度过了一道道难关，闯过了一道道沟坎，有了一些小小的收获。

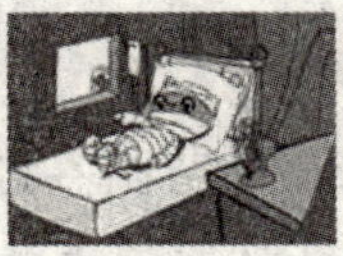

第 95 招 只要生命还在，希望就在

天有不测风云，人有旦夕祸福。明白这个道理，自强不息，积极应对，就可以完全主宰自己的命运。

李常玉是山东诸城人，大型民营企业玉华苗木公司的老板。潍坊市的苗木大老板很多，然而这一位却与众不同。他是在担架上开始创业的。

李常玉林业科班出身，先后就读于南京林业大学和北京林业大学，30多岁就在诸城市当上了园林局局长。

1992年，正当他事业蒸蒸日上的时候，不幸，祸从天降。在翻盖新房时，他不慎头朝下从房顶上摔下来，造成脊柱严重受伤。经抢救，命是捡回来了，但人却瘫痪在床，靠两块钢板撑着头。

李常玉极度沮丧。关键时刻，诸城市的一位市领导来看望他，鼓励他利用满脑子的林业知识重新扬起生命之帆。几天后，这位领导带来一位客人，说是当时的城关镇准备建设苗圃，但缺乏经验和技术，他们想上门请教李常玉，或者抬他到苗圃去做指导。

“哦，我还是一个对社会有用的人。”李常玉重新燃起了生活的激情。

从此后，他整天被人抬进抬出，看苗圃，讲技术，成了一个大忙人。

1995年，在有关领导的支持下，李常玉开始自己当老板，大张旗鼓地种植开了苗木。

“我之所以能活着，就是心里有这个事业顶着。对我来说，要想多活，就得多干事业多栽树。”李常玉把苗木事业作为自己的生命支柱。

苗子生产出来是要销的。当时，苗木销售渠道窄。怎么办？他想：活人不能让尿憋死！跑，出去跑。

为了将苗木销售出去，行动不便的李常玉付出了常人难以想象的艰辛。他的颈椎上，固定着16厘米的钢板，每天要用10千克重的铁块做头部牵引。每次出远门，出发前他都要带着牵引器和铁腰板。

一次在去河南正阳县的路上，他正用铁丝把牵引脖套吊在车棚上，车一颠，两块钢板顶出来了，差点丧了命。

一天晚上，由于劳累过度，他在做牵引时睡着了。牵引器压迫气管，这一睡，差点没醒过来。

李常玉说，一年365天，他起码有300天在外边，跑业务，拜访新老客户，一年的行程有四五万千米。

通过不懈的努力，李常玉成功将苗木卖到了全国十几个省市。1996年5月，他还将树苗卖到了拉萨布达拉宫广场。

有了销路，李常玉又成立了苗木调拨中心，并与7个乡镇的37个苗圃签订了苗木生产指导和调拨合同。他出技术、供种苗、包销售，农户出土地，负责管理。

李常玉在潍坊、威海、烟台、青岛、日照、临沂、淄博、东营等8个城市，帮助发展起了38个苗木基地，总面积5000多亩，涉及农户2000多个。

工作的劳累不但没有加重李常玉的病情，反而使他的身体奇迹般地好转。

2000年，他竟拄着拐杖站了起来。

4年前，山东诸城市林业局对该市的玉华苗木有限责任公司的苗木做过一次评估，结果显示，该公司苗木价值高达6亿元以上。

这是一笔惊人的财富。更让人吃惊的是，创造财富的李常玉，竟是这样一名连日常生活都不能自理的伤残人。

第96招
走出心理阴霾就是艳阳天

一日见到豪门园林有限公司董事长张岐，谈起人生感悟。

他说："没有尝过失败滋味的老板，不是一个成熟的老板。冬小麦为什么比春小麦好吃，就在于它受过寒冬的煎熬。"

他有这样的认识，是因为他有过这方面的经历。

1984年，他从县机关出来，到一个叫马头山的乡办苗圃工作。当年马头山乡的党委书记很开明，把苗圃交给他，让他放手大胆经营。6年之后，他把一个起步时资产几乎等于零的苗圃搞到了累积盈利100万元、资产300万元的优秀企业。

他不满足现状，想再上一层楼，增加绿化工程项目，扩大经营范围。

但找到上面，却碰了一鼻子灰。上级说：你是搞苗圃的，怎么能做绿化呢？

找谁说，也说不动？

张岐感到从未有过的无助。叫天天不应，叫地地不灵，心里特别苦闷。

一段时间，他像被霜打过似地，整日无精打采。

"想不开？"我问。

"怎么可能想得开？我感到自己失去了前进的方向，再干下去已经没什么意思了。但没过多久，我就想开了。何必在一棵树上吊死。此地不留人，自有留人处，何不换个地方工作呢！"

"6年的心血就这么白费了"

"不怕，对于失败，你不要畏惧。你越畏惧，它越威吓你"

很快，他就换了一个地方，创建了豪门园林公司，从此走出心理阴霾，迎来了事业上的艳阳天。

第97招 不要总陷入痛苦之中

从事花木经营，不可能总是阳光灿烂，一路顺风，但也不可能总是乌云密布，沟沟坎坎，喝凉水也塞牙缝。

明白这个道理，不管是天灾，还是人为，就不要总陷入过去的痛苦之中。

迷眼了，眨巴眨巴，睁开，也就结束了，别没结没完。

过去的，就像遇到天上的一片乌云，哪怕是黑云低压，也没什么了不起的。

它飘过来，等它飘过去就是了，头顶上，依然是朗朗的一片蓝天。

近日，在山东昌邑花木场见到该场的老板朱绍远，我说："在我的印象中，这些年你搞苗圃一直是顺风顺水，好像没失误过。但说实话，你就真的没有失误过？"

他笑笑："我也是人，我也不比别人聪明多少。说实话，我也失误过。"

"你也失误过？"

"对啊，我也失误过。大前年，我从东北引进了一大批五角枫，成活的就不多。"

"损失大不大？"

"60多万元，你说大不大？"他依然笑着，显得很是平静。

"损失是不小。前年春天我上你这里来，怎么没听你说过？我看你一天到晚笑呵呵的，好像什么不好的事也没有。"

"不是的。我跟你念叨这些没用。我也愁过，叹气过。但事情过去就让它过去了。发生的事，已经既成事实，阴影不能总在心里搁着 。这样，什么也改变不了，久了，还影响生意，还容易让人闹病。何必呢？所以，不要陷入叹气中不能自拔。"

"这时候，吸取教训就是了。"

"是。找出原因，向前看，吸取教训就是了。"

前些年，有一本书很畅销，风靡世界，叫《谁动了我的奶酪》。一个简单的故事困扰了很多人。因为人们总像书中的小矮人那样沉浸在过去之中，不愿意接受既定的事实。

但过去了，毕竟是过去了。

任何时候，我们都要向前看。正如朱绍远所说，接受教训就是了。

智者千虑，必有一失。常在河边走，哪有不湿鞋。一切皆为正常现象。

有得必有失，有失就有得。关键是接受教训，别重蹈覆辙。

第98招

以平和的心态积极应对

2009年6月19日，乘飞机去加拿大温哥华，参加在那里举行的世界月季大会。领队的，是北京一家旅行社的总经理李山。此时，世界范围正在流行甲型H1N1流感。

5天前，我曾去过这家旅行社，办理出国相关事宜，接待我的正是李山先生。在这种特殊时期，他的平和，他的冷静，让我钦佩。

旅行社接待室，布置得非常悠闲。

一张老榆木茶桌，桌子上，摆放一套时下流行的茶台，茶台上，摆放着各种小吃。旁边，是一个长长的条案。我与李先生相对而坐。

“呵呵。去加拿大，没什么，就像您去趟哈尔滨那么简单，无非是多了个护照，多了一个签证。”我还未开口说话，李先生笑着，已经脱口而出。

他一边吃着小点心，一边捏着酒杯大的茶碗喝着工夫茶，表情和动作均非常的轻松、优雅。

他的话，就像一股暖暖的风吹来。

我开始问他敏感问题：“现在流感正在流行，出去要采取点什么措施吗?”

此时此刻，说实话，我心中还是不免有点阴云笼罩的感觉。

他笑了笑说“带点板蓝根，每天喝点，就可以了。”

“口罩要带吗?”

“要带。赶上人多，需要的时候，该戴就戴戴。咱们中国人多，该防范还是要防范，省得回来给别人添麻烦。”

他说这番话时有点郑重其事，但表情依然那么平静。

临出门的时候，李先生给了我一份去加拿大的行程安排。

他介绍道说：“我们抵达的第一站，是世界上最美丽的城市温哥华。”

我开始畅想温哥华的美。通过与李先生的交谈，心里轻松了许多，甲型H1N1流感给我带来的恐惧渐渐淡去。

我想，人在任何时候，不管遇到什么情况，都要以平静、平和的心态去积极应对，你面对的世界都会是最美丽的。

第99招

战胜苦难，就可以拥有最美的春天

“会当凌绝顶，一览众山小”，这是杜甫的诗，说的是天下闻名的泰山。

这里要介绍的，是泰山脚下的一个奇人。

此人，就是泰山汇源园林公司总经理张斌广。张斌广，50来岁，大高个儿，十足的山东汉子。

2009年2月19日中午，我从南京乘4个小时动车，傍晚到达山东泰安。到泰安，就是专门采访张斌广先生。

12年前，也就是1997年，张斌广是从死人堆里逃出来的。

本来，他是一个非常健康的汉子。但那年，在一个寒冷的冬日，他却横遭厄运，在路上意外地赶上了一场车祸。颈下的锁骨和腰部，被轧得不成样子。

急救站得到信儿，赶紧把他送进了附近的一所医院。

这是一所部队的医院。在泰安，这是一家医疗技术非常高超的医院。

然而，在急救室，参加抢救的医生诊断之后，却摇了摇头，断定他已经没有了生存的希望。因为他的肺部已停止了呼吸。

护士在无奈之下，将白布单罩在了他的身上。正准备用小车把张斌广推到太平间时，已经下了班的外科医生李主任到急救室找人。

出于救死扶伤的职业本能，李主任上前摸了摸张斌广的胸口。见他胸口还有微弱跳动，生命的迹象并没有消失，赶紧招呼上手术台，实施了锁骨和腰部放血手术。

奇迹出现了。张斌广在昏迷了7天7夜之后，终于清醒了过来。

“海棠初雨歇，杨柳轻烟惹。”1998年4月，春暖花开时，张斌广走出了医院大门。

但这时，他已经永远地与健康无缘。经过医院诊断，泰安市民政等数家部门确定他为终身二等残废。

坎坷的经历往往能创造出不平凡的业绩，但这只是对强者而言。

有着倔强性格的张斌广并没有向命运屈服。残疾的身躯并没有挡住他迈向人生春天的脚步。他走上了一条自强不息、完全靠向市场要饭吃的谋生之路。

这条谋生之路，就是苗木经营之路。

出院后，张斌广分文没有。他向亲戚朋友赊了10亩地，又赊来些苗子，开始种植、经营苗木。

然而不幸却再一次降临到他头上。省里一个年轻客户找到他，一次就订了

10万多元的苗木，两人谈妥数量、品种、价格之后，那人给了他一笔订金，说发完苗木再付全部款项。但苗子送到后，要钱时却找不到人了。这对于当时借钱种地的张斌广无疑是雪上加霜。

但张斌广从未气馁。不久，他做成了第一笔苗木生意，那是泰安公路部门的一个公路改造工程，仅1个月，他就赚了十几万元。

公司不断发展壮大，截至2008年，张斌广已拥有大树、造型树等精品苗木500亩，资产800余万元，年产值都在数百万元，苗木销往全国各地。

2008年，山东省民政厅授予他的苗圃为“山东残疾人就业扶贫优秀基地”称号。民政厅厅长专程登门拜访，给他颁发了5万元奖金，以表彰他身残志不残、奋发图强的可贵精神。

他靠着吃苦耐劳、脚踏实地，勇于开创的精神，走出了一条不平凡的创业之路。

张斌广的特色经营，我们在后面还会讲到，这里主要强调的是他的精神。

他的这种精神，值得我们学习。

人，就是要勇于面对人生可能碰到的任何苦难。

战胜了苦难，不向苦难屈服，我们就会拥有人生最美好的春天。

第100招　困难，挺挺就会过去

北京博方园艺有限公司是一家专做竹芋种苗进口的公司。2004年的花博会上，“博方园艺”隆重推出了他们的竹芋穴盆苗。碧绿的叶子，带着新颖的花纹，吸引了大量的参观者。

高质量的种苗和先进的营销方式，给人的感觉是：这是一家有实力的公司，背后有坚强的资金在支持。

一天，有机会采访到该公司的总经理方杰女士，我问道：“你在经营上遇到过什么坎坷吗？”

“当然有了。”她说：“那一年，全是欧元惹的麻烦。”

“欧元怎么给你惹了麻烦？”

“欧元的汇率忽然变得特别高。原来8元人民币兑换1欧元，一下子跳到10.6元人民币兑换1欧元。这样一来，对进口商就是一种打击。我这样的小公司打击就更大了。”她用手托着下巴说道。

“还没怎么盈利，就要往里一个劲儿地搭钱。”

“对呀。搭钱的地方多了。”

“都有哪些地方需要搭钱?”

“汇率这么一变，1欧元就要多付2.6元人民币。竹芋种苗，又是观叶植物中的新品种，国内没有。你要推广，还要登宣传广告，还要参加展销会，这些也需要花钱，一点也节省不了。此外，国外还得去考察吧？哪一样不得投入。我和我先生，哪一家的父母都帮不上忙，只能靠自己。唉，有好一阵子，我真是度日如年，心里憋得好难受。”

“怎么办呢?”

她笑了笑：“特别难受时，我和我先生就互相鼓励：坚持，坚持，再坚持，困难总会过去。”

“冬天即将过去，春天还会远吗?”我也笑笑说。

“对呀。这个时候，你一定要咬紧牙关，挺住。”

“你挺住的支撑点是什么?”

“还是竹芋。我们坚信竹芋在国内市场的空间是很大的。感谢上苍，我们的坚持，第二年就有了回报。全国各地要进口竹芋种苗的订单挺多，不少数量还很大。”

“遇到坎坷，是正常情况，没什么值得大惊小怪的。这都好理解。问题是怎么挺过去?”她俊秀的脸上，绽放的是喜悦的笑容。

第101招 绝不向挫折屈服

我从长春南下，来到铁岭。属于铁岭管辖的开原市苗木花卉发展局副局长张俊生向我介绍说：“铁岭的花木集中在开原。开原花木业做的最大最强的是郭云清。他现在已经发展到了3000亩地的苗木，不仅实现了规模化生产，而且都是高档次的彩叶苗木，是我们开原名副其实的领跑者。”

郭云清是地道的开原人，他的苗圃就在开原城区的边上，但他的老家并不在城区，而是在开原的花木之乡——靠山镇。那是一个依山傍水、非常偏僻的小山村，距离城区有四五十千米。

20出头，他跟许多人一样，走上了苗木养植这条路子。没有几年，他就发展到了100多亩。但再发展就难了。当地人多地少，集中几亩地都困难。于是，他跟媳妇商量，要走出去，背水一战，到离家乡20多千米的开原城附近发展。因为他懂得，苗圃没有一定的面积，实现规模化就是一句空话。这是很多做大、做强者必须要迈过的一道门槛儿。

开原城，他人生地不熟，两眼一抹黑，谁也不认识。但凭借着一股子闯劲，他来到了城区，看准了城区附近一块地。这块地，在一座大桥的下面，紧靠公路，土质肥沃，连成一片，有100多亩。

他东找西找地托人，总算把地租了下来。因为手里没多少本钱，最初，他想的是一部分地种苞米，一部分地种植苗木。但实施的时候，他一种植，就变了思路，都种上了苗子。种苗子投入大，该借钱的地方都借到了。媳妇担心地说：咱欠那么多的债，要是还不上可怎么办？

他知道这话的分量，但没当回事。栽了苗子，两口子就在地头搭了一个简易房，连吃带住。

该过春节了，麻烦来了。他兜里只剩下10多块钱。别说改善一下生活，就连维持起码的生活都困难。怎么办？只有再借钱。可向谁借呢？他绞尽脑汁，最后想到了一个在城区做生意的同学。

他跟这位同学没任何来往，没辙，还是硬着头皮找上门，说是要借500元钱。同学说：没有。话没留下一丝缝隙。他用近乎乞求的口气说：那就借100元吧。对方说：100元也拿不出来。说话听音，根本没有商量的余地。

他扭头走了。这么被人瞧不起！太伤自尊了。他的眼泪直在眼眶里打转，嘴唇都快咬破了。但这一切并没有把他击垮。他站在苗圃的地头，暗自说：郭云清啊，郭云清，你一定要争气，绝不能向困难屈服。

后来，在一位退休老人的帮助下，他还是渡过了这个难关。

这两年，郭云清总结三句话，第一句话就是：“干事业，一定要把困难看得弱小一点。”

第102招

热情，需要坚持不懈

说说一个老外。

这个老外是一个法国人，名叫阿兰・梅昂(Alain Meilland)。

阿兰・梅昂，1940年5月出生，世界著名月季育种家法兰西斯・梅昂的儿子，现任法国梅昂公司总裁，欧洲植物保护委员会主席。

他是梅昂月季家族第五代掌门人。

法国梅昂公司是全世界数一数二的月季育种公司。著名翻译家叶君健的夫人苑茵女士曾写道："环顾全球，如果在人间有月季之神的话，那只能是法国梅昂家族"。

如今，在梅昂的育种中心，就有大大小小27个育种温室。

"世界上最为显赫的月季育种家族是怎么形成的?"早就想采访一次现任梅昂公司总裁阿兰·梅昂。

2010年4月28日，在江苏常州。探访阿兰·梅昂先生的机会终于来了。

这一天，第四届中国月季展暨世界月季联合会区域性大会在这里举办。

我作为评委嘉宾，被主办方安排在香格里拉饭店。被邀请的外宾中，就有阿兰·梅昂先生。他也下榻在香格里拉饭店。

我们离得很近，门对门。他来到我的房间，我们聊了起来。

"阿兰先生，您好！您从事月季育种多少年了?"

"哦。52年，从1958年开始的。"

"恕我直言，梅昂家族从事月季育种到您这儿是第几代了？有人说是第4代，有人说是第5代，我想证实一下?"

他微微笑道："是第5代。呵呵，我向你保证。"

"总共培育有多少个月季品种?"

"1500多个品种。很简单。我们家5代人，坚持做月季育种这一件事。谁这么做，谁都会有不俗的表现。"

现在，梅昂公司在欧洲、在南美、在亚洲都建有大型月季种苗基地，业务覆盖全世界。

世界月季联合会主席梅兰，对阿兰·梅昂先生是这样评价的："他从18岁开始，就为世界月季的育种而工作。他虽然在这一行干了50年，但他对所从事的事业仍然拥有坚持不懈的热情，就像初入行的年轻人一样充满了好奇和活力。"

阿兰·梅昂的感悟，加之世界月季联合会主席梅兰先生的评论，足以道出了成功的奥秘：热情，需要坚持不懈，需要成为一种习惯。

第103招

坚持下去就是赢家

30年，科研主攻方向没走过样，始终如一，一个目标，一个心思，一股劲头，这样的人不多。但谁做到了，谁就是赢家。

这一点，北京市农林科学研究院林果所高级工程师白金先生做到了。

白先生1981年调入市林果所，到2011年，整整30年，没挪过窝儿，专搞圆柏属的研究。

大约是5年前，我见过他一次，那时候，他在忙柏类的研究。2011年5月的一天，我在北京林果所又见到了他："你这几年在忙些什么？"

他笑了笑道："我还能忙什么？还是圆柏属的研究。"

"什么，圆白薯？只听说有红白薯，没听说有过圆白薯。"一个随我而去的圈外人脱口而出。

"不是吃的白薯，是做观赏用的松柏类植物。"他依然是笑了笑，然后对我解释说："自从调到林果所，30年了，没换过样，一直在做这个工作。"

30年，在历史的长河中，只不过是一朵微小的浪花，但对于一个人而言，可是相当长的一个时间跨度。

当然，功夫不负有心人。他在圆柏属的研究上，做成了3件事，取得了非常不错的成绩。

第一件事，从2006年到2008年，通过了北京市林木品种审定委员会4个桧柏新品种的审定，1个侧柏新品种的审定。

这4个桧柏新品种是：蓝塔桧、峰桧、绒毛团桧、金花桧。1个侧柏新品种是：蝶叶侧柏。前些年，通过专家鉴定的还有11个新品种。

这些新品种，现在都已经用到了北京城郊的园林绿化上。

第二件事，摸清了国内桧柏的资源现状，建立了桧柏类资源圃。这也是目前国内唯一的桧柏类资源圃。

5亩多地，127个单株，64个品种，都是他从华东、华北和西北地区一点一点搜集来的。每个品种，几十株。

栽时，都是扦插的小苗，现在，矮的六七米，高的已有十几米。

这些跟铁塔似的"绿色巨人"，立在那儿，神气活现，为林果所增添了不少科学的内涵。

第三件事，摸清了桧柏不同无性系的繁育能力。虽说都是桧柏，但不同的品种，繁育的难易，差异很大。

峰桧成活率也就50%。繁殖成活率高的，当数蓝塔桧，可以达到90%。

"最初，你是怎么想起要搞桧柏研究的？"我问道。

白先生告诉我，他刚到林果所时，做的是刺槐经济林的调查，没多久，他去了几家北京的皇家园林，发现天坛公园也好，景山公园也罢，到处都有数百年的参天古柏。

他由此萌生了从事柏类研究的念头。

"我是灵机一动产生的念头，没想到这一搞，竟是三十年，多少也有了一点成绩。"

他这是谦虚。白先生的成绩，何止是一点呢！

第104招 军功章，还有妻子的一半

男人干事业，经历蹉跎岁月，一方面靠自己挺，咬紧牙关，另一方面，倘若有个好妻子把她当精神支柱，就没有过不去的沟沟坎坎。

河南的王华明每每谈起他的艰难历程，总会说："我有个好妻子。没有她，就没有我的今天。"

"为什么？"

"因为，在我喝凉水都塞牙缝的时候，她始终支持我，做我的后盾，帮我遮风挡雨。"王华明动情地告诉我："在倒运苹果时，我发货，她在广东那边接货卖货。我搞苗木生意，别人都反对，她帮我顶雷，一个人支持我。我做苗木后，结婚仅3天，她就跟我住到了在苗圃搭的小棚子里。为了省钱，小棚子都舍不得让搭大。棚子里只能支一张双人床，做饭，还要到棚子外面。一句话，她跟我吃的苦，受的罪太多了！"

风雨同舟，执子之手，王华明的妻子做到了。

因为，她喜欢这样不屈的男人。反过来，他又从她那里找到了精神支柱。

她就像明媚的阳光，就像天街的细雨，就像和煦的春风，始终在温暖、滋润、抚慰他受伤的心灵，让他知道人世间还是有很美好的烂漫色彩。

王华明走过的经营之路，真的应了一句话："一个成功的男人背后，总会有一个伟大的女人相随。"

遇上这样的好女人，男人真是没白活，想不成功，想不幸福都难。

第105招 走点弯路，可以使人变得坚强

刚踏入花木行业，走点弯路，往往是不可避免的，有时候他人指点，让你不能这么做，但你还是非这样不可，我行我素。其实，这也不是什么大不了的问题。

近日读张爱玲的书，有一篇小文章，题目就是《非走不可的弯路》，感触颇深。

在青春的路口，曾经有那么一条小路，若隐若现，召唤着她。

母亲是"过来的人"，拦住她："那条路走不得，不能走。"

她不信。母亲就是从那条路走过来的，有什么不成？

"既然你能从那条路上走过来，我为什么不行？"

“我不想让你走弯路。”

“但我不怕。”

母亲心疼地叮嘱道：“好吧，你这个倔强的孩子，那条路很难走，一路小心。”

上路后，她发现母亲并没有骗她。那的确是条弯路，很难走。她碰壁，摔跟头，有时候碰得头破血流，但可贵的是，她不停地走，不停地走，终于走了出来。

是啊，不经受挫折，怎么能炼出钢筋铁骨？不经风雨，怎么才能见彩虹？年轻的时候，走点弯路，摔打摔打，是可以使人坚强起来的。

我在前面讲过和后面讲到的这些成功者，他们每个人都是从失败中走出来的，没有讲到的也是如此。世界上没有人天生不走弯路就能成功的。走过很多的弯路并不是不幸，也许正是这些弯路造就了人的坚强，造就了人的成熟，造就了成功。

碧云风韵

——都市里的大自然

嘉兴碧云花园有限公司位于“中国鲜切花之乡”的嘉善县大云镇。公司以大云鲜切花园区为依托，以原汁原味的十里水乡风情为游线，以碧云花园休闲园为中心，融观光、休闲、娱乐、餐饮、会议、度假为一体，创建了一个“都市里的大自然”。

7 发展与开拓创新

创新是两股劲儿较量的过程，
一个是要固守，一个是要超越。不超越，企业就没有前途。

第106招 勇于一搏

小门小户怎么跳出来，不再是花农、苗农，而是做成一个花木企业！

我想这是大家都很关心的问题，也是大家急于渴望实现的愿望。

其实，在我们这个泱泱大国，经济快速发展的美好年代，这并不是什么难事。关键是抓住机会，勇于一搏。

这方面，山东济宁市李营苗木协会会长李卫东是一个典型。

2001年，李卫东从父亲那里接手花木经营时，他还是一个普通的苗农。资产，区区可数，几十万元。但到了2004年，他的资产已经实现了1000万元的突破。

2007年，我在李营见到李卫东，问他：

“你是靠什么迅速崛起，实现了一个苗农到企业家的转变？”

“我的资本积累，说来很简单，就是靠2003年春收购了一大批大规格的苗木。”

“收购了多少棵？”

“3万多棵，主要是法桐、国槐、白蜡。”

“那要花很多钱，钱从哪里来？”

“当时基本上不用钱。我从农户收购，可以先欠款，一年后付。我算计了一下，总共收购费用是200多万元。”

“你的胆子够大的，要是到时候还不了钱怎么办？”

“是呀！花那么多钱收购苗木，万一砸在自己手里怎么办？我这么做，家里所有的人都为我担心，他们都反对。”

“你怎么考虑的？”

“我考虑，园林绿化市场一年比一年大，用得最多的是大规格的苗木，而植物生长是要有时间的。这就形成一个矛盾。在这种情况下，大规格的苗木涨价势在必行，这肯定是个大趋势。”

“你有信心？”

“不是有信心，而是信心十足。我就是要搏它一搏。果然，2003年植树节一过，大规格的苗木平均每天上涨1块钱。3万多棵，这就意味一天可以挣3万多块。法桐28元一棵进的，卖56元，翻了1倍。最后，剩了一点货，3个客户还你争我夺的。”

这一个春天，李卫东挣了多少钱可想而知。

第107招
钱要花在刀刃上

“自然生长的植物，人工栽培应用效果不一定理想。有的抗性和适生性很差，有的树形不美观，有的生长速度慢，还有的花朵不紧凑。所以，在商品化生产之前，选育工作很重要。不然，就缺少卖点。”郑州四季春园林绿化有限公司董事长张林先生对我说。他的这个认识好。

因为，他从山里引回来的巨紫荆，就有这样的感觉。

同样是巨紫荆，选育的与没有选育的植株差别很大。

张林说：“我从山里引回来巨紫荆，首先做的就是严格按照品种选育的程序，对每一棵树进行评估。评估还不是一次性的，要经多年反复进行。优良树种的特点之一是生长快，现在这个目的达到了。4 年前种下的小苗，现在已经长到了 8 厘米粗。当然，冠形圆整、树干自然挺拔、抗病虫害、花朵紧凑艳丽这些主要目标，一个也不能少。”

“采取什么措施实现这些目标呢?”

“你问得好。靠我们公司的技术人员显然是不够的，视野必须开阔。5 年前，我成立了郑州市国绿植物研究所，专门从事巨紫荆的选育攻关工作。科研人员，大多是我从河南各地大专院校、科研院所聘请来的。”

“这是要花不少费用的。资金从哪里来?”

他说：“资金是这些年我在园林绿化工程上挣的啊。这些钱，我都投入到了巨紫荆上。”

张林的钱，算是花在了刀刃上，值!

因为，企业有了优良的新树种，等于添了一台核动力设施，不愁后劲不足。

第108招
向6欧元看齐

6 欧元是一个什么概念？按现在的外汇兑换价，1 欧元差不多是 10 元人民币，6 欧元就等于是 60 元人民币。

昨晚，见到北京泛洋园艺有限公司董事长姜洪涛先生，他说：“我最近见到了法国梅昂公司总裁阿兰·梅昂，问他现在欧洲 1 株好的月季苗子售价是多少钱？阿兰给我的答案是 6 欧元。”

“我们现在出口到欧洲的月季是多少钱 1 株?”

“1欧元。差距太大了。”他用一根手指示意道：“咱们的月季，由于品质差，目前只能在欧洲的低端市场出售。”

他的话，几乎让我出了冷汗。1欧元和6欧元的关系，差距实在悬殊啊。这就是现实。近几年，我们总是说要向国际标准看齐。其实，这只是一种概念，没有具体的目标。6欧元，就是一个实实在在的目标。

“是啊，差距太大了。”但我冷静了一下，说道：“客观地说，1欧元对于我们来说，已经不错了。因为同样1株月季苗子，在国内只能卖到3元人民币，而出口的月季卖10元钱(1欧兑换10元人民币)，还是获利不少。要知道，我们进行商品化月季生产，比起欧洲来时间晚多了。”

姜洪涛笑笑，点了点头道：“你分析得很对。”

然后他又说道：“但我们不能满足现状啊！总得向6欧元最高的目标看齐吧。”

我说：“对，我们绝对不能满足现状，一定要向6欧元一株苗子进军！”

第109招 程德成的速度

改革开放初期，深圳作为特区，创造出了“深圳速度”。

3年前，我在中央党校学习时，我们党支部成员的毕业实践地，选择的是广西北部湾，这方面的感受同样深刻。因为，北部湾所属的北海、钦州、防城港，近年来创造出了“北部湾速度”。其实，花木行业在发展的进程中也有这样的典型。

广州绿航农业科技股份有限公司，就有“程德成的速度”。说白了，就是第一速度。

程德成，是广州绿航农业科技股份有限公司董事长。

2010年2月初，我在这家公司采访，程德成骑辆摩托车带着我，看了他的温室大棚，感觉是除了惊喜还是惊喜。因为，这是几十个连成一片的温室大棚。

这些温室大棚，每个都在十亩地左右，种植的都是一个观叶植物品种——绿萝。

这样的温室大棚，绿航有将近200个，分布在广州的番禺区石楼镇和萝岗区的九龙镇，里面铺的水泥路加在一起有50多千米长。

“去年，全基地16吋盆的绿萝，生产了1000余万盆，36吋盆的绿萝，生产了 100 余万盆。这是一个何等大的数字！”

广州市农业部门的一位领导告诉我：“观叶植物生产面积，全国属广州最大，而程德成一个企业种植的绿萝就有 1850 亩，这在广州，甚至在全国，绝对找不到第二家。”

番禺区常务副区长戴永昌介绍说：“在发展特色农业，实现规模化、专业化生产方面，绿航的程德成为我们区树立了一个很好的榜样！”

去年 3 月份，李克强副总理来到绿航在萝岗的基地考察，看到一盆盆、一片片碧绿茁壮的垂钓绿萝，很是兴奋，他肯定了绿航在发展特色农业上的力度。

“1850 亩地，建有 1300 亩的温室大棚，全部用来生产绿萝，用了几年时间啊？”

程德成笑笑，他反问我：“你说几年？”

“对啊，几年？”

“几年还能吃上饭吗？”

“至少也得两年？”我猜测说。

“不到一年。”

我惊愕。

他继续说道：“做企业不抢时间，不争速度怎么成？”

所以，圈子里称赞这是“程德成的速度”。

我们的企业，在保证质量的前提下，都应该创造第一发展速度。

效率，是以速度做依托的。

第 110 招　好的决策，靠捕捉信息赢得

俗话说：天上没有掉馅饼的美事。企业一起步，有个好的决策，好的管理方式，也不是从天上掉下来的，而是靠捕捉信息赢得的。王光明生前就是如此。

全国花木信息交流会，从 1996 年举办，到 2010 年已经举办了 14 届，是花木行业的一个群英会。

这 14 届，不论是在北京的烟草大厦、东郊双桥，还是在小汤山九华山庄、山东的昌邑，王光明都是场场不落。会开到哪里，他就跟到哪里。

前年，全国花木信息交流会在昌邑举办时，我见到王光明，问道：“老王，我听说你家里有事，今年不参加会了。”

“怎么可能？咱们不是又碰面了嘛！”他说。

“你这么多年为什么这么重视信息交流会？会开到哪儿，你追到哪儿。”

“这还不好解释？干花木这行当的，天南地北的都来。利用这个大的平台，我可以了解好多信息啊。这样的机会难得，省得我东跑西颠的。”

“你的企业发展决策，是不是主要从这些会议信息里得到的？”

“那当然。只有这样，我的苗圃怎么发展，心里才有数。”

后来，他发展大规格苗木，发展乡土树种，之所以信心百倍，靠的就是捕捉的信息。

第111招 茅塞顿开源于走出去

人的认识不是头脑里固有的，而是从实践中得来的。

一次偶然远行，使20岁的四川小伙子张强改变了人生。

张强是成都市温江区人。温江是著名的花木之乡。他是新涌现出来的苗木经纪人。

区花卉园林局办公室主任李贵清介绍说：“张强去年花木销售额有1600万元，成为整个温江的佼佼者。”

20岁出头参加工作时，张强从事的并不是花木经营。他虽然置身在花木之乡，但他对苗木经营并没有什么感觉，好像这个行当与他没有任何关系。

2011年5月，我在温江见到了这个长得英俊、帅气的小伙子。我问他：“你最初是干什么的？一踏上社会就干了苗木这一行？”

“不是。跟苗木不沾边的。我是在一个镇的供电所上班，谁家照明出了问题，我们就要赶上门去。”他说。

“哦。那是一种什么契机让你干上苗木经营的？”

“挺偶然。有一次，我姐夫让我帮助押车，往云南送一车苗木，使我眼界大开。您知道吗？一车苗木，刨去开销，能挣几千块，而且还特别抢手。苗木还没卸完，就有人要货。往返几次，能挣几万块。我觉得我眼睛都起亮光了。”

从此，他毅然决然地辞去了稳定的工作，踏上了苗木经营之路。

利益，是驱使和改变人生的一种动力。

在这个色彩缤纷的世界，你只有感受到了，心灵上有一个新的认识，你才会萌动心思，做出一个新的人生定位。

而这种清新的感受，新的认识，恰恰是要走出去，从实践中来的。

总在一个地方打转转，作茧自缚，不看外面的世界发生了什么变化是不行的。

这与打开窗子，我们才会呼吸到新鲜空气一样。

第112招 好理念，是跑出来的

2011年5月下旬，我与山东省花卉协会会长徐金光先生去威海荣成市的石岛，看奥孚集团李元先生的苗木基地。

看过他的苗木基地，我与徐金光几乎异口同声感慨地说：“奥孚的苗圃，让人震撼，真称得上是山东花木产业的排头兵。”

奥孚集团先期是一家石油贸易企业，主要从事海上供油业务。2002年，奥孚开始涉足苗木业。现有苗木基地6000余亩，绝大部分在荣成石岛，另一部分在青岛平度。

胶东沿海的荣成石岛岸上，都是丘陵地带，高高低低，这里一块田地，那里一块田地。

因此，奥孚在石岛共有15个苗圃。这15个苗圃，我几乎全部看过，种植的主要是樱花、法桐、白蜡、国槐、玉兰、红豆杉、北美海棠等。苗木规格，除了红豆杉外，几乎都是7厘米至10厘米粗的。

奥孚苗木除了规模大、规格大，令人惊奇，还有令人称奇的是，你随便走进这里的一个苗圃，都是比标准化还要标准化种植的苗木。

这些苗木，横看一条线，纵看一条线。株距3米至3.5米，行距更宽，几乎都是3.5米至4米。彼此之间，至少两三年之内都不会“头碰头”，生长环境非常宽松。

在一块地里，看到一片刚刚定植的小规格的白蜡苗木，米径也就2.5厘米至3厘米粗。光秃秃的杆上，刚刚拱出几片新叶。

徐金光说，这是山东近年培育的新优苗木良种“圆蜡二号”。这些白蜡，像麻秆似地种在地里，株距不少于3米，行距也有3.5米宽。一般人认为这样种植太稀，太浪费土地。

对此，李元不这么看。他说：“我们一次定植，直到植株长到干径8厘米粗时，彼此之间都会很宽松，完全可以享受阳光的沐浴。加上大肥大水，养护到位，它们会像欢蹦乱跳的小孩子似地茁壮成长。”

“你为什么有这样的经营理念?”在离开苗圃去石岛市区的路上，我笑呵呵地问李元。

李元驾驶他的越野车，用略带沙哑的山东口音答道：“都是我跑出来的。”

“跑出来的?”

“对呀。1年行驶8万多千米，3年跑了28万千米。反正一有空，我就一个人开车到各地苗圃看看。只有往外跑，开阔视野，你才知道现在的社会潮流是什么样子。当然，我的这些认识也不是一步到位的。”

震撼性的苗圃源于先进的理念，先进的理念也不是天生的，而是源于火热的现实生活。

好理念，是他跑出来的。

第113招 到最有潜力的地方跨越

企业要发展，就要跨越。跨越，就要跨越到最有潜力的地方。花乡花木集团就是如此。

2009年7月中旬的一天，北京的天气格外闷热潮湿，大地上弥漫着一层浓重的白雾，拧一把，空气恨不得就能滴出水来。这天，我随花乡花木集团董事长林凤军女士到顺义杨镇。那里，有他们公司一个大型花木养殖基地。

“我们这个基地，叫‘草桥杨镇花木种植基地’，是2007年10月份开始兴建的，占地1000余亩。”驱车去杨镇的路上，林凤军介绍道。

花乡花木集团，隶属于草桥实业总公司。

草桥，是著名的花木养殖之地，但经过二十几年的快速发展，花卉养殖基地、花卉市场，还有花团锦簇的公园，已经星罗棋布，没有了发展空间。

“北京那么多郊区县，为什么要选择在顺义建基地？”我问道。

林凤军答：“顺义是发展花卉最有潜力的地方啊！”

“最有潜力？”

“对，最有潜力。”她解释说：“到顺义建大基地，把目标锁定那里，主要基于两个目的：一是顺义区委区政府大力扶持现代花卉产业的发展，出台了一系列优惠政策；二是顺义赢得了2009年第七届中国花卉博览会的举办权，蕴含着大量的商机。”

这是草桥走出的具有战略眼光的一步棋。

发展，靠的就是走出一步又一步的高棋。

第 114 招　到大地方发展，挣的票子就多

到有影响力的大地方搞经营，谋发展，企业就活力足，发展快。

想到这一点，我就想起了 5 年前，一个叫老曹的朋友从上海打来的那个电话。

老曹是河南息县人。十多年来，一直在老家经营花木。

“今年生意怎么样？”每次他来电话，向我咨询事情，我总要问上一句。

“一般般吧。小地方。”老曹大嗓门，说话很是直爽。

但老曹从上海给我打的那个电话，调子全变了。

“老方，告诉你一个好消息，我到上海一个苗木市场做生意一年了，昨晚上我盘算了一下，这一年好啊，挣的票子比过去 6 年都多！”

他的喜悦之情我都能感受得到。

“真为你高兴。”我问道：“你说这是什么原因？”

“还用说吗？上海的市场大啊！”

对的，是大市场帮了老曹大忙。

市场大，才可以“海阔凭鱼跃，天高任鸟飞”。

一个人，是生在大城市还是小城市，是生在大地方还是小地方，自己无法选择，但走什么样的道路？到什么地方发展？是完全可以自己选择的。

勇敢地迈出这一步，就要抛弃“老婆、孩子、热炕头”的小农观念。恋家是不成的。

不过，走这步棋是对于已经有一定基础和成功经营经验的，需要再上一个台阶的企业来说的，刚起步的人不要盲目追求。刚起步时还是先在原有的地方积累经验和实力为好。

第 115 招　向有影响力的地方转移

“温江的花木现在已经发展到了 13 万亩，土地完全处于饱和状态，目前，我们已经实现了从生产向集散中心的转移。”近日的一个晚上，我刚到成都市温江区，区花卉园林局新上任的局长李德彬先生便向我介绍说。

温江是著名的花木之乡，从 20 世纪 80 年代初开始花木盆景商品化生产。

自2005年举办第六届中国花卉博览会之后，温江的知名度剧增，从事花木经营的温江人越来越多，到这里租地办公司建基地的外乡人也越来越多。

国内的知名花木企业，如广东的棕榈园林股份公司、海南的南美园艺公司等几十家大的公司都在这里设有销售窗口。福建漳平的花木经营者还在这里成立了漳平商会。

据了解，近五六年，温江的苗木种植面积和苗木销售额平均每年以20%的速度递增。2011年1月至10月，温江的花木销售额达到了11亿元，比去年增加了25%。一个普通的苗农，年收入10万至20万元的非常普遍。

随着温江知名度的提高和城乡一体化的加快发展，这里的土地租金越来越贵。

自两年前起，每亩年租金已经上升到了2000元以上，但依然无地可租。

现在，温江能够利用的土地都已经用来种植花木，其他的农作物早已退出生产。走遍全区所有的乡镇和街道，在地里能够看到的，除了花木还是花木。

于是，温江的不少有识之士都把发展苗木基地的视角延伸到了周边市县，如崇州、双流、大邑、彭州、都江堰等相对比较偏僻的地区。这些地方，租金不仅便宜，也有利于规模苗木种植。总部设在温江，而把这些周边地区作为卖场和集散中心。

据了解，目前温江人到外乡发展的苗木基地已经达到9万亩。

温江天府花城花木有限公司朱拥军的一家公司，就在外乡发展了近1万亩，而在温江只有四五百亩苗木基地。

温江薄利园林花木有限公司25岁的小伙子张强，2010年销售花木1600万元，今年前4个月已经销售花木700多万元，一跃成为温江新一代花木经纪人中的佼佼者。但他的花木，绝大多数并不是从温江搜集的，而是从周边县、市调运的。

寿安镇大千园林的汪天一，去年一次在温江的邻县崇州就租用了500亩土地用来发展常绿乔木。

金马镇万花环境建设有限公司的匡艳，去年在周边两个县、市发展了1000多亩的花木，集中用来发展花灌木和出口盆景的生产。

温江花卉园林局办公室主任李贵清告诉我："温江地区周边县、市生产的花木运到温江来，不仅出手快，而且价格要贵20%。"

在温江，川西现代月季园经理刘国强向我介绍说："我是温江玉石人，很想在温江找地发展花木，但动了很多心思也找不到地，只好到温江毗邻的郫县租了200亩地，用来发展月季和紫薇。但对外，我还是要打温江的牌子。"

"为什么?"

他说："因为温江花木的知名度太高了。"

知名度高，花木销售自然也快。这是现在不少著名的花木之乡共同的特点。所以，您做生意，还是尽可能地向大地方靠拢。

花木经营者的起点，几乎都是从自己的家乡开始的，可能还是很偏僻的地方。这是无法选择的。

但您做到一定程度，离开原有的地方，向大地方靠拢，向有影响力的地方靠拢，闯荡一番事业，我想这是完全有可能的。

因为，这是您往大了发展的重要基础。

做到这一步，山沟沟也能飞出金凤凰。

第116招　敢开拓的能成功

不安于现状，开拓进取，不断地跳跃，是杨莹的性格，也是她不断走向成功的秘诀。

她三十多岁，中等个儿，小巧的身材，圆圆的脸蛋，一身极为朴素的装束，看上去比实际年龄要小得多。

她一脸的平静。一对明亮的眼睛，很温顺，不大的嘴唇红润润的，看上去格外的恬静，静得让人想起一潭湖水。这些，都是表面的。

可以肯定地说，她是那种做事执著、坚毅的女性，当然，你从她的脸上是看不到这一点的。

但倘若一接触，你就会发现，她不愧是在市场经济中摔打了多年的老手。她的思维敏捷，话语稠密，有时甚至是滔滔不绝，让你往往跟不上趟儿。

20岁时，还是一个刚走出学校门的小姑娘，她就在老家辽宁抚顺开了一家花店，取名为"花之语"。

花店很小，十几平方米，放不下多少东西，挺不起眼的。干了3年，花店赚钱了，红红火火的。

晚上回到家，也挺温馨的，有老娘伺候，热菜热饭已经备好，就等着小姑奶奶用餐。

中国有句老话：父母在，不远行。但她不考虑这些。

就在这一年，她抛下小花店，让别人帮助打理，自己一个人买张飞机票，去了昆明。昆明，正在举办世界园艺博览会，而且一去，就是3个月。

迈出去的这一步，她实现了人生的第一次跨越。

她总结道："不恋家，有机会走出去，就能跨越，就能成功。"

到昆明，她去参加世界园艺博览会？

不是，那时她没有这个实力。当时，台湾一个有名的插花老师为世博会插花。借此机会，她是去跟老师学西洋式插花的。

在昆明，老师待了3个月，她也待3个月，一天到晚跟在老师后面转，非常虔诚地学习插花。

这3个月，她挣不了一分钱，还要往里搭很多钱。但她心甘情愿。

因为，这是一个很好的学习机会，比在花店里挣钱更有意义。

她觉着：开花店就得会插花，插花技艺提不高，往长远看，也不可能有什么大的发展，只能在原有的小花店那儿打转转，挣点小钱，而且一有风吹草动，受冲击的肯定是小花店。

世界园艺博览会结束了，老师去了上海，她也跟到了上海。

在上海，老师有个插花学校，要回去继续办学。

杨莹到上海，要去开自己的花店。

她想，上海是国际性大都市，发展的机会绝对要比辽宁多得多。

到了上海，很快，她在鲜切花销量最大的精文花卉市场开办了自己的花店。实现了人生的第二次跨越。

“你一个女孩子远离家乡，自个儿到上海闯天下，家里人就没有意见？”

“肯定有了，我妈很为我担心，她说老家的花店开得好好的，为啥要到上海那么远的地儿？当然，我妈也是为我好。但我决定的事就必须要去尝试。”

“很执著？”

“对。很执著。”

她总结道：“从来，都是敢开拓的人能成功。”

第117招 有胆量的能成功

当机会来了之后，你敢出重拳，大张旗鼓地干它一场吗？杨莹就敢。

杨莹在精文花卉市场开办花店没有多久，精文花卉市场因为某种原因解体了。

精文花市解体后，周边形成了3个花卉市场。

别人都选择其中一个花市设立销售点。她不然，一鼓作气，在3个市场都同时开办了鲜花店。

我曾问她：“人生地不熟的，你一个小姑娘，胆子真大，怎么一下子敢开3

个店?”

她很镇静，爽快地说：“因为我有货源，很大一部分是做自产自销。我觉得，机会难得，这是发展自己事业的极好机会。”

“你在上海还有玫瑰基地?”

“是啊！我到上海的第一年就接手一个玫瑰园，60 多亩地。有生产托底，我害怕什么！还有，每个市场都有各自的消费群体啊!”

“再问你一个问题，当时你有资金吗？开 3 个店不比开一个店?”

“肯定有啦。在上海发展的同时，我在辽宁的花店没断掉，还在给我赚钱。即使没有，贷款也无所谓。”

困难，总是难不住有胆量的人。

杨莹总结道：“成功，属于有胆量的人。当然，不是盲目的。”

第 118 招　不怕跌跟头的能成功

在上海这个大都市，杨莹开了 3 个鲜花店。很长时间，她的业务都开展得很顺利。除了销售自己生产的玫瑰，还主打一样，销售洋兰。

平时，她销昆明的国字货，到了主要节日，销欧洲货，销泰国货，一天最多销石斛兰 7 万多支。

“在上海这些年，你就一直如鱼得水？有没有跌跟头的时候?”我这样问过她。

她马上说道：“困难多了，很多很多!”

她举个例子。这个例子让她一辈子忘不了。

那是 2000 年春节前夕。她通过一个朋友认识一个泰国的代理商。

他来过她这里，看她批发的货量很大，决定主要供她一家货。

他还说，即使他给欧洲的货停了，也要保证她的货源供应。

那时候，她没有固定的货源，给她供货的都不稳定。有了这个固定的货源，她当然非常高兴。

她很激动，一高兴：OK！就把其他的货源停了。

谁想到，天有不测风云。客户要货正猛的时候，那个泰国代理商掉了链子。

原来，那人做的一笔欧洲生意，上当了，亏了不少。这样一来，他没了流动资金。她要的 50 箱的货，因为缺少运费，货运不进来。

货进不来，杨莹的麻烦可就大了。一大帮人堵在她门口，叫着，喊着，还有骂的，反正各种不好听的声音，不绝于耳，铺天盖地向她涌来。

她能理解这些客户，他们也是要按时给他们的客户供货的。一时间，她急得没办法，脑袋都涨大了。

她知道，任何一个商家，没了客户就等于没了财富。这怎么能行？

慌乱中，她赶紧从昆明调货。

事情解决后，她把自己关在屋子里，半个月没出门，那叫一个郁闷，眼睛都哭肿了。

因为，她做生意这么多年，从来没跌过这么大的跟头。

与此同时，她懂得，跌点跟头实际上是好事。拍拍屁股，弹弹尘土，爬起来就是了。

她总结道：“成功的人，从来都不怕跌跟头。”

第 119 招 不断开拓的人，总归能成功

2007 年，杨莹从上海来到海南三亚，又在这片热土发展起了她的事业，实现了人生的第三次跨越。

在三亚，她先是开办了玫瑰种植场，很快，创办了海南圣兰德花卉文化产业有限公司。紧接着，她在五星级酒店云集的亚龙湾，拿下了 2700 多亩地，打造起了集观赏、旅游、休闲、餐饮、生产为一体的国际玫瑰谷。

在三亚，从未有过种植玫瑰的历史，是她一个普通的女子，改写了三亚这一历史。

她是怎么想起到三亚发展的？

那是 2005 年 12 月 31 日，她来到三亚收购兰花，也是平生头一次来三亚这个中国唯一的热带城市。她只来了 3 天就回去了。兰花没收购成。但从 2007 年，她却在那里种起了玫瑰。

“三亚是天涯海角，中国最南边了。怎么想起在三亚种玫瑰的？”

问到这一点，她说：“当时，三亚的一个副市长去上海考察，到了我们玫瑰切花基地。当他了解到玫瑰的收入后，他说，我们三亚也可以尝试种种玫瑰啊！在三亚，插根筷子就能长出叶子来。他是随意说的。我可是放在心上了。后来，我们去三亚，试种玫瑰，果然获得了成功。”

如今，在美丽的热带港湾三亚，她正全力打造精致的玫瑰产业休闲文化园区。

为此，杨莹总结道：“不断开拓的人，总归能成功。”

第 120 招
应机立断

8 月，正值暑假旅游旺季。一个搞苗木的朋友从外埠来北京郊区开会。散了会，到城里看我。我们找了一家幽静点的餐馆就餐。餐馆一旁，有家火车票代售点。

寒暄过后，我说：“你准备什么时候回去？”

他说：“当然是越早越好了。”

我说：“旁边有一家售票点，我点菜，你去看看。”

他去了，一会就回来了，笑道：“有明天晚上 7 点多的票。没卧铺了，有座。”

“这个季节，正是火车运力高峰，有座就不错了。”我问：“买票了吗？”

“不急，咱们先吃。”

过了半小时的样子，我有点沉不住气，提醒他：“你还是去看看票吧。”

过了一会，他手里捏着车票回来，说：“晚上 7 点多的票没了，只有半夜的票了。售票的看我犹豫，还说就这一张了，问我要不要？我不能再错过时机了，赶紧让她出了票。”

他感叹道：“刚才要是听你的立刻去买就好了。半夜，正是犯困的时候，没辙，也得走啊！”

做事迟了一步，就要付出半夜出行的小小代价。

再说一件我自己经历的事。7 年前，我们《中国花卉报》报社还在地安门，附近有家书店。一次去书店，发现了一本川端康成的《雪国》。川端康成是世界著名的作家。亚洲有两个获得诺贝尔文学奖的作家，一个是印度的泰戈尔，另一个就是川端康成。他优美的语言文字我是非常喜欢的。我有过 2 个版本的《雪国》，但都是简装的，而这一本则是精装的，很是精美大气。翻了翻，想买，还是放下了，感觉有点贵。

“过些天再说吧，急什么。”我心里安慰自己说。

一个月后，我出差回来，再次去书店，还是惦念那本书闹的。去了书店，那本书已经没了。

我很失落。我给书店的服务员留了电话，叮嘱说：“什么时候再来《雪国》告诉我。”但一晃两年过去了，书还是没来。后来，我到王府井书店和西单图书大厦这样大的书店，还是没有淘换到。

到现在，一想起这件事，我还再怨恨自己。

再说一件跟花木经营有直接关系的事。

大约五六年前，我到山东去采访，那时3厘米粗的白蜡正处在市场低迷状态。

“哎呀，方主任。现在的白蜡臭了街了。3公分(厘米)的白蜡，种了3年了，两块钱都不好卖，赔大发了。”一个小企业的老板向我诉说苦水。

我说：“这几年白蜡苗子育多了，价格跌得是很厉害。在这个时候，你别急，不仅不要抛，还要收。”

“为什么？我现在想甩还甩不掉呢。”

“低到一定程度，白蜡的市场就会反弹起来。”

他没有听我的，被眼前像柴火棍的价格遮住了眼界。

两年之后，白蜡的价格果然出现了反弹。我到山东，又见到了那位老兄。

他说：“方主任，俺失去了一次机会，当初要是听你的话就发财了。”

事已如此，我只能哑然一笑，说：“下一次再遇到这种情况，你一定要绷住劲儿，价低的时候，就收苗子。”

他不住地笑着点头称是。

上述3个例子，说的不都是花木经营，但大千世界，很多道理都是相通的。做事慢慢腾腾，优柔寡断，一定会误事，失掉机会，影响企业的发展。

汉·陈琳《答东阿王笺》云：“秉青萍干将之器，拂钟无声，应机立断。”

可见，古人早就有这样的告诫。因此，我们做事该应机立断的，一定要应机立断。上午能做的事，不拖到下午；今天能做的事，不拖到明天；今年能做成的事，不拖到明年。

第121招

崇尚亮剑精神

中国花卉报的年轻记者戴呈玲对我说过，在江苏盐城今朝园艺的网站上，她看到该公司招聘员工时，应聘者有3个优先，很不一般。这3个优先分别是：

酷爱园艺事业者优先；盐城籍贯者优先；有着李云龙做事作风者优先。

今朝园艺在江苏盐城，自然就近者为好。前两条都好理解。这最后一条，是为何呢？

对此，邹相国解释说：李云龙是“亮剑”精神的代表人物，而亮剑精神讲究的是诚信的宗旨，讲究的是团结的力量，讲究的是创新的能力。

“一个企业要想做好做强，就要都团结，都诚信，都创新，光靠老板一个人是不行的。”邹相国是这么认为的。

在对待员工的问题上，他坚持“8小时以内是领导，8小时以外是兄长”的方针，私下里与员工建立兄弟般的情感。

他还透露说，前5年，公司经营利润三七分，员工分3成，自己分7成；5年后则变为七三分，他只留3成。

他认为：“我这么做，是因为员工不是给我打工的人，他们是一直在照顾我的人。一个人能力再大，都不可能完成一个公司运转的全部事情，我只是提供了一个平台，给大家提供发展的机会。”

邹相国的话里透着诚恳。正是通过这种“有饭大家吃，有利大家享”的经营方式，今朝园艺团结了一批有活力、有李云龙做事风格的员工。

第122招 勇敢地往前跨越一步

我们的花木事业需要不断地发展，这是人所共识的，不会有任何争议。

那么，什么是发展呢？

《现代汉语词典》的解释是：事物由小到大，由简单到复杂，由低级到高级的变化。

根据这个意思，我认为，说白了，发展，就是勇敢地往前跨越一步。

在此，我举两个小例子。

有一天我坐电梯下楼，遛吃吃。吃吃是我们家的小狗。

刚进电梯，就见在我们家楼上的女主人，领着2岁多的儿子在里面，也要下楼。小宝宝见了吃吃，很是恐慌。他急忙靠在妈妈身上，小手紧紧地攥着妈妈的手。

只听做妈妈的说：“儿子，你看小狗多好，白白的，像个小绵羊似地，乖乖的。快，摸摸它的毛儿！”

“不嘛。妈妈，我怕，我怕。”儿子惊恐地看着吃吃。

“没关系，好孩子，你摸摸它，它不会咬你的。”我笑着说。

小宝宝靠在妈妈身上，似乎靠得更紧了。

做妈妈的弯下腰，说：“儿子，别怕，勇敢点，摸摸吃吃的背。”

话音没落，妈妈已经抻出宝宝的小手，放在了吃吃的背上。

“小宝贝，你看，吃吃不咬你吧。它是很友好的。”我随声说道。

果然，小家伙笑了。然后，不停地抚摸吃吃柔软的皮毛儿。

从此以后，小家伙见到吃吃，不用大人说，他就会咧着小嘴，很自然地抚摸吃吃，显得非常的开心。

还有一次，乘地铁，坐电梯。

在我前面的是一对年轻夫妇，领着一个2岁多的小宝宝。刚接近电梯，小宝宝就欢天喜地朝电梯迈去。

母亲连忙扶着小宝宝："宝贝儿，慢点儿，别摔着。"

见此，我说："你们这个小家伙真勇敢。"

做母亲的笑笑说："前两次也不行，上电梯，小腿还没站立就害怕得不得了。现在好了，就喜欢坐电梯。"

这些，都是孩子在成长过程中一次小小的跨越。

其实，我们从小到大，就是由无数次的小跨越组成的。

我们从不会说话到会说话；我们从小学到大学；我们从不会骑自行车，到学会骑自行车、开汽车；我们从用笔写字到用电脑打字；我们从不会做花木生意到学会做花木生意。这中间，经历的其实就是一次次的跨越，由此才实现了一次次的发展。

但不知为什么，不少人走上了社会，成了家，立了业，有了谋生手段，有了吃饭的家伙，便墨守成规，满足于现状，停滞于固有的思维上，不再跨越了，不再发展了。

困难，风险，就像一道道厚厚的樊篱，总也捅不破，推不倒。

但与此同时，据我所知，这些年，凡是不断做大的花木企业，凡是不断做大的老板，他们无一不是像他们的童年时，像他们的少年时，像他们的青年时那样，一如既往，奋发向上，勇于向前迈进，捅破一道又一道的樊篱，搬开一块又一块的绊脚石，实现一个又一个追寻的目标。

海阔凭鱼跃，天高任鸟飞。我们赶上了祖国日新月异的大好年代，千载难逢，不奋发，不进取，不搏击，不发展，还待何时？

"人生百年有几，念良辰美景，休放虚过"，这是元曲里的句子，说得很是真切。

勇敢地往前迈进，就是发展，就是硬道理。

第123招

薄利多销，5000亩的苗圃靠滚动而成

5000亩地苗圃的规模，令您怦然心动吧！

这个大型苗圃，说的是北京顺义区南法信的松杉苗圃。2009年春，我到松

杉苗圃后，总经理曹世春先生就坦言，他的苗圃现在已有了 5000 亩的规模！

一个苗圃拥有 5000 亩地，这在北京还极为少见。

松杉苗圃，是曹世春一手创办起来的。

50 多岁的曹世春不是顺义本地人，而是河北省丰宁县人。

他是 1998 年来北京办的苗圃，2002 年，我去曹世春的苗圃时，他的经营部署已有所调整：从单一的油松、云杉，又增加到龙柏、侧柏、蜀桧、白皮松、华山松、北京桧。

但总的来说，当时没有大的变化，都是针叶类的常绿树木。当时，他的苗圃最多 1000 来亩地。

现在，他的苗圃已有 80 多名员工。从苗圃到各个部门，都有一套可操作的规章制度。

2008 年，曹世春的苗木销售额达到了 1500 万元。其中，销到天安门广场的大油松就有 160 多棵，高度都有七八米。

如今，他的苗圃涉及顺义两个乡镇，8 个村子。

另外，在老家丰宁，他还建有一个 300 亩的云杉、油松基地。

就在我到他的苗圃半小时内，先后来了 3 辆送货的大卡车，车上装的全是苗木。

从车牌可以看出：有辽宁的，有山东的，也有河北的。生意真是兴旺啊！

曹世春介绍说："4 月底以前，是进苗子、销苗子的高峰。每天一进一出，至少 30 万元。现在，还有 3 拨人在外地调苗子，今年的苗木销售额肯定会超过去年。"

"这几年，你凭什么发展这么快？"我问他。

曹世春介绍说："我主要是适应了市场需求，滚动发展，经营的都是适销对路的苗木。社会上需要什么品种，我就千方百计扩大什么品种，满足什么品种。什么大油松、大白皮松、大华山松、大银杏、大玉兰，干径都是十几厘米以上，足有 3 多万棵！此外，数量最大的，就是各种花灌木，什么樱花、紫薇、碧桃、迎春、棣棠、连翘、榆叶梅、紫叶李等，每一种，都不少于上万棵。"

"这么大的量，资金从哪里来？"

"没贷款。全靠自己滚动。挣了钱，就租地，就往苗木上投。别的方面，什么享受了，什么盖好房子了，我是一点没有。"

松杉苗圃别看有 5000 亩的规模，而且地里种得满满的，但种植基本没有超过 3 年，苗子就会不断地出，不停地进。

按曹世春的话说："如果一个品种在苗圃里种了 3 年还没出圃，运转就算不正常了。"

苗圃保持良性循环，他还有一个招儿：搞市场调查。

发现有市场将要出现饱和的苗头，他就果断提前刹车，毫不犹豫。

像小规格的国槐、栾树、白蜡、合欢等，苗农手里一旦数量大，他就淘汰了。

现在，他跟上百家苗圃都有业务联系。不少苗圃都给他送苗子。有时不结算，他们也乐意送。

他凭的全是信用！苗款，到年底一次结清。

有时缺资金，即使是到外面借，他也要把钱还上。

他说："我有300多万块钱，能进600多万块钱的货，原因就是遵守一个信字，只有这样，人家才愿意赊你俏的苗子，不然说话就不灵了！"

曹世春销苗，除了紧盯市场紧俏的苗木，还有很重要的一条，就是薄利，按市场一般价格销苗。

苗子再好，死扛着，要高价，也不行。

苗木进出少，循环不畅，苗圃经营就活不起来。

钱变苗子，苗子变钱，在市场需求上大做文章，做足文章，这是曹世春苗圃滚大的秘诀。

第124招 抓住政府申办盛会的机会，办花木市场

一个地区将要申办或者举办一项重大活动，可以带来很多的商机。对于我们的花木业来说，也是如此。

谁先抓住了，谁就会中头彩，赢得大发展的契机。

坐落在成都市温江区的"西部花都"，如今已是大名鼎鼎。最初，这个市场的建成，就是抓住温江申办第六届中国花卉博览会盛会机会的结果。

抓住这个机会的人，叫朱拥军。

朱拥军，是四川资阳人。他18岁从资阳走出来，到温江卖花木。因为，温江是著名的花木之乡，钱要好赚得多。

通过六七年的打拼，到1999年，朱拥军已经拥有8个大大小小的苗圃。

但在商海里摸爬滚打的朱拥军，并不满足于此，他时刻都在捕捉新的商机。

第五届中国花卉博览会在顺德陈村举办过后，温江代表成都市，提出了申办第六届中国花卉博览会的申请。

朱拥军感到，一个在温江兴建大型花木市场的机会来了。

因为，这个时候，温江虽然在全国都属于著名的花木之乡，面积在10万亩以上，但却没有一个像样的正规的花木市场。

现在，温江兴建花木市场，政府一定会大力支持。因为，这对成功申办“六博会”肯定大有裨益。

在温江，以至在成都，有这种想法的不止他一个人，还有六七个，都是经营花木方面的高手。

但当别人的想法刚刚出现时，他出手快，兴建方案已经上报给了区委、区政府。很快，他的方案得到了肯定。

建市场需要的是资金。按说，建立一个大型的花木市场，加之一些相应的配套设施，需要的资金不是小数目。但一旦有政府的大力支持，这都算不上什么大问题。

果然，市场兴建项目一批准，他在资金筹措和土地上使用上，都得到了政府的全力支持，政策待遇非常优惠。

不仅如此，市场在施工的过程中，政府的领导和有关部门还亲自到现场办公，解决碰到的各种实际问题。

2005年，“六博会”举办之前，一个非常漂亮的大型花木市场在温江从此屹立。

朱拥军，也由此一跃成为川西花木业的风云人物。

把握时机，与政府提倡的方向相吻合，经营起来就这么顺手，就这么兴旺。多美啊！

第125招 发挥自己长处，捕捉商机

做大生意的，商机多，沉得住气。如果您的企业还比较小，也没关系。只要细心，也会捕捉到别开生面的商机。我的朋友刘天明就尝到了这方面的甜头。

刘天明是北京知名的盆景奇石专家，从事盆景奇石收藏近30年，多次在全国和北京市获奖。

七八年前，他从单位出来后，涉足经营，在什刹海附近找了一个庭院，摆放一些盆景奇石出售。因为都是庞然大物，看的人多，买的人少，生意一直是平平淡淡。

他那里，却成了朋友聊天喝茶纳凉的好地方。

我们单位在地安门时，离他那个院子很近，我和几个同事是常客。他不仅要香茗伺候，时常还要搭上一盘瓜子助兴。

后来，我们单位搬了家，这才对他的情况了解少了。但每每见到他，都会问上一句：“天明，盆景奇石卖得怎么样？”

他总是苦苦一笑：“一般吧，凑合着过吧。”

但今年春节聚会，我见到他，还没等我问他，他便主动地说：“去年我的生意不错！”他的脸上，洋溢的是轻松的笑容。

“怎么不错？”我赶紧问道。

“去年，我卖了七八块太湖石，效益顶过去三四年的。”

“是啊！好，好！怎么想起卖太湖石的？”

“在西郊‘爱家’，我不是有个盆景奇石摊位嘛，有一天也不知何方神圣，问我有没有太湖石？太湖石你是知道的，出自江南太湖一带，丑、透、漏、皱、奇、秀兼备，是园林中常用的观赏石。他要一块2米来高的，放在别墅的院前，与植物搭配。我没有啊！但我不能这么说，我想到了江南的一个朋友，他是经营太湖石的，我可以从他那里订！于是我赶紧说：‘有，你什么时候要？我会帮你选择一块漂亮的’。他说：‘好，我就找你了。’”

一块太湖石做下来，效益非常可观。他像当年哥伦布发现新大陆似的，从此就亮出了‘专营太湖石’的牌子。

春节过后，东郊朝阳公园附近开了一家与生活有关的综合市场，取名为“朝阳花卉”，租金比较贵。即便如此，他也定下一个摊位，以出售太湖石为主，兼售一些高档盆景。因为，东郊有钱人住的别墅、公寓多，有这方面的市场需求。

“一年卖十来块太湖石就行了。”他很知足地说。

社会主义市场经济，商机很多。但就个人而言，寻找、捕捉商机，一定要在您熟悉的圈子里拓展。隔行如隔山，否则很难抓住。

刘天明是盆景奇石的鉴赏专家，内行人，有独特的艺术眼光，客户从他那里买东西，信他。这就是他的长处，他及时地抓住了。

第126招 规模大，加上专业化

规模大，加上专业化，一个地区的花木产业知名度就高。

山东省济宁市李营镇以法桐为主，就有这样的知名度。“买法桐，到李营”，几乎人所共知。

2010年10月下旬，我到了济宁市李营镇。与镇苗木协会常务副会长、东兴苗木公司总经理孙树东一见面，他便兴奋地主动介绍道：“今年，李营的苗木业一个非常突出的特点是，又上了规模。李营镇56个村子，今年苗木种植通过政府引导、村里配合，采用土地流转的办法，把土地从农户手里倒包过来，苗木种植从30多个村已经扩展到50来个村，种植面积从几年前一直徘徊的4.5万亩，猛增了1.5万亩，达到6万余亩，占李营整个土地的90%。”

我是李营的老朋友，为李营的这个变化感到非常高兴。

我还得知，这新增加的1.5万亩，大户的带动非常重要。

在大户之中，孙树东从1500亩的基础上，新增加了100亩地。苗木协会副会长、北方景观园林的王广礼在450亩地的基础上新增加了150亩。苗木协会秘书长、金地园林绿化公司的金瑞鹏，在400亩地的基础上也增加了100亩。此外，苗木协会常务副会长、大地苗木种植园李红等大户也有不同程度的增加。

李营镇的土地由于流转困难，一些大户还把触角伸到了外面。

李营镇苗木协会会长李卫东是其中的一位。

我在李营期间，他正远在新疆伊犁，谈好一个1000亩地的苗圃。

李营镇今年一下子增加了这么多的种植面积，靠的是市场的拉动。

今年，从春到秋，四川、安徽、内蒙古、北京、天津等省市来李营拉苗木的不断。不仅法桐好销，其他常见的落叶苗木也很走俏。而且价格平均上涨了30%。

“今年初夏时，内蒙古一个公司就从李营调走100万株的苗木。”孙树东说。

有市场，大户当排头兵，这是一个地区实现规模化至关重要的因素。李营每走的一步路，都是这个样子啊！

第127招　大户带头上档次

现在，一个地区花木种植光有规模，没有档次，是绝对跟不上潮流了。在这方面，李营的大户显得特别清醒。

“今年，李营的苗木不仅种植规模大，更主要的是上了档次，这种局面是李营多年不曾有过的。”李营镇政府种苗站站长杨庭玉很是欣喜。

上档次的显著标志，是苗木种植标准化已经从原来的20%上升到了55%。种植标准化一下子增加了35%，这个不小的变化，主要是靠大户实现的。

在李营苗木协会副会长王广礼的大务屯基地，我一下车，就被种植的成片法国梧桐震惊了。这里的法国梧桐，间距宽松、整齐划一、冠径丰满，绝对称得上是“景观树”。

王广礼介绍说，这片法国梧桐总共是100多亩，是两年前定植的，3米截干，间距是2.5米乘以4米。

现在，这批法国梧桐的干径普遍达到了12厘米，不仅非常受客户青睐，而且比传统密植生长速度增快2倍。随着苗木的生长，来年春天，他还要隔一行去一行，以使树冠之间保持一定的空间。

“但在持有传统观念的人看来，苗木种植还是密植好。殊不知，密植的苗木几乎都长得瘦长，像豆芽菜，缺少姿态。这样的树，现在价格低了，是没有市场竞争力的。但一些人就是转不过弯来。”王广礼说的这话我爱听。

接下来，他说的一句话我更爱听。他说：“在这种情形下，我们大户就要带头创新，转变不合时宜的种植习惯。”

对，创新，打破僵化，改变不合时宜的种植习惯，我们的花木就能不断地上档次。

第128招 做成一家上市公司

有一定规模的企业老板，为什么要抢时间、争速度？他的动力何在？说来，目标很明确：上市，早日上市，早日成为一家上市企业。

在两三年之内，广州绿航农业科技股份有限公司的目标就是尽快上市。

绿航是2008年8月才注册成立的一个股份制公司。但绿航不是一个白手起家的新公司。它的前身是花卉行业赫赫有名的绿之恋。

绿之恋是程德成先生早些年创办的。

通过十几年的苦心经营，绿之恋在番禺区石楼镇已经建起了有850亩地的观叶植物生产基地。

但他并不满足现状，想把企业的规模继续做大做强。

他对我说：“在当今中国，只有把企业打造成为一个上市公司，才称得上是一家真正的现代花卉龙头企业。”

怎样成为上市公司？

程德成说：“凭借绿之恋的基础是不行的。绿之恋只是我程德成创办的一家私营公司，在操作上有很多地方不符合上市公司要求，很难做到正规化。另外，要大发展，绿之恋的财力也有限。因此，若想成为一家上市公司，必须先融资，走股份制公司发展之路。”

由于绿之恋是广州特色农业龙头企业，程德成的经营口碑良好，通过一系列的考核、评审，绿航成立前，有5家广州投资公司表示愿意投资参股。

最终，程德成选择广州科技创业投资公司，引进了 2000 万元资金。

此后，他又选择广州海汇成长创业投资中心，引进了 1000 万元资金。

现在，绿航注册的资金已经达到了 8360 万元。上市的步伐已经大步迈出。

程德成感慨道："如果不组建股份制公司，想上市，可就难了！"

"告诉你吧，方大哥，2 年，就 2 年。"

2 年能否上市，要受各种因素的影响。即使到时候不能上市也没什么关系。关键是，我们做事情就是要有十足的信心，不畏惧任何困难，有饱满的精神状态，这最重要，这最给力。

第 129 招

居安思危，使江苏山水实现 4 项"跳跃式发展"

短短的两年，一个企业实现了 4 项"跳跃式发展"，够棒的。

这就是江苏省句容市的江苏山水园林建设有限公司。

2009 年的一个秋日，我在江苏句容采访了该公司的董事长姚锁坤先生。

问他："这两年公司有什么新的变化？"

他很欣慰地告诉我一个新闻："公司这两年变化很大，做到了 4 项跳跃式发展。"

"这 4 项跳跃，一是 7 月份，获得了建设部颁发的城市园林绿化一级绿化施工资质证书；二是在工程监理方面，由乙级企业晋升为甲级企业；三是市政施工由原来的三级跃升为二级；四是园林设计从丙级上升为乙级。"

江苏山水是一家民营园林绿化公司，2001 年创办的。

4 年前，姚锁坤偶然看到一个材料，吓了他一大跳。这个材料，是一个比较权威的调查机构发布的关于广东民营企业发展的调查报告。

调查结果显示，改革开放以来的近 20 年，民营企业的平均寿命是 7 年。

自公司成立以来，对企业的发展，他一直比较满意。

但看过这个材料后，他彻夜未眠。

按照这个材料所说，要是过不了几年，他的公司会不会也要垮台？要是垮台，既对不起自己，也对不起跟他一起丢掉"铁饭碗"干的员工们。

因此，企业如何做到可持续发展？江苏山水如何实现百年发展？成了他长时间思考的一个大问题。

他经过认真调查和思考，得出一个结论：

充满生机的社会主义市场经济，为企业发展提供了极大的生存空间。民营企业倒闭不是因为外部环境形成的，而是因为内部环境不适应外部环境变化造成的。

一句话，企业倒闭怪不得别人，要怪，就怪企业带头人自己。

他认为，他的企业要在竞争中凸显自己的优势，就要想方设法使江苏山水处于一种上游的位置。

所谓上游，就是要占领城市建设中从工程设计、施工到监理等各个领域。

做到这些，仅仅靠申请相关经营资格是不行的，其中重要的一点，企业必须跨越各种资格证书的门槛。

公司的人员只有具备监理、设计、施工等各种资格证书，企业才有可能触及工程的各个层面。

证书虽然不一定代表水平，但学习过与没有学习过还是不一样的。况且在现今社会，没有一纸证书是不行的。它是一种凭证。

自此，他把企业跨越各种资格证书的门槛，作为一项战略目标来抓。

江苏山水成功实现了4项跳跃式发展，是居安思危，与时俱进的结果。

第130招

超前的投入，得到的是超常的回报

山东威海奥孚集团培养的苗木，空当很大，留有宽松的余地，颇有前瞻性。

在苗木培养目标上，用董事长李元先生的话说："我们苗圃的运作目标很明确，就是要培养大规格的优质苗木。樱花，胸径不到10厘米粗时不卖；法桐，不到15厘米粗时不卖。"

与我一同去威海石岛看奥孚苗木的山东省花卉协会副秘书长陈俊强，是山东资深的园林苗木评审专家。他向我感慨道："方兄，我参加园林苗木评审十几年了，来到这里也禁不住让我吃惊。一般的苗圃因为苗木数量有限，也就够城市中一条街的绿化。而李元的苗圃，将会影响一个城市的绿化改造。因为，这里随便拿出一个大规格的品种，都有两三万棵。"

奥孚苗圃的路也是超前的。

凡是种植法桐的地方，路都是一级路，有8米宽。这样，为的是将来挖掘苗木时，起重机进得去，转得开。

现在费工费资金，为的是以后销售方便。凡是种植樱花的地方，因为树形比法桐要小，都是二级路，6米宽。

奥孚苗圃，不论大小，地处是否偏僻，都是有完备的灌溉施肥设施，管线埋在地下，形成系统的地下管网，地表是看不见的。

因此，李元说："我们选择建立一个新苗圃时，必须要有水源，如果没有，即使土地租金再便宜也不会租用。有了水源，租金贵些也要，因为这样苗木生长才有可靠的保障。"

做事留有余地，先期的投入是大，但随后的回报更大。

李元的大投入，来源于他对于花木产业的高度认知。

最初，他只想搞苗圃200亩，在一个优美的环境里，朋友们有休憩、聊天、喝茶的场所。

但一踏入苗木这个门槛儿，他的思路就变了，一起步就是600亩。如今已是6000亩，而且发展的多是中等规格以上的高档苗木。

没去奥孚之前，常听人说："李元是搞石油的，有钱，相当的有钱。"

其实，跟李元深入交谈后才得知，这都是误区。

李元说："我正处在大发展时期，哪里有那么多钱？我凭借的就是看好花木产业。"

事实确实如此。

2011年5月我去奥孚之前，奥孚在发展苗木的同时，一直在投资大型渔港码头，比过去单纯为渔船加油又大大向前跨越了一步。但建设码头的资金并没有离开贷款。

这几年，他大规模地挺进苗木业，投重金，同样没有离开贷款。

他看好花木业，而且把它作为"一号产业"。

确定下来，他就毫不犹豫，大胆地干，大胆地投入。

如今，苗木业是奥孚集团的希望之一。为此，李元信奉一句名言："永远没有人能够击退一个坚毅的希望。"

这就是奥孚迅速做大做强的力量所在。

第131招

紧盯彩叶树种，可劲发展

去东北，主人招待客人。热情好客的主人会说：来东北，别客气，猪肉炖粉条，您就可劲儿造。

套用这句话，我要说：在东北，瞄准耐寒彩叶树种，您就可劲儿发展。

彩叶树种，是指树木在生长期内，叶片与自然绿色有明显区别的品种。它们的叶色除去绿色外，或红，或橙，或黄，或蓝，或紫，都具备一定的变色期和观赏期。这些美妙的植物，为大自然增添了一道道绚烂的色彩。

五六年前，我在杭州组织一个园林绿化研讨会，见到当时的浙江大学教授包志毅先生。我对包先生说："现在园林绿化增添了不少彩叶品种，各家苗圃都在争先恐后引种彩叶树种，真好。"

他笑着说："对的。我们的园林绿化，不仅在品种上要不断丰富，在色彩上也需要不断丰富。"

我说："看来，彩叶树种越多越好。"

他说："也不见得。彩叶树种太多了也不行。大自然，还是以绿为主好，尤其是炎热的夏天，绿色多，会让人有一种凉爽、舒适的感觉。"

我问："彩叶树种在园林绿化中占多大比例合适？"

他立即答道："30%比较合适。少了不行，多了也瞧着心乱。问题是，我们现在拥有的彩叶树种离30%这个比例还相差很多。"

包教授的观点我是完全赞同的。

这几年，长城以南地区彩叶树种发展很快，红叶石楠、金叶榆、红枫、美人梅、紫叶李、红花檵木、金叶女贞、金枝国槐、金叶国槐、紫叶李、红叶小檗、彩叶椿、红叶杨、金冠柏、蓝冠柏等，常见的，不少于一二十种。在园林绿化上应用之后，大大丰富了城乡的自然景观。即便如此，我看这个比例也没有跳出包先生划的30%的杠杠。

近日去东北，这种感受更是极为深刻，用"大吃一惊"形容也不过分。

在东北，哈尔滨、长春、沈阳三大省会我转了一圈。注意到：这些城市公路两侧的绿化，还有街头绿地，除了看见少量的金灿灿的金叶榆以外，几乎都是清一色的绿。当然，我所目及的，不一定就能代表这3个省会绿化真正的水平。但就植物色彩而言，彩叶树木品种极其匮乏，也是显而易见的。

彩叶树种的匮乏，跟东北地区寒冷的冬季密切相关。关内（即长城以南地区），现有的彩叶树种几乎很少有适应东北地区寒冷气候的。

因此，前几年河北林科院培育的金叶榆一出现，我就差一点喊万岁了。因为金叶榆可以填补东北地区几乎没有彩叶树种的空白。金叶榆的色彩虽然是黄色的，但其本质还是榆树。榆树在东北地区是适应的，随处可见。由此一来，金叶榆成了绿化的热饽饽，即便如此，在辽阔的东北大地上，它还是显得太孤单了。

这就意味着，彩叶树种在东北地区的市场空间是巨大的。

在长春，我见到一个从吉林市来的苗圃经营者，他问我在东北如何发展苗木？我脱口便说："你就瞄准适应东北地区生长的彩叶树种发展。"

他说："对呀。我现在就有50亩地的紫叶稠李。"

紫叶稠李，是稠李的一个变种，是中国科学院北京植物园从国外引进的。但稠李却是东北的乡土树种，非常耐寒。

我说："这么好的彩叶树种在东北的绿化中还极为少见。种50亩，太少了。"

“您说种多少亩合适？”

“让我说，你有多大劲儿就使多大劲儿，种上1000亩也不多。”

“那么多？我想都没想过。”

“市场空间那么大，1000亩算什么。到时候，你只要宣传到位，不愁卖不出去。”

但一个苗圃，如果有1000亩的紫叶稠李，应该是很壮观的。这个场面，在随后我到辽宁铁岭开原的云清苗圃看到了，而且比1000亩还要壮观得多。

云清苗圃是一个3000亩地的苗圃。规模如此之大，而种植的，几乎就3个品种：密枝红叶李、金叶复叶槭和紫叶水蜡。从品种的名称也可看出，3种树木，3种颜色。红彤彤的，黄澄澄的，还有像薰衣草似的紫色，都是适应东北寒冷气候的好品种。由于种植规模大，可想而知，色彩该是相当壮观的。

这些彩叶树种，由于在绿化市场上几乎处在空白阶段，自然都是风光无限，属于热销品种。但凡热销品种，稀缺商品，市场价格自然不菲。因此，云清苗圃的总经理郭云清自豪地说：“我这3个彩叶树种，售价高不说，而且供不应求。”

郭云清之所以这么自豪，敢下这样的结论，什么原因？还不是沾了东北地区园林绿化市场彩叶树种奇缺的光。

其实，在大自然中，彩叶品种是不曾缺少的，只是我们缺少发现，缺少把其做大，形成大规模的生产。这一点，即使在东北也不会有什么改变。

因此，我们的苗木生产，与巨大的绿化需求市场相比，差距实在太大。一个彩叶树种，即使几十家苗圃种植，大量发展，可劲发展，在相当一个时期内都是不为过的。红叶石楠，发展大约有七八年了，算得上是红遍大江南北了，但现在市场依然没有饱和。

再说，在东北适应的彩叶树种，倘若引到关内来，自然更是没有问题了。您说这个市场该有多么大！我们的生活需要绚烂的色彩，我们的祖国大地每个角落，同样需要绚烂的色彩。

路漫漫其修远兮，吾将上下而求索。

第132招

变，使一棵罗汉松卖了100万元

变，改变树木原有的形状，好啊！一棵罗汉松就卖到了100万元。

新近，看《中国花卉报》上署名姜国的文章，说湖南长沙黄兴镇苗木基地有个叫廖峰的小伙子，就创造了这样一个很是不俗的纪录。

1999 年，廖峰从部队转业回乡后，从父亲手中接过了大枝剪，从此走上了专为树木“美容造型”的创业之路。

年轻人想法多，创新的念头强烈。从业后不久，他就自费参加了全国各地不少园林艺术培训班。

“印象最深的是一位中国盆景大师的现场演示。”廖峰对姜国介绍说：“一棵 80 厘米高、造型零乱的野生五针松，经过大师的修剪后，片中有片，充满国画的意境，现场的人都惊呆了。”

那次培训，让廖峰第一次领略到了园艺的真正内涵：“要在尊重植物原有形状的基础上，进行美化和再创造，做到有取舍。”

不断地学习和操练，使得他修剪过的苗木越来越漂亮，也越来越抢手。

葱葱郁郁的苗木基地，仿佛就是一座造型奇特的小型植物园。

体态婀娜的罗汉松，高枝含笑吐艳的紫薇花，香味沁人心脾的桂花，队列整齐的桎木……这一切，都出自廖峰之手。

原本旁逸斜出、自然生长的树木，经他造型后变得充满个性，并迅速被来自全国各地的商家重金采购，也给他带来不菲的收入。

他最得意的作品是一棵巨大的罗汉松。

将其收购回来后，他与同事们花了几个月时间，将其修剪得肃穆而挺拔，最终被国内某大型公园看中，并以上百万元的价格将其收购。

在造型上动脑筋，下工夫，使植物焕然一新，身价大增，钱不是就打着滚来了嘛！

这是变，带来的显著经济效益。

第 133 招

用心“打扮”与众不同的商品

还是在变上做文章，让北京十里河雅园国际花卉市场齐继颖的摊位脱颖而出，与众不同。

第一次去齐继颖的摊位时，我们的记者徐筱璇就被她独特的创意盆栽吸引住了。

面积不到 30 平方米的摊位上，错落摆放着许多用铁艺盆、卡通盆、红陶盆或其他有意思的垂吊盆器栽植的绿植、蕨类、多肉植物。每一个都像艺术品，值得细细品味一番。

齐继颖干卖花的行当时间不长，仅两年多，但凭借对植物特性的敏感和装饰的爱好，她比一般的零售商都更愿花心思来“打扮”那些商品。

一些市场常见的植物，如长寿花、铁线蕨、网纹草等，其他商户就是简单地配上一个盆器，打理下叶片，就把它们摆上展台，往往让人产生雷同的感觉。

齐继颖则不同，她会细细琢磨这些植物的形态、叶片和花朵的特点，配上相应风格的盆器，或另类，或可爱，或古朴，总之，非常有看头，有品头。

此外，她还会搭配上一些装饰配件来丰富作品。

对于盆器和装饰材料，齐继颖也是下了一番工夫的。她时不时地就会去逛一逛家居装饰市场，淘回一些有意思的装饰品来做花器，往往别具一格。

比如，原本用来装日常杂物的带提手的铁艺编织小筐，齐齐地码上六盆形态各异的迷你多肉植物，就像多肉大集合，十分可爱。

一个铁艺风灯，侧面玻璃门可以打开，里面放上一小株耐旱的长寿花，挂在窗边，自成一道风景。

水滴形的玻璃挂件，底部侧面开口，正好往里铺上细沙，栽上两株小小的多肉植物，非常别致……

在齐继颖的店铺里，这样的例子不胜枚举，而正是这些富有创意、别出心裁的盆栽设计，让她身边聚拢了一批忠实的老顾客。

齐继颖说，她的老顾客大多会选择订制产品，在店里挑选一些自己喜欢的盆器和配件，让她现场制作创意盆栽。

这些顾客的忠诚度很高，有时齐继颖不在店铺，有的顾客甚至愿意在她店里消磨几个小时等她回来。

两个月前，齐继颖离开雅园国际花市，在南三环边上的一个小区旁开了一家花店。

她说，像她这样的另类商户，在花卉市场发展会受到一定限制。

花了很多心思的产品，受到周边商户的影响，定价空间不大，而且店面的布置也不能太过随心所欲。

对于新的花店，她有很多新的想法，比如在门口搭建攀援植物的花架，设立创意盆栽的互动课堂，在网上开设淘宝店吸引更多客户等。

让她欣慰的是，虽然搬迁了地址，但大部分老客户依然跟随而来。

齐继颖的生意经是善变、创新。

第134招

超越，是引领前进的旗帜

2011年3月19日，年仅60岁的王光明因病在北京逝世。

想起王光明，就想起我们谈到创新话题时他说的一段话。那还是2000年。

他说："创新是两股劲儿较量的过程，一个是要固守，一个是要超越。但不超越，我看企业就没有前途。"

正是基于这种认识，北京申办奥运会那年，他跟我商量："我想到北京发展苗木业，你看怎么样？"

他是山东省潍坊市临朐县人，是一名退伍军人，在家乡临朐经营了一家花圃。那时，他主要向胜利油田供应花木。我到他的花圃看过，有100多亩地的苗木，还有几个温室大棚，侍养一些绿植花卉，每年，花木销售额也有一二百万元。

"小日子过得不错，为什么要到北京发展？"我问他。

他说："北京申办奥运会，发展快，以后肯定会需要大量花木。"

没有多久，他就给我打了一个电话："你抽空到我公司看看吧。"

"我刚从山东回来，暂时不可能去了。"我说。

"谁让你去山东了。方主任，我已经搬到北京了。在房山窦店。"

当时，北京地区的民营苗木企业凤毛麟角，少得可怜。我很惊讶："你的动作真是神速。多少亩？"

"900亩地。"

好家伙，一下子就是900亩地。

没有多久，他的公司已注册，取名为北京环美绿源苗木有限公司。

这是一次不小的超越。应该说，超越不是一件容易的事。因为，原有的一切都要打破。故土要打破，原有的苗圃要打破，原有的生活圈子要打破，甚至原有的思维方式也要打破。但他还是打破了，超越了，没有固守。

超越，让他实现了规模化经营；超越，让他实现了战略转移；超越，让他开创了外地人来北京办苗圃的先河。

后来，河北、东北、河南、陕西、浙江等地的苗木商户纷纷来到北京。一度，在北京郊区建苗木基地成为热点。

在王光明的带动下，窦店地区的苗圃也从无到有，迅速兴起。现在，这里已经成为北京地区一个重要的苗木生产集散地了。

"他是超越的一面旗帜。"一位业内资深人士这样评价王光明。

对的，他是超越的一面旗帜。

这面旗帜，让我们替他高高举起来吧。因为，这是引领我们不断前进的一面旗帜。

8 新品种拓展与培育

自然生长的植物，人工栽培应用效果不一定理想。
有的抗性和适生性很差，有的树形不美观，
有的生长速度慢，还有的花朵不紧凑。
所以，在商品化生产之前，选育工作很是重要。

第135招 别总盯着老树种

自2008年奥运会以后，北京绿地建设进入快速发展时期，绿化水平逐渐上升。然而，很多园林绿化人士都表达一种诉求，目前北京城市园林绿化植物应用仍有很多不尽如人意之处。

"北京地区的乡土优良花灌木如大花溲疏、小花溲疏、山梅花、太平花等在北京城市环境中有良好的适应性，但目前除了植物园和一部分公园之外，其他的地方都很少见。"

"北京的国槐、白蜡、毛白杨太多了，景观太单调了。"

《中国花卉报》的记者范敏捕捉到的这个信息，引起了我的注意。

不久前的一次绿化普查显示，北京在城市园林绿化中应用的品种达615种（品种），超出国内大多数城市。

然而，对于植物物种组成、植物来源、应用频度、数量以及不同园林绿地植物应用现状统计后发现：乡土植物应用率低，乔、灌、草比例失调，植物配置手法单一，苗木储备不够合理等问题仍然存在。

据2010年北京园林植物应用频度抽样调查统计结果显示：乔木种类应用频度位于前10位的植物以乡土树种为主体。如油松、国槐、毛白杨、圆柏、臭椿等，应用频度在50%以上的仅有1种，而应用频度在5%以上的多达40种。

灌木类应用频度位于前10位的以引进种为主体，如大叶黄杨、小叶黄杨等，应用频度在50%以上仅2种，应用频度在5%以下的植物为51种。

由此不难看出：北京园林绿化所应用的乔、灌木植物种类过于集中，仅有几种常用的园林植物被广泛应用，而更多的树种出现频率过低，很多品种仅保留在植物园及科研单位里，推广力度不够。

一些耗水较多、管理成本较高的冷季型草种还在大量应用。

一些早已驯化成功的植物却并没有被广泛应用于城市园林绿化之中。

据相关统计资料显示，北京市已利用的园林绿化树种中，本地植物438种，野生本地种306种，栽培本地种132种，其中乔木类植物的本地种所占比例最低，为46.9%，灌木类植物次之，草本类植物的本地种所占比例最高。

由此可见，北京城市园林绿化以应用本地物种为主，但有3个问题，也颇为明显：

一是乔木和灌木类植物作为城市绿化的主体，乡土树种的应用比例相对较低，特别是野生本地乔木、花灌木物种应用不足。

二是北京野生草本地被植物种类丰富，而园林绿地管理中，常被当做杂草去除，得不到合理利用。

三是新优植物推广工作得到广泛重视，但存在着成规模可应用的植物种类偏少的问题。实际工作中，常出现设计师选择了树种，而在苗圃中找不到苗木的现象。

设计师或施工方无奈，找不到庙门，只能找常见的植物替代，最终新优树种得不到推广，城市植物景观千篇一律。

不足，不够合理，就说明我们的苗木生产存在相当大的空间，就说明我们的前途一片光明。

我们要填补这个空白，我们也有能力填补这些空白。但我们的眼界一定要宽，苗圃生产别老盯着油松、国槐、毛白杨、圆柏、臭椿那老几样。

第136招
乡土树种值得开发

这里说的乡土树种，不是我们在公园里、街头绿地里常见的乡土树种。

不久前，在北京顺义召开的全国苗木发展研讨会上，辽宁省风景园林学会专家组副组长、原沈阳市绿化处总工程师李作文先生，图文并茂，充满激情地介绍了不少有待开发的乡土树种，令人大开眼界。

李作文先生说："在辽宁地区，有不少乡土树种，有待开发利用。这是黄金树，是我在本溪拍摄的，大乔木，开白花，有香味，但现在没人育苗。"

他说："这是大叶朴，沈阳市园林科学研究院里有一棵，目前没人培育。谁有这个胆量培育？"

他说："这一棵，是小叶朴，也是在沈阳拍摄的，树皮光滑，病虫害少，咱们辽宁地区没有人种植。我在网上查了一下，小叶朴在山东种了一两千株。太少了。"

他说："这是黄榆，是裂叶榆，没人育苗。"

他说："这是花楸，在辽宁长势很不错，目前几乎没人育苗。"

他还介绍说："这是山桃，这是桃叶山桃，早春开花，花朵繁茂，非常漂亮。但现在辽宁地区也极少育苗。"

他还举例说出了卫矛、矮翅卫矛等品种，在辽宁地区也几乎无人育苗。

上述植物品种，在辽宁地区的庭院、园林，不少都生长了几十年，甚至上百年。这充分说明，这些舒展着绿色树冠的树木都是经过很长时间考验的，已经适应了当地的气候条件，成为一道美丽的景观。

这种情况，在我们幅员辽阔、植物种类极为丰富的土地上，不仅辽宁存在，其他地区也同样存在。

但现在至今无人育苗，甚至很少育苗，说明有一个原因是客观存在的，这就是在繁殖上有一定的难度。但只要我们重视，难度是可以克服的。

一个有远见的有一定经济基础的苗圃，应该让这些好东西兴旺发达起来，成为一个庞大的群落，为我们的绿化美化服务。

孤树不再孤独。这是我们的责任。

下点工夫，投一点资金，解决繁殖上的难题。这些乡土树种，一定会为给您的苗圃带来显著的经济效益。

想到眼前，也想到长远，企业才有强大的发展后劲。

这也是一种创新。

当然，一个企业，选择一两个品种发展足以，别贪多。

第137招

发展乡土植物的4种途径

前几天在长春，我去了吉林农业大学，给园艺学院的学生们作了一场报告。500多人的梯形教室，座无虚席。学生们刚开学，正在军训。他们穿着迷彩服，一身戎装，真是精神抖擞，活力四射。在他们的感染下，我也格外兴奋。讲完中国花木产业发展最新状况和年轻人如何走上成功之路后，掌声四起。借着这股浓浓的气氛，我让同学们提问，互动一下，效果更好。

有一个男研究生问道："听了您的介绍，加上我自己的感触，我们东北地区受寒冷气候的影响，园林绿化使用的乡土植物不是很多，品种还比较单一。这就表明，我们东北地区利用乡土植物的潜力还很大。您认为，在东北地区，应该怎样尽快发展乡土植物，才能满足园林绿化的需要？"

我说："园林绿化使用的乡土植物比较少，这个问题不仅东北存在，在全国也是普遍存在的。这种情况，与我们是世界园林之母的地位极不相符。如何缩小这个差距，让资源优势变为产业优势，我提出4个途径。"

哪4个途径呢？

我向同学们逐一道来。

"第一种途径，是继续发展现有在绿化中普遍应用的品种。比如，我在东北许多地方看到的杨树、柳树、榆树、山桃、丁香、蒙古栎，槭树类以及松柏类植物等。这些常规品种，虽然面孔比较老，种植的比较多。但今后的园林绿化，仍然离不开这些乡土植物。它们之所以大量存在，就是因为它们早已适应了这片黑土地。好繁殖，不畏严寒酷暑，易成活，管理粗放，是他们共有的特征。我想，任何时候，这些植物都是我们园林绿化的主力军，任何时候都是苗木生产不可忽视的品种。我所在的北京也是一样。你出了门，走到大街上，你就可以看到国槐、栾树、银杏、柳树、杨树、桃树、白蜡什么的。现在，他们是园林绿化的主力军，今后依然改变不了这种情况。我想，即使再过100年也是如此。

“第二种途径，是大量发展孤植品种。所谓孤植品种，就是在绿化上早已应用，而且还有上百年大树存在的植物。这些植物，由于繁殖有一定的难度，或者缺少种子来源，我们的苗圃还没有批量生产，有的甚至连少量的生产苗都没有。这方面，我们要千方百计把它做大做强。长城以南地区在这方面有成功的例子。比如七叶树，比如灯台树，比如密枝红叶李，七八年前还极少见，现在一些苗圃已经实现规模化生产了。大量挖掘、发展这些乡土植物，是需要克服不少困难的。我想，我们的同学们毕业之后，你自己当老板也好，你到公司打工也好，一定要树立战胜这些困难的信心。我们今天的学习，就是为了明天解决困难，战胜困难，向科学技术高峰攀登。

“第三种途径，就是引进、驯化还在山野里睡大觉的乡土植物。我们有很多非常好的植物品种，在山里，在野外，在大自然，都还在默默地生长着，园林绿化中，找不到它们的影子，藏在深闺无人问。这不禁让人喟叹。前几年，我在河南郑州，看见河南四季春园林绿化有限公司从豫西的大山里，把一种叫巨紫荆的乔木引进了苗圃，并且成功地进行了选育和繁殖。这就很好。让资源变成了绿化材料，就是大功臣！

“还有一种途径，就是擦亮眼睛，用心发现大自然中发生变异的乡土植物。河北的金叶榆，山东的金枝国槐、金叶国槐、彩叶椿，浙江的红运玉兰，成都的日香桂，河南的红叶杨等，都是经营者发现的变异品种。现在，它们都成了园林绿化的主力军。自然，这些新品种，也为经营者赚了大钱。

我想，我把这些记录下来，既是对同学们说的，更是对我们的经营者说的。

什么是摇钱树？上面说的这些只要做到了一点点，你就等于找到了一棵摇钱树。

第138招 拼命保护

一个苗圃，获得一个有市场开发前景的新品种，不是一件容易的事情，不亚于兵家得到一件秘密武器。因此，“秘密武器”在推向市场之前，首先要做到的就是严守机密，慎之又慎，不漏风声。

20世纪末，也就是十一二年前，山东省昌邑花木场朱绍远成功地把一个新品种黄金槐推向市场，大赚了一把。

最初，朱绍远就是这么做的，他称之为“拼命保护”。

一次，他去靠近青州的临朐。在一个老乡家，他看见一棵槐树，有一部分枝条很奇怪，不是绿的，而是金黄色，很耀眼。他一看到，便被吸引住了。

“老乡，这枝条怎么是金黄色?”

“原来不这样，有一年甩出条子，不知怎么回事，自己就变黄了。”老乡解释说。

他很快便明白，这是植物产生的一种自然变异。

“我要几根条子行吗?”他对老乡说。

老乡憨厚地说：“你喜欢尽管折好了。”

在老乡眼里，这枝条不就是变了点颜色嘛，既不能当吃，也不能当喝，不值什么钱。外面跑的人，就爱图个新鲜。

然而，就是这与众不同的新鲜的国槐枝条，让朱绍远好似当年哥伦布发现了新大陆那般惊喜。他取回条子，便在苗圃与一般的国槐进行了嫁接。

日前，朱绍远跟我提起往事。他说：“当时我发现黄金槐的事，没有对任何人讲。我知道这是一个新的彩叶树种，它将来的价值非常大。”

“你是心里暗喜。就像老的战争片子里说的，悄悄地进村，打枪的不要。对外不漏一点声响。”

“呵呵。让你说对了。当到手的好东西没有繁殖到一定数量的时候，是不能让人知道的，嘴一定要严，不然，就有被别人大量繁殖的可能性。”他继续说道：“方老师，你知道最初我严到什么程度?”

他不说了，喝起了茶。

“严到什么程度？别卖关子了。”

“严到我的员工都不知道。我嫁接时，没叫任何人。为了隐蔽，我选择在国槐地里，而不是地边，这样不引人注意。”

“嫁接的黄金槐长大了，员工总会知道的。”

“那是肯定的。黄金槐引进来后，管片的员工很快就会知道了。因为苗子数量极为有限，我给员工规定了一条纪律：苗圃不管来了什么客人，都不许往黄金槐那里带，也不许对外介绍黄金槐。”

那两三年，我去过朱绍远的苗圃几次，他和他的员工都只字未提黄金槐。

有人向我透露，现在，朱绍远还有“秘密武器”。但你从他那里，依然看不出一点蛛丝马迹。

这，就是朱绍远拼命保护新品种的战略。

第 139 招
拼命繁殖

朱绍远拼命保护黄金槐，为的是拼命繁殖黄金槐。

在外人不知情的情况下，他想尽一切办法繁殖。

“最初是自己嫁接繁殖。后来呢？后来你都采取了什么办法繁殖？”我说。

他说：“条子多了，让员工参与进来嫁接。还有，给繁殖黄金槐的国槐吃小灶，加大肥水管理，尽可能地让它们生长快一点。只要条子一形成木质化，就赶快剪枝嫁接，一天也不能耽误。”

“有这么紧迫吗？”

“有啊。早一天繁殖出量来，就可以早一天推向市场。”

“我听说你后来又到临朐剪过条子？”

“哦，是的。不仅又去了临朐，还去了济南。因为在济南也发现一棵变异的黄金槐。我这么做也是为了加快繁殖速度。你要参与市场竞争，做什么事一定要快。”

“慢慢腾腾，小打小闹，打个仨瓜俩枣是不行的。”

“对呀。打个仨瓜俩枣那是小农经济。没有量，你卖的再贵也赚不了几个钱。”

朱绍远通过三四年的拼命繁殖，黄金槐在国槐地里形成了一定的规模，金灿灿的一片，终于露出了“庐山真面目”。

朱绍远认为，这个时候，公开黄金槐秘密的时机已经成熟。

数年之后，朱绍远采取同样的办法，成功地把紫叶酢浆草推向市场。他采取的还是拼命繁殖的办法。紫叶酢浆草的繁殖时间，比黄金槐要长得多，一年四季都在紧锣密鼓地进行。冬季，室外繁殖不了，他就在温室里繁殖。

2005 年，我在江苏夏溪举办地被植物研讨会，才知道紫叶酢浆草是南京中山植物园一位老先生引种回来的。

当时，引回来的紫叶酢浆草分了 4 份：一份植物园自己使用，另外 3 份给了外地。其中一份，到了朱绍远手里。当朱绍远的那一份大规模地繁殖以致销售时，另外两份还在原地打转转，没什么变化，比种植时多不了多少。

朱绍远如实地告诉我：

黄金槐，靠卖种条他赚了170多万元；紫叶酢浆草，别看是多年生草本，他也赚了100多万元。

第140招 拼命宣传

一个新品种，要想在短时间内尽人皆知，从产品优势转化为商品优势，最有效的办法就是大力宣传，广而告之。

朱绍远靠新品种赚大钱，除了拼命保护，拼命繁殖，最有效的一招，就是拼命宣传。黄金槐，还有后来他的一些新品种的成功销售，都是拼命宣传的结果。

由于做到了拼命宣传，很多人都争先恐后地引进黄金槐。一段七八十厘米长的条子，最贵时，卖到30元，一时还供不应求。

近日，我们两个人在一起交流，我说："我认为你当年的拼命宣传分了两个部分，一部分是拼命参加展会，一部分是拼命刊登广告。"

对于我的分析，他呵呵地笑笑："对对，是两个部分。展会是参加了一些。但主要还是在《中国花卉报》上刊登广告。"

"中国这么大，市场这么广阔，靠人跑，是不行的。"

"对呀。那些年，网上销售还没发展起来。其实，即使现在，网络发达了，我还是很重视专业平面媒体的广告。因为许多生意人一忙，上网的时候是不多的。常上网的，是在企业还不顶事的年轻人。报纸不同，随手一翻，你就看见了。"

"你说的有道理。宣传黄金槐时，我看见你刊登的广告有两个突出的特点，一是推广黄金槐，就登黄金槐，不登别的；二是广告连续刊登，大约持续有两三个月。"

"呵呵。你看得很准。我就是这么做的。方老师，我体会，登广告就跟打仗一样。一旦发起攻击，就要像猛虎下山似地，集中一个点猛攻，这样就会使人有一个很强烈的印象。广告，如果零散地登，小打小闹，在广告的汪洋大海中是起不了什么作用的，谁记得住？还有，广告没有重点，什么都登，生怕把你种植的品种落下一个，弄得密密麻麻的，没有重点，效果也不会好。"

有人会说，我这是借朱绍远的嘴在替报纸忽悠，拉广告。但这就是客观事实。

朱绍远确实尝到了拼命宣传的甜头，现在依然这样做。

其实，花木业经营高手都在这么做。

今年年初，被农业部评为"中国月季推广大使"的南阳月季基地总经理王波女士，在北京注册了一家园艺公司，取名为“北京纳波湾园艺有限公司”。为此，她已经连续在《中国花卉报》一版做了近 4 个月的广告宣传。

这也是在拼命宣传啊！

第 141 招　让新品种后发力

经验表明，一个企业从拥有新品种，到繁殖出一定的批量，再到它为你立下汗马功劳，一定会有个过程。

山东省聊城市临清市永青苗圃的肖进奎，在一株椿树上发现了变异枝条：春天新梢为橘红色，后转变为亮丽的金黄色，一直持续到 7 月底。

他拥有了这个新品种，深知其中的道理。

这个新品种，是他 8 年前发现的，到去年才在繁殖上有了一点模样。

2010 年 6 月底，中国科学院北京植物研究所著名树木学专家、82 岁的董保华老先生为其取名为“朝阳椿”。

2010 年 6 月下旬一天的傍晚，我来到山东聊城临清肖进奎的苗圃。这里远离公路，周围是一望无际的麦田。在一处起码有 10 亩的田地里，栽满了一株株五六十厘米高的小苗，齐刷刷的，金黄黄的，好一大片。

最初，我以为是金叶女贞。下了车到地里仔细一看，才知道这就是春天肖进奎嫁接繁殖的朝阳椿，每株都有四五个分枝，真是漂亮。

“现在天色已晚，光线不是很强，要是中午在充足的阳光照射下，金黄的植株会非常耀眼夺目。”老肖介绍说。

在村里他的老房子院里，我还看到 7 棵两年前他嫁接成朝阳椿的椿树，树冠起码有 1 米多。

他说，地里看到的小苗，接穗全部来源于这几棵树。而这几棵作为母株树，最初来源只是一个芽变枝条。

“你现在繁殖的新株卖没卖?”我问道。

“没有一定的商品量，怎么可能卖?”他显得很是平静。

“对。暂时不能卖。你应该尽快申请新品种保护，扩大繁殖数量。”

“我正在全力以赴做。”

“这要有个过程。让朝阳椿为你的企业后发力?”

“您说出了我的心里话，我心里是有准备的。”

第142招 发现新品种，要做有心人

采写完山东临清苗农肖进奎发现椿树芽变的消息后，很是兴奋。因为，是肖进奎的细心，使得我国苗木品种这个大家族又增添了新的一员。

著名树木学专家董保华老先生得知这个消息后，连说过两个“好”字。

众所周知，中国是园林之母，这是国际上公认的。但目前在园林绿化上应用的植物却并不是很多。一个城市大体上不超过100多种。

绿化水平要不断提高，离不开植物品种的不断丰富。

记得前年浙江大学包志毅教授在杭州的一次植物研讨会上感叹道：我国有8000多种木本植物，而杭州地区绿化使用的不过100多种，估计全国也就1000种，与国外差距甚大。英国每年出一本黄页，上面记录的植物就有7万到8万个品种。

那么，我们的绿化需要更多的植物品种，从哪里来？如何缩小同国外的差距呢？

这些矛盾的解决，我看无外乎3种途径：

一是大量引种驯化未商品化的乡土树种；

二是从国外引进品种；

三是像肖进奎那样，从现有的苗木品种中发现变异新品种。

就后一点而言，各地已经取得了一些进展。比如椿树，在此之前山东还发现了红叶椿，其他地区新发现的植物也有，现在不少都已经用到了园林绿化上。

但这些与我们的需要还相差甚远，还需要继续努力。

苗圃的经营者，一定要做个有心人，特别留意在自然界所目及的植物。因为变异的植物，多数是因为雷击、电闪、辐射后产生的。

有一位老专家感慨：“让新品种来得更猛烈些吧！”

这话，真的很给力！但这离不开有心人的努力。加油！兄弟们，姐妹们。

第143招 引进新品种，锁定科研单位

苗圃要发展，除了提高现有的花木质量外，很大程度上是寄托在新品种上。新品种的来源之一，是从科研单位引进。

宁波滕头的当家人傅企平在参观中国科学院北京植物研究所时，问陪同他的

研究员唐宇丹女士：“唐老师，我们准备在北方建大型苗圃，您觉得选择哪些苗木品种好?”

“首先，对环境的适应至关重要。北京冬季低温，春季干燥，大规模种植苗木，还是应从乡土树种中选择。”唐宇丹强调了越冬的重要性。

“乡土树种中，你们这里有什么好的品种?”傅企平颇有兴致地问。

唐宇丹笑了笑。随后，她带客人参观了植物所的科研引种基地，并特别推荐了壳斗科栎属的一些植物。

其中，青榨槭引起了傅企平的关注。

我了解到这个情况后，给唐宇丹打了一个电话，向她请教青榨槭的有关知识。

据她介绍：“青榨槭原产湖南、西藏一带。在南方，被称为葛萝槭。我们是从河南引的种子，在地里试播，效果不错。青榨槭外形跟元宝枫差不多。入秋后，它的叶色并不明显。但它的最大特色是树干通直。一到七八年，树皮呈浅绿色，像青蛇的外皮，纵向有一道道墨绿色条纹，极具观赏价值。另外，它长势好，抗性强。一二年生的苗子，枝条银白色，叶多繁茂，观赏效果也不错。这两年，引种的不少，但由于数量有限，量还不大。”

企业发展时，目光锁定科研单位没错。青榨槭也是专家认可的好品种。

但一个新品种适合不适合您那个地方栽培，还需要实践，具体情况具体分析，不仅仅青榨槭是这样。

第144招

不让野生植物资源睡大觉

我们国家地大物博，植物种类资源非常丰富。但我们的企业在发展时，常常抱怨苦于缺少新品种。

其实，我们缺少的不是品种，而是缺少发现，缺少有心计的人。

2009年春，我在河南鄢陵高效农业示范园区里，看到一种我从未看过的乔木，很是惊喜，这就是巨紫荆。

在此之前，我在华北地区只见过灌木状的紫荆，一簇一簇的。

而巨紫荆，一水儿的七八厘米粗、六七米高，树干笔直，树冠圆整。

这种乔木，在别的苗圃里连看都看不到，而这里却种植了400亩地，好大一片。

除此之外，在漯河和新郑两个苗木基地，种植的也是这种巨紫荆，总面积有900亩地。发现和拥有这么多巨紫荆的人，是河南郑州四季春园林绿化有限公司的董事长张林先生。

在鄢陵张林的基地里，我问张林："你是在哪一年在哪里发现的巨紫荆?"

他笑眯眯地告诉我："那是1997年，在豫西一座风景秀丽的山里。当时我看见后，特别兴奋。巨紫荆属于开花的大乔木，可长到20米高。它与玉兰、樱花一样，先花后叶，粉红色的花朵盛开时，成串成串地，一齐怒放。漂亮极了!"

"看来是漂亮极了。我看你的巨紫荆宣传材料上写着，巨紫荆的'树形像法桐一样高大，花开似樱花一般灿烂'。"

"对的！多好的植物，为什么要让它在山里睡大觉呢？所以我一定要把它引出来，远离大山，从此，我心里多了一份牵挂。"

一晃，他已经引种繁殖巨紫荆有七八年了。

我想，圈儿内发现巨紫荆的人不会是张林一个人。为什么就视而不见，无动于衷呢?

其实挺简单，不让巨紫荆这类野生的优秀植物睡大觉，关键是思想上要重视起来。

只有思想上重视了，觉得是个宝贝，你才会动起来，做起来。

觉得是个宝贝，这困难，那困难，都会被踩在脚下，挡不住我们发展新树种的决心。张林不就是这么做的嘛!

第145招

不断丰富城市绿化植物的品种

2011年4月底，中国花卉报记者李颖写了一篇文章："'戈壁明珠'圆冠榆入京添绿"，我看了，感觉很振奋。

"我们在绿化环境时，又多了一个新的品种，多好啊!"见到李颖，我对她说。

"是啊。"她微笑着点点头。

圆冠榆是榆树的一个变种，来源于俄罗斯。把这个品种引进北京的是多年从事绿化树种研究的知名树木学专家王木林老先生，他对圆冠榆的观察至今已有十载。

经过10年的试种观察，表明圆冠榆完全适合北京地区的环境，可以进行大力推广。

"圆冠榆的特点是什么啊?"我问李颖。

她说："圆冠榆和普通的榆树一样具有耐寒、耐旱、耐高温的特点，几乎没有什么病虫害，很能适合北方城市街道的环境。难得的是，树干漂亮，是不可多得的优良行道树。”

“怎么个漂亮？”

“我在王先生的苗圃里看了，圆冠榆与普通的榆树嫁接后，枝叶细密，看不出主干枝，不用修剪，自然形成椭圆形。而且，每棵树的树冠形状都很规整统一，观赏性好。”

“真是不错。还有什么特点？”

“还有，圆冠榆的叶子比普通榆树的叶子更绿。”

“还有吗？”

“呵呵。这还少啊？”

为北方城市园林绿化选择优良树种，这可以说是王木林先生一辈子孜孜以求的事业。他引进的品种除了圆冠榆以外，还有北海道黄杨、紫叶黄栌，等等。

王木林先生经常强调：引种切忌盲目。引种决不是一拍脑袋就得的事。有些苗圃从国外引进的树种，不加试种就直接拿出去卖。这是一种不负责任的行为。我们引进的苗木大部分来自欧美，有些苗木到了中国并不适应我们的气候和土壤条件。

由此，我想到了前些年轰轰烈烈的“北美红枫”。近年来，只有在山东、浙江等沿海地区表现良好，在北京地区好像还没有成功的范例。

第 146 招　采集野花种子，丰富绿化地被材料

眼下，已是 4 月，清明节过了，一切都像刚睡醒的样子。到处都是风和日丽，鸟儿鸣，花似火，生机勃勃。乔木中的碧桃花开了，海棠花笑了，樱花绽放了，就连地上的野花二月蓝、紫花地丁也开了。过些日子，蒲公英也该憋不住劲儿，开出黄色的小花啦。

“老方，从现在起到 6 月初，正是陆续采集野花种子的好时候。”与北京巨山园艺所的老专家孙百龄先生通电话，提到野花，他说。

老先生提醒得对。野花现在陆续地开，也陆续地败，正是采集种子的大好时机。

把野花用到庭院绿化工程上，孙百龄先生在北京算是比较早的了。大约 7 年前，他就在中央电视台的院里，几个地方，种了有几百平方米的野花，紫花地丁居多，我去看过，真是不错。

众所周知，春季非常忙，正是种树栽花、绿化施工的大好时节。但再忙，找两三个人，抽点空还是有的。因为，采种子这活儿，捎带手儿就可以干。

孙先生还说："采集野花种子很容易，用塑料袋就行。"

4 ~5 月份，可以收集到蒲公英、点地梅、苦菜、紫花地丁、二月蓝的种子，到了 6 月份，还可以收集到毛茛、田旋花、地黄、刺儿菜、蛇莓、马蔺的种子。

"在北京地区，一年里起码有 20 多种野花可以利用。"

北京地区是这样，您那里肯定也有很多野花种子可以收集吧。

这些野花都可以是园林绿化的地被材料，很不错的。

进一步说，今天我们园林中的花卉品种其实都是前人从野花引种驯化、杂交、筛选培育出来的。如果您在这方面有兴趣，不妨可以投入点力量。

9 宣传与营销

苗木没有残废品，关键是怎么用？
有些树做行道树不适合，但在小区绿化中与假山石搭配却是难得的好苗，很难寻的。

第147招 好东西，需要好的推广

2010年8月，中国花卉报记者范敏从江西回来，写了一篇文章，题目是：“棱角山矾，树形优美抗性强”，我以为很是不错。

她在走访江西南昌、宜春、抚州等地的苗圃，发现一种原产于庐山的乡土树种棱角山矾，被很多苗圃作为重点品种，大面积地种植。

一年之后，也就是2011年8月，我到江西南昌，问南昌市园林局的有关同志：南昌的园林绿化是否使用了棱角山矾？

结果令我吃惊。有的人说不知道这个品种，有的人说知道，但南昌的绿化还很少使用棱角山矾。

总而言之，棱角山矾还几乎长在苗圃里。

棱角山矾是山矾科山矾属常绿乔木，高达10米左右。树冠呈圆锥状，外形优美，叶片油绿有光泽。

“棱角山矾即使在冬季依然保持翠绿，故被称为‘留春树’。它可用于城市绿化，孤植、列植或散点植，有开发推广的潜力。”江西农业大学林学院副教授裘利洪说。他长期进行江西省乡土植物的调查研究，很早就开始关注这一树种。

棱角山矾的特点是，主干明显，四季青翠，树形紧凑，小枝浅黄绿色，粗壮而具凸起的锐条棱，极具观赏价值，是优良的庭园和高档小区景观绿化树种，也是很好的风景林树种。

它的花为白色，有淡淡的清香，3月至4月开花，白色的花儿布满整个树冠，景观效果很好。

江西金乔园林有限公司总经理管帮富介绍：棱角山矾枝密叶茂，隔音能力强，可用作隔噪音的林丛林带。通过一些区域试验，发现棱角山矾在以二氧化硫、氟化氢及苯类物质为主要污染物的大气中，均表现出较强的抗性。尤其对硫污染气体，它具有良好的吸收净化功能。宜春万载县有个砖瓦窑，百米以内，很多植物都已生长不良，或已死亡，而距离砖瓦窑30米处的棱角山矾，却生长依然青翠。

多好的乡土树种啊！

据说，江西金乔园林公司从2008年就开始推广棱角山矾。但目前在南昌的绿化还很少应用。这说明宣传、推广力度还不够大，还不够狠，还需要下大工夫！

好东西，一定要有好的推广。

第 148 招　先吊胃口

河北省的一位苗木经营者，在《中国花卉报》上连续刊登一个广告。广告内容非常简单，就宣传一个新品种。

这位老兄我熟悉，于是给他打了一个电话。我说："你这个品种是很不错的，一定会有很好的市场前景。"

"谢谢！您看到了广告？"

"自然看了。"我随后问道："你这个品种一株苗子要卖多少钱？"

"您帮助我销啊？"他笑笑，话锋一转，说："先谢谢啦。我今年先不卖呢！"

这与我想象的大相径庭。我顿时来了情绪："为什么呀？你登广告不就是为了卖吗？"

"先吊吊客户胃口再说。谁向我要，我只介绍这个品种如何好，有哪些特点，就是不卖。等苗子多了，大家都觉得好了再销。"

让一个新品种提前进入市场，广而告之，引起大家的瞩目，再销。嘿嘿，有点意思。

第 149 招　组织客户现场观看应用效果

让设计单位和施工单位现场观看，是推广新品种的一个有效的招数。

2011 年春夏交替之际，我到了成都川西的温江区，见到了川西现代月季园经理刘国强，他对此深有体会。

他是专门经营月季的，已经有五六年的时间。但以往见到他，他总是说，他的月季主要是销到成都以外的地区，最远的，是拉萨。把容器苗放进竹筐里，四五十株一筐，用汽车运过去。

这一次，他的口气变了。

"近两年月季经营怎么样？好销吗？"寒暄过后，我问道。

"好销。尤其是藤本月季，不够卖的。"

"都销到了哪里？"

"呵呵。不远，都是成都本市的。"

"原来没听你说过啊！"

"是的，前些年都销得远。现在远处还有市场，但生产不出来，先紧着本市的，一些施工单位都在用。温江几条公路两侧都用上了。"

我不解地问道："你是怎么打开本地市场的？有什么销售技巧？"

他笑笑道："跟施工单位吹呗。"

他说的吹就是宣传，这我能理解。他做事有板有眼，不是一个满嘴跑舌头的人。

"怎么吹法？"

"我在我的地里搞一点应用的样板，开花的时候请他们过来看。对了，请的还有设计单位。他们一看月季应用效果确实好，满篱笆都是花，成团成片的，而且多次见花，就把我的月季推开了。现在我正忙着扩地，往大了发展。"

当一个品种推广有困难，而您又认为这个品种特别优秀，有广泛的应用空间的时候，如何柳暗花明，很快把产品销出去，是一个很现实的问题。

我看，最好的办法之一，就是像刘国强那样，把相关的人请过来，现场让他们观看实地应用效果，说服力最强，效果最为明显。当然，钱是要花一点的。

眼见为实，耳听为虚。隔岸观火，如同雾里看花，搞一点小小的宣传，效果是有，但速度太慢。

市场经济，讲究的是快，讲究的是速度。不然，黄花菜都会凉的。

第150招 品牌和企业名称一致好

企业是需要宣传的。产品的品牌需要宣传，企业的名称也需要宣传。这样一来，两者融合在一起，步调一致，宣传不仅要省事得多，还免得让人捉迷藏。

我就遇到过这样一幕。

那是参加一个绿化研讨活动。有个企业老板，在会上发言，引起了不少人的共鸣。他的企业名称中因为有两个字与"月季"相关。散了会，有人跟他要了名片。

"某某总经理，你好！我下面的人，以前买过某某品牌的月季，真不知道您这个公司也是搞月季的，哪天到您那里看看！"

老板听后，一瞬间愣住了。那表情，有意外，有惊愕。但很快，他就拍拍那人的肩膀："老兄，我们公司的月季，就是某某品牌。"

"哦，是嘛！得，是我的不对，一家人不认一家人了！"

老板立即赔着笑脸："哪儿是您的不对，全是我的不对，我的过错。"

问他的人说"是我的不对"，显然是客气。闹了误会，但责任确实在企业老板。

世界上，一些大的园艺公司，品牌和公司的名称毫不相关是有的，但人家多是百年企业，知名度非常高，对经营早已没有什么影响。我们的企业不同，创办的时间几乎都很短暂，两者还是别两瓣子。

这方面，连与百姓息息相关的啤酒都是统一的。如燕京啤酒厂的啤酒品牌是“燕京”，珠江啤酒厂的啤酒品牌是“珠江”，类似的例子还有很多。

第 151 招　企业名称还是有地域感好

在以人为本，想客户所想的年代，一个花木市场，其名称还是有地域性为好。

近来，杭州赛石园林集团新建一个园林花木综合市场，取名为“西溪花市”，既简洁，又有地域性，真好。一说到这个市场名称，人们就立即会想到：“哦，这是在西溪湿地那个地方。”好记，更好找。

一个公司的名称，起得大一点，响亮一点，含义多一些，您叫“长城”“绿源”什么的都无所谓。

因为前面还有地区名称的限制，如“杭州赛石园林绿化工程公司”。虽然只是“赛石”两个富有内涵的字，但足以区别其他公司的名称，因为前面还有“杭州”两个字，人们就知道这个公司是在杭州，而不是在北京。

还有，公司一般不直接面对客户，客户多数情况下是通过电话联系业务的。但花木市场则不同，它直接面对的是终端消费群体。

十几年前，我曾经帮助一个地方策划一个花木市场。根据这个地区的具体情况，我提出市场主打商品，老板接受了。轮到市场的名称取什么为好时，我与对方的观点有所不同。

“市场的名称，我建议用所在地的地名，这样顾客好找。”我说。

老板当时没有吭气。后来，他报到工商部门的是一个很大的市场名称。

但从近些年那个市场的运作情况来看，顾客还是习惯用当地的地名称呼这个花木市场，而那个很大很响亮的名称，显然已被多数人晾在了一边。

一切从实用出发，哪怕是市场取名这个很小的事。

第 152 招　广告应突出产品

从事花木经营，广告宣传往往是必不可少的，这是打开市场大门的一把金钥匙。

我以为，中小企业在专业报刊上刊登广告，一次花的费用虽说就是那么几百块钱，但那也不是白来的。这里，有一个非常值得注意的问题需要提醒您：您刊登的广告，题目还是突出“专供某某”产品为好。

说白了，广告突出的不是企业名称，而是产品本身。

在报纸上刊登广告时，广告词要突出产品。大约20年前我就建议一家企业使用了。当时，在刊登广告上是开创了先河的，效果非常之好。

这家企业就是北京双桥草坪基地。当时，草坪基地的负责人叫杜久富。因为她长我几岁，我称她为“杜大姐”。

杜大姐找到我，是想刊登名片广告，我对她说：“杜大姐，我看别的行业登广告的，销售什么东西就突出什么东西，您是经营草坪的，能不能就写专供草坪？”

在此之前，凡是在《中国花卉报》上登名片广告的，突出的都是××单位，而把要销售的产品放在下面，字体很小。

“这样登好吗？我看你们报纸上没有这样登的，都突出的是单位名称。”杜大姐笑嘻嘻地说道。

我说：“您销售的是草坪，是产品。”见她有点犹豫，我说：“这样好不好，您先试两期，效果好，您就继续这么登；不好，改回来就是了。”

杜大姐爽快地采纳了我的建议。广告刊登出来后，效果之好，超出了她的想象，客户纷纷找杜大姐买草坪。

我与双桥草坪基地的联系保持了很多年，就是基于那次广告的小策划。

这些年，凡是刊登名片豆腐块广告的，突出产品的已不再是什么稀罕之事。

但还是有一些企业登的广告内容凸显企业名称。

他们总觉得，花了钱，企业名称应该在报纸上唱主角。

企业名称对您来说是很重要。但您想过没有，放到全国来看，企业多如牛毛，叫什么名称的没有？

您刊登的是广告，客户看中的，是您的产品，而不是什么企业名称介绍。关键是，您登的广告面积容量有限，也就是豆腐块那么大。

倘若您是大企业，想要利用广告树立企业形象，那就是另一回事了。

第153招 广告只是一个媒介

我们的苗农、花农，没有多少本钱，刊登广告，往往选择的是小广告。前面，讲的是标题，这里，我想说说小广告怎么刊登内容的问题。

有一天，湖南长沙有个企业的老板找到我，想在报纸上刊登广告。这家公司的苗圃，花木品种不少于几十个。由于是创办初期，企业需要花钱的地方很多，因此他把广告的大小锁定在名片广告上。

事先，他拟好了一份广告词。

我看了之后，直言道："老兄，我觉得这样不大好。豆腐块那么一点的名片广告，你就写了20多个花木品种，再加上不能不写的单位、地址、电话。这么登的话，眼神不好的，恐怕要拿放大镜看了。"

"嘻嘻。你说怎么写？这不是跟你商量着呢吗。"

"我建议，你只突出一两个强项品种。"

"就突出一两个品种？"

"是啊。这样，字数少，广告词的字号就可以做大。做大了，在众多的名片广告中就可以突出。

现在的广告，其实只是一个媒介，只是一个引子。你的产品，客户感兴趣了，引起了他们的注意，他们会打电话给你。那时，你再介绍其他的品种。总之，客户真的要买，最终是要找上门的。"

"对呀。"他笑了。

第154招　小广告，要持续刊登

前几天，我在我们《中国花卉报》的广告部，与广告部主任王振海聊了一番，算是长了见识。

在聊天的过程中，我说，"你经多识广，要和许多广告客户打交道。据你所知，企业怎么登广告效果才好？换句话说，企业花银子，怎么样回报率才高？"

振海笑了。他说："其中有一点，肯定是持续刊登一段时间效果好了。"

"小企业没有那么多本钱，也是这样吗？"

他说："苗农、花农也好，小企业也好，只要是刊登广告，都是一样的，没什么区别，大家都在一个擂台上。"

"如果只登一期，还不如不登呢。"

"对了，效果甚微。"

接着，他讲出了其中的道理："您想，谁看报纸，谁不先看的是新闻，先看的是新鲜事，然后才去浏览广告。不可能就那么巧，读者一看报纸就先看您的广告。”

“你说的有道理。在我的印象里，一个企业宣传一两种花木，至少要登 3 次广告才会有效果。”

“不是这样的。据有关研究报纸广告的权威机构调查，一种产品的广告宣传，连续刊登 17 次效果最佳。”

“要 17 次?”

“对的，要 17 次。这指的是都市类的报纸。都市类的报纸都是好几十个版面。少了，广告就淹没在里面了。我们花卉报的版面相对来说比较少，只有十几个版面，容易看见，用不了那么多次。”

“呵呵。多少次比较合适?”

“一般来说，8 次到 10 次为妙。”

销售一两个花木，要一连气登十来次广告。广告小，架不住次数多，算计下来也要几千块钱。

我想，这对我们没有多少本钱的花农、苗农以及小企业来说，确实是一项不小的开销。但苗子要想销出去，打开通向市场的大门，少喝几顿酒，这个钱您也得花。

著名的苗木经营者、河南的王华明刚起步时，登广告的钱都是借来的。即便如此，那兄弟也没含糊过。

河南南阳石桥镇的月季是怎么发展起来的?

很重要的因素之一，是当地有几个龙头企业，每年都要在花卉报上连续登几十次的小广告，客观地攥成了一个拳头，形成了很强的冲击力。从而使南阳月季的声势越来越高，影响力越来越大。

第 155 招 别致的广告效果好

那天，在与我们中国花卉报广告部主任王振海探讨广告问题时，我注意到，他还说了一个意思，这就是：广告以别致的形式出现在版面上，宣传效果也会很不错的。

这一点很重要啊!

一般来说，现在的报纸广告，都是被安排在文章的下面。编辑一做版面，首先要问广告部，下面要占多少行广告?

他说，根据人的阅读习惯来看，往往是先上后下，先左后右。广告游览也是这样。这样一来，在上面的广告比在下面的广告显然要吃香一些。但这是指常态情况下。

但如果改变常态，广告不是安排在文章的下面，而是经过精心策划，搞一个另类的设计，情况就会大不相同了。用“峰回路转”“别开生面”形容，是不过分的。

王振海向我介绍说：“前不久，我们给西安一家单位设计了一个广告。这个广告不是安排在下面，而是立起来，通到顶。嘿，美誉度就很不错。”

他还说，目前他们正在给一家公司设计的广告，不是立起来，而是准备放在整个版面的中间。

出奇制胜，是兵家的一种招数，在广告的表现形式上也是适合的。

但这些，一般的公司是不大懂得的。大的公司，广告多数是自己设计。但他们对安排在什么位置是没有什么要求的。

所以，我们的企业要想使自己的广告实现最佳效果，就要关注这个细节，想到这个细节。在广告刊登前，一定要和报社的广告部门先沟通，提出自己新颖、独到的建议。

广告客户是报社的衣食父母。我看，没有特殊情况，报社总是会给予考虑和重视的。

第156招
新品种推广，开推介会

2011年4月，看中国花卉报记者李欣写的一条消息，说是巨紫荆在郑州绿化工程中成为被追捧的新品种。

文中所说的巨紫荆，是郑州四季春园林绿化有限公司董事长张林先生选育的巨紫荆。

但一个新品种得到社会的普遍重视，不是一件容易的事，没那么简单。对此，许多经验表明：好的新品种推广，有一个不错的办法，就是组织专门推介会研讨，加实地应用考察。

为此，我给张林打电话，通报了这个消息，随后直率道：“我觉得，巨紫荆这么一个好的新品种，仅仅靠在专业报纸上宣传一两次，力度是远远不够的。”

他笑笑问道：“你是专家，你说应该怎么办？”

我说：“我建议，要乘巨紫荆应用受欢迎的好势头，在5月底，专门组织一次巨紫荆应用研讨会，请各地搞园林绿化设计和搞绿化工程的人参加，然后到现场实地考察。那时候，春季绿化稍微清闲了一点，人好请。”

“他们来，就说明他们对巨紫荆感兴趣。”

“对呀。现场看，眼见为实，效果会很不错的。谁设计，谁搞工程，不想用点新东西！”

“你说得在理。”

我还举例道：“据我所知，河北省林科院最初推中华金叶榆，其中一个措施，就是连续两年，都组织类似的专门推广活动，效果很好。你是知道的，中华金叶榆现在使用的范围非常广泛，销得特别火爆。此外，他们连续做了几年的广告宣传。”

他说：“好。”

第157招 会展，要想方设法为参会者着想

现在，各种会展多如牛毛，已不是什么新鲜事。

在这种情况之下，主办者只有想方设法为参会者着想，有特色，有吸引人的内容，会展才能实现预期的效果。不然，主办者就是“剃头挑子一头热”。本想靠会展挣点银子，结果愿望皆空。

4月，春意盎然的一天，中国花卉报记者戴呈玲参加的一个农业研讨会议，情况就不大妙。

她回来，我问道：“会开得怎么样，花木企业去的多吗？”

应该说，现在花木已经是现代农业的一个重要组成部分，几乎路人皆知。主办方邀请中国花卉报的记者参加，会议的内容跟花木该是有关联的。但小戴的话出乎我的意料。

她说：“主办方邀请了，但没什么花木企业参加。”

“是不是没有这方面的内容啊？”

她答道：“会议本身还真没有花木的内容，只是参观中有一项。”

问题就出在这里。

一年之计在于春。这个节骨眼，从事花木销售和生产的，都特别繁忙。您让花木经营者参会，又没有什么相关的会议内容招人，仅靠一个花卉参观点，怎么可能吸引人去？即使免费，人家都要考虑考虑，没工夫陪你玩。

第 158 招

企业也要为政府牵线搭桥

通常我们听到的都是政府为农民牵线搭桥，其实有时候企业也可以为政府牵线搭桥。

花木之乡举办花木节，几乎都是政府搭台，政府买单，农民和花木企业受益。这个道理我们应该明白。

既然得实惠的是农民和花木企业，因此，一个花木之乡的龙头企业，就要不失时机地为政府补台、牵线搭桥，促成举办有特色、有影响力的花木节。

这方面，据我所知，山东昌邑花木场总经理朱绍远做得非常出色。他是深知个中重要性的。

“方老师，我跟我们昌邑的一个党委书记说好了，邀请你到我们那里做客。”有一年，朱绍远给我打电话，态度非常诚恳。

我去了，见到的是昌邑市宋庄镇的镇党委书记李方明。

“方主任，绍远说你熟悉全国的花木企业，他向我推荐你。我们明年还要举办绿博会，麻烦你帮我们请一请大户，让他们来参加我们的活动。”李书记的态度也是特别诚恳。

原来，上一年，昌邑举办过一届绿博会，所在地是宋庄镇，唱主角的就是李方明这个父母官。在朱绍远的参与下，他知道，没有外来的花木经营大户参与，绿博会是缺少影响力的。

既然朱绍远这么热心牵线搭桥，政府的领导又这么重视会展，我自然要倾尽全力，为一方经济发展服务。

从此，大家齐心协力，昌邑绿博会和全国花木信息交流会相继举办，就这么红红火火起来。

昌邑的花木业由此迅速发展壮大。

“绍远，你的功劳非常大啊！”每每李方明碰到朱绍远，总是这样说。

“应该的，应该的。但说实话，最受益的还是我们企业。我卖的苗子就比过去多多了！”朱绍远说。

朱绍远道出的是心里话。您想，不管是华东的，还是东北的，谁来参会，不得到他这个龙头企业看看。瞧见好东西，还能不买！

所以，政府举办花木节，企业千万别一旁观望，一定要当成自己的事去做，多推波助澜，多锦上添花，多牵线搭桥。这也是经营中一个不可忽视的环节。

第159招

持续举办花木展会，能带动一方巨变

一个地区，持续举办花木展会，就像一个人持续做一件事，准会有显著的成绩。

2011年5月下旬，我在山东省昌邑市时，昌邑市政府党组成员、市林业局局长李方明就向我介绍道："自2004年昌邑举办中国北方绿化博览会和2006年与《中国花卉报》联合举办全国花木信息交流会以来，昌邑在全国花木行业中迅速崛起，现在已经成为中国著名的苗木之乡。两会持续地每年举办，已经给昌邑带来四大明显变化。"

李方明说的这四大明显变化是：

第一个明显变化是："两会"促进花木产品展位供不应求。北方绿化博览会和中国花木信息交流会每年都是9月20日同时举办。"两会"有一个重要的内容就是苗木产品展示。

展会组委会副主任、市林业局副局长冯瑞廷告诉我："会展每年3月份开始招商。最初的两三年，每年都要采用各种办法到外面招商。近几年不同了，由于展会的知名度大幅度提升，展厅尽管从一个增加到了两个，展厅面积从原来的7000平方米增加到了1.3万平方米，但招商已经没有任何压力，展位处于供不应求的状态。因此，各地不少参展商从一撤展开始，就订下来年的展位，生怕到时没有理想的展位。"

青岛市平度邵林苗圃的邵林介绍说，他非常看好昌邑举办的"两会"，去年就把今年的展位预订下来，不仅要了2个展位，而且都是特装展位，虽然比普通的贵了一些，但位置好，装饰效果好，因此还是很合算的。

展会组委会副主任王忠华、闫启祥说，现在他们不仅不用出门招商，而且还要对参展商有所选择，以便提升展会档次。

展位供不应求，是因为参展商尝到了参展的甜头。

南京汤泉温泉苗圃场的王有富是专门从事雪松经营的，他说："我每年都要参加昌邑的会展，就是因为每次参展都会给我带来新的客户，新的生意，促进雪松苗木的销售。"

第二个明显变化是："两会"促进昌邑苗木产业大发展。昌邑没有举办大规模的花木展会之前，花木产业处于起步阶段。在山东省的花木产业中，知名度很低。

如今，通过持续举办展会，昌邑的花木产业不仅可以和山东省内的任何一个花木之乡媲美，而且在全国也有很高的声誉。

“购买地被植物到昌邑，选购彩色花灌木到昌邑，采购七叶树大乔木到昌邑”，在业界已经形成共识。

据了解，尽管受土地流转的限制，今年昌邑观赏苗木仍然增加了近万亩。

截至目前，昌邑园林绿化苗木达到近 10 万亩，苗木存量 4500 万株，而且这些苗木没有小苗，几乎都是可以马上用到园林绿化工程中的大苗。

在昌邑苗木产业大发展当中，涌现了一批在全国有影响力的龙头企业，例如，已经发展到拥有 3000 亩地的昌邑花木场，拥有 8000 亩地的金丝达苗木公司，还有上千亩地的立辉苗木场和近千亩地的双优花木基地。

昌邑，还被全国绿化委员会办公室授予“中国北方绿化苗木基地”。

第三个明显变化是：“两会”促进昌邑种植观念变化，精品受宠。每年，来自全国各地的花木业同行，不仅带来了优质的苗木，还带来了产业最新变化的信息。昌邑花木业经营者在家门口就可以看得见，听得到。因此，他们的感受最深，大大地改变了昌邑人种植苗木的观念。

昌邑双优花木基地的丁守刚说：“通过参加展会，从 4 年前就已经认识到：不会稀植，就等于不会种植苗木，因为现在社会需求的是优质苗木，像夹篱笆似地种植苗木的做法再也要不得了，必须抛弃。”

经过数年的调整，现在昌邑的苗木 70% 实现了标准化种植。

“由于我们的树木有好的品质。客户对我说，你敢要价，我就敢买。总之，1 棵有模有样的树要 1 万多元很正常。”昌邑花木场场长朱绍远说。

闫启祥说，不久前，昌邑花木场售出一棵小叶朴，卖出了 17 万元的好价格。最初，这棵树是旧村改造时淘汰下来的。朱绍远收购过来后，经过 3 年的复壮和精细修剪，成为一棵优美的景观树。

第四个明显变化是：“两会”促进昌邑绿化和休闲观光的发展。“两会”举办地的“绿博园”，属于围子镇街道办事处。为了办好“两会”，金丝达集团已经投资近 2 亿元，不仅修建了场馆和两个展厅，而且还在周边修建了品种展示园、桩景园、国际展馆、热带植物馆和生态餐厅等设施。可以说，绿博园基础设施配套，服务功能完善。

现在，绿博园已经被授予“国家级 AAA 旅游示范点”。每逢节假日，这里成了昌邑和周边县市市民婚庆、聚会、游览的一大胜地。

从昌邑市区到绿博园，近 10 千米的公路两侧，绿化原来几乎为零，如今各增加了 30 米宽的高档次的绿化带。

不仅如此，全市 10 个镇、街道的公路也都进行了绿化。

另外，拥有 300 米宽，流经昌邑的主要河流——潍河，两岸沙滩地有 700 多米宽，政府通过与花木企业合作的形式，全部实现了绿化美化，成为一道亮丽的风景线。

王忠华说：“如今昌邑的老百姓一出门，就有城市的感觉，真是大变样了。”

展会影响大了，带来这么多可喜的变化。说实在的，受益的还是我们的花木企业。

由此看来，一个有影响的展会，政府还要持续地办；企业，还要持续地支持。

两个持续，缺一不可。

第160招

建立自己的销售中心，同时吸收其他生产商进来销售

2011年7月，中国花卉报记者宋波随山东苗木代表团到澳大利亚去了一趟。在悉尼北郊，他们参观了悉尼最大的苗圃——戴维森苗圃。

戴维森苗圃是一家家族企业，始建于20世纪初，经营至今已是第三代人了。

现在苗圃是31英亩地(近190亩)，以培育、销售杜鹃、茶花种苗和成品花为主。一年大概销售杜鹃100万株，茶花1万余株。

这个苗圃，在销售上有一招。这就是设立销售中心，将外面的生产商吸收进来。

接待他们的戴维森苗圃经理这样介绍说：

为提高营业额，前些年苗圃拿出了3英亩(1.2万平方米)土地，作为销售中心。

销售中心除了销售自己的产品，还让其他的生产商进来，将他们的产品放在销售中心，由销售中心代销，收取一定的费用。

现在，他们的销售中心有150多家供应单位，周边的居多，也有外地的。

销售区被划分成一个个的小块。一个单元三五平方米。这一小块，那一小块，就是一家企业的花木“小商店”。

销售区的产品非常丰富，乔木、花灌木、地被、水生植物、盆花、药肥、工具等，应有尽有。

让代表团成员奇怪的是，苗木标签上还明确写有生产厂家的地址和联系方式。

“不怕客户直接找到厂家?”有人问经理。

经理回答道：“不怕。我们的目的就是尽可能让客户有更多的选择，来这里购齐所有的商品，帮他们节约时间。”

导游也觉得这里产品很齐全，而且还说这里的价格不到超市的一半。

翻一下他们的产品目录，介绍得都非常详细，如地被植物，不仅有品种名

称、颜色，还有外形、高度等。盆器几乎都是25升、45升的。

商品介绍得非常详尽，自然极大地方便了消费者的购买。

消费者觉得方便，来的次数自然就多了。

我想，这个苗圃在悉尼做得大，除了与生产规模大有关系外，还应该与有众多的散户加盟销售中心有很大的关系。

正因为有众多的生产商进来，销售中心的商品才如此琳琅满目，满足了不同层次消费者的需要。

这样经营，苗圃的影响力能不大嘛！

第161招

花木产地也要勤吆喝

南京汤泉的雪松因为用途广泛，所以做成了一个产业。但做成一个产业，这里还有一个勤吆喝的问题。

“勤吆喝”是一句老话。换成现在的话说，就是多宣传。

宣传，有几个方面，其中之一是办展会，或者办苗木节。这些年，凡是在全国有影响的花木之乡，几乎都搞过花木节。

南京汤泉镇就属于这个范围，在秋季，他们举办过好几次雪松节。那时，镇党委葛书记找到我，在《中国花卉报》上又是登专版，又是发广告，又是让我联系北方有影响的园林工程公司参会。

几次雪松节下来，汤泉雪松的知名度大增。

成都温江也是如此。倒退七八年，国内知道温江是苗木产地的不多。

属于川西坝子的温江花木有档次，品种丰富，但知名度不高，产品多数是在成都地区销售。温江的花木为什么发展不起来？有人在《中国花卉报》上发表文章，认为“重要的一条是知名度太低，宣传跟不上”。

但自从温江承办第六届中国花卉博览会之后，情况就得到了根本性的改变。

国内四面八方的同仁去了，连海内外的同仁也去了。

现在，温江的紫薇、白玉兰、贴梗海棠、大叶女贞等，畅销华南、华东、华北地区。花木面积、销售额年年翻番，不得了。

山东的昌邑也是很好的例子。

大约十年前，这个胶东小城市的花木业几乎为零，在国内有点名气的只有昌邑花木场一家。

可自从六七年前与《中国花卉报》社联合举办“昌邑绿博会”和“全国花木信息交流会”之后，昌邑的形势大变。

昌邑的花木业，过去在山东省排不上名次，如今早已旧貌换新颜，跨入全国知名花木之乡的行列，真是“天翻地覆慨而慷”。

这都是勤吆喝产生的巨大作用。

第162招 “串儿串儿”要固定的

在成都温江，我问年轻的苗木经纪人张强：“你一年销上千万元的苗木，不是直接对苗圃吧？”

张强说：“那是肯定的。要是我一个人对苗圃，收苗木，还不累死。我有一帮人帮我收苗。我们这里叫‘串儿串儿’。”

“哦。你说的‘串儿串儿’就是小的苗木经纪人？”

“对头。根据客户的要求，我提出品种、规格、数量，包括土球的大小，还有起苗的时间，他们就骑着摩托车、自行车到处跑，按我的要求去组织苗子。现在，我们这里‘串儿串儿’很多。”

“你用的‘串儿串儿’是固定的还是临时的？”

“肯定是固定的了。偶尔找一个临时的。”

“为何非要固定的？”

“因为，固定的‘串儿串儿’有一个最大的好处，是你跟对方已经配合默契，他能够按时按质帮你组织好苗子。有什么问题沟通也容易。所以，一定要用固定的‘串儿串儿’，即便是流动的‘串儿串儿’要的钱少，也不能轻易抓差。”

“这就是说，双方都注重诚信了。”

“您说的很对。另外，你手里资金周转紧张时，一时少付一点钱给固定的‘串儿串儿’，他也会干，因为对方看重的是长期合作。”

10 经营与管理

一个企业要想做好做强，就要全体员工都团结，都诚信，都创新，光靠老板一个人是不行的。

第163招 低价时大量买进

小门小户，尽快脱颖而出，有一个办法，就是低价时大量买进。

这里有一个特别需要注意的地方，就是买进不能像小脚女人走路似的，慢慢腾腾，一定要尽其所能，大量买进。

四五年前，在山东昌邑举办的全国花木信息交流会上，我做花木发展趋势的报告。会后，有个鲁南地区的苗农找到我，问我企业做大的诀窍。我说："诀窍谈不上。诀窍都是从实践中来的。我建议，你可以收购雪松。"

"为什么要收购雪松？我地里已经有了100多棵。"他解释说。

我说："现在雪松价格已经跌得很低，2.5米的雪松，在南京汤泉五六十元一棵就可以收。我看已经不能再跌了。现在不少小户已经扛不住，另做打算了。雪松是绿化的常规树种，今后价格肯定要出现反弹。"

"那要等多长时间？"

"这个我还吃不准，首先你要有足够的耐心，心里要沉得住气。"

"那好，我听您的。我们那里有地，好租，我再种它五六亩。"

"五六亩？绝对不行，太小儿科了。起码100亩以上。"

"那么多？我得贷款了。"

"这是机会。你就要往大了干，就要这个魄力。不然，你就摆脱不了小门小户的圈子。当然，这只是我个人的建议。大主意，你自己拿。"

后来，他采纳了我的建议，发展了100亩地的雪松。现在，雪松的价格已经大大反弹，连续上涨了2年。他在当地，已成了小有名气的企业老板。

市场经济，很多人能否做大做强，缺的不光是眼光，缺的还往往是耐心、信心和魄力。

第164招 谷底时购进

我的昆明朋友柏斌先生近日采写了一篇新闻，题目是："云南山茶价格谷底徘徊"。

看过之后，不免产生一点想法。

我以为，如果茶花价格真的到了谷底，您就别闲着，选好了品种，大胆投资，这是发展自己、为日后销售创造条件的极好机会。

五六年前，一股云南山茶热席卷云南。宜良、大理、楚雄、保山、腾冲等地，将山茶推向了一个前所未有的发展时期。

宜良的苗农万汝荣说："5 年前卖头牛才能买到巴掌大的茶花，现在少吃一碗米线就可以买到。"

嫁接茶花的砧木白秧茶，原来每株 25 元到 30 元，现在降到了 0.5 元至 1 元钱。

靠接名贵品种'鹤顶红'和'恨天高'的，株高 10 厘米的，原来每株 1500 元到 1800 元，现在降到了 100 多元。

大理是山茶的主产地和交易中心。全州目前栽培的云南山茶有 100 多个品种，约 500 万株。这里的苗农告诉柏斌，原来一株名贵的'玉带紫袍'售价 12 万元，现在降到了 1 万元左右。

市场经济，一种商品的上涨和下跌，都是价格杠杆上下撬动的结果。

云南山茶也不例外。据柏斌了解，云南山茶价格暴跌的主要原因，是由原来的价格快速飙升，引发了苗农大量扩繁，而数量剧增后销售市场又拓展不开所致。

价格暴跌后，很多人支撑不住，商品数量会随之大幅度减少。

茶花与西南各民族密切相关。虽然价格跌到了谷底，但随着经济的发展，茶花的需求会不断增加。届时，价格回升显而易见。

有眼光的经营者，这个时候不仅不能抛，而且还要购进。

改变种植方法，调整品种结构。时机一到，茶花不好销售才怪呢！

其他花木，也是如此。

第 165 招　做成大生意，需要惊人的魄力

有市场，你就莫回头，往前闯。有时，真需要惊人的魄力，可劲往上冲。

"他有惊人的魄力！"这是人们对广州顺德陈村顺风园艺有限公司前董事长卢荣的评价。

20 世纪 90 年代中期的一年，临近春节，卢荣从深圳罗湖口岸出关，几次到香港，了解那里春节花市的供求信息。

他发现，高不过两尺(65 厘米)的盆栽小橘果特别受欢迎，价格不菲，一盆

可以卖到上百块人民币。在内地，一盆则只售二三十元。

橘果是陈村一带生产的强项。

市场有需求。回到陈村，他就大量组织生产。一方面是自己扩大种植规模，一方面是与多家农户签订种植供货合同。

然而，天有不测风云，一场自然灾害打乱了他来年春节的如意算盘。

盛夏的一日，一股巨大的海风，卷着吓人的声浪，从浓郁的滚滚乌云下刮来。很快，急箭般的雨点在陈村落个不停。

这一年，陈村凡是种在低洼地里的小橘果，均被无情的雨水淹没。

他与农户签订的合同基本上成了一纸空文，损失好不惨重。

卢荣种植的小橘果也几乎全军覆没。

小橘果是受损失了，但春节香港的市场需求还在。别人都唉声叹气，他却悄悄地把陈村周边地区所有未淹的小橘果统统收购了过来。他要垄断经营。

这时候，需要的就是经营者的魄力。

因为，收购资金需要 200 万元。在当时，对他来说这是一笔巨额资金。

他手里，没有这笔巨额资金。怎么办？

“借。”他果断地对妻子说。

“借？万一到时候赔了怎么好！与他风雨同舟的妻子劝道：“卢荣，这个险咱可冒不得。”

但卢荣还是果断地从银行借了那笔巨款。然后，他走东家串西家，收购了一批数量不少的小橘果。

春节临近，这批小橘果运到香港后，果然非常畅销。他大赚了一笔。

市场有需求，看准了，往往需要有惊人的魄力去做。

前怕狼，后怕虎，左思右想，瞻前顾后，犹豫不决，绝对不行。

第 166 招

苗圃发展快，靠的是链条带

邵林苗圃坐落在山东省平度市城区路边。这个苗圃的老板就是邵林。

2007 年，邵林当选为青岛市人大代表。2008 年，他获得全国绿化奖章。2009 年 5 月，他被评为青岛市劳动模范。2010 年，他被评为全国十大苗木经纪人。

从一连串荣誉的光环不难看出，这是一个非常出色的苗木经营者。

“在我们那里，一家经营二三十亩地苗木算是中上等户了，可是在邵林这儿，算什么？人家六七年时间，从百十来亩地已经发展到了950多亩苗木。最初，开的是一辆破吉普车，现在都换奥迪了。”说这番话的，是河北省定州市燕青园艺的杨彦青。时间是2010年国庆节前夕的一个晚上。地点就是邵林苗圃。

杨彦青是来邵林苗圃进苗木的，与他同行的，还有定州市大辛庄镇的和高祥。

从杨彦青的谈话中，我们不难看出，定州这两位老兄对邵林苗圃的发展真是钦佩不已。

是啊，邵林从最初的一辆破吉普车，换成如今的奥迪，便很能说明问题。

那么，邵林发展的奥秘在哪里呢？

那一天，我在邵林苗圃与河北定州的杨燕青及和高祥有过一段对话，您从中可以感悟出点什么。

方：你们与邵林的差距为什么拉得这么大？以你的看法，找关键的说。

杨彦青：落后，我看主要是观念上的落后。

方：说具体点。

杨彦青：我们那儿的苗农，总怕运转快了，苗子砸在手里，销不出去。

方：你们与邵林虽然不是一个省，但面对的是一个园林绿化大市场。邵林为什么不怕砸在手里？根子在什么地方？是土地问题，还是资金问题？

杨彦青：都不是，是小农意识问题。

和高祥：还有经营意识问题。我和邵林认识8年了。在这边没断了送货进货。我们有时候是以物换物。我送的是法国梧桐，拉一大车，换回的是金叶扶芳藤，拿个袋子就提走了。这还不说，我还得倒找他钱。他的东西是新品种，价格高啊！今年冬天，我拉过来一车货，都是常规苗子，什么珍珠梅、红瑞木啦。回去，弄了一点白玉簪。长得跟小螃蟹似的，价格相当的高！

邵林：呵呵。他还非要不可。

和高祥：没错，咱需要啊！现在，我那点白玉簪的货，在我们那儿可牛了。从这儿弄了1.2万个芽子，现在已经繁殖了4万，卖好价了！

邵林：“坑”服气了。

和高祥：对，“坑”服气了。但“坑”得好，“坑”富裕了。我刚才举的两个例子说明，邵林的苗圃发展快，沾的是新品种的光，他总是走在市场的前面。现在，他又走在前面了，你到他的地里看看。以前多数是一般规格的苗木，现在大规格的苗木和景观树多了，像大紫薇、大高干女贞、大龙爪槐什么的。他发展快，还离不开一条，苗子有一流的质量。打个比方：4个分枝，别人的树冠是20多厘米，他的树就可以达到40多厘米。

方：为什么相差近一倍？

和高祥：除了养护到位，他种的苗木稀，当子拉得大。

杨彦青：他的苗子也有差一点的。但他对工人要求特别严，苗子不符合客户要求的，坚决不能出圃。摊子这么大了，很多时候，他还总是在第一现场。他说这是信誉。比如，前些天在昌邑举办的花木信息交流会，你看那么多大的公司大的苗圃参展，你看有几个老板盯在摊位上？数一数，没几个！邵林就不同，他天天盯在摊位那儿，心特别细。

和高祥：邵林清楚，这种大型的会展，最能反映市场最新变化了。抓住这个机会，就可以掌握第一手信息，知道什么受市场欢迎，什么不受市场欢迎，这样苗圃就可以开拓创新。这方面，他也是受了一个做海参的女老板的启发。那个女老板最初做的生意并不大，后来因为参加海产品博览会，亲自接待客户，掌握第一手资料，生意才很快做大做强了。邵林的产品更新快，苗圃发展快，跟经常亲自参加这种大型的行业展会也有密切的关系。

从与两个人的谈话中不难看出，邵林的苗圃发展快，因素是多方面的。

其中，有苗子质量上乘的元素，有及时捕捉市场信息的元素，有产品走在市场前面的元素，还有利用一切机会，关心客户利益，把好售后服务关的元素。

一个企业要发展得快，靠的是整个链条，缺了哪个环节都不行。

第 167 招 社会广泛认可的就发展

盆景，是浓缩大自然的一种有生命的艺术。方寸之间，可以看大江东去，可以看高山沟壑，可以看葱茏古树，可以看小桥流水……这门艺术，在中国历史悠久，源远流长，深受人们的喜爱。一旦衣食无忧，树桩盆景必然会拥有广泛的市场。

郑长才，这位江南“小叶罗汉松盆景王”深深地懂得这一点。

他出身盆景世家。他的祖父，就在家里的院里侍养盆景。到了他父亲这辈儿，更是把盆景推向了高潮。

家里，有个很大的院子，足有 3 亩地。院子，大部分地方，都被父亲摆上了盆景。因此，从他记事起，就在院里，围绕一盆盆形状各异的盆景跑来跑去。

大了一点，父亲绑扎盆景，他就站在旁边，给父亲当助手。不是递上一段棕丝，就是递上一把剪刀。慢慢地，从父亲那里，他晓得了盆景艺术的真谛。

改革开放，20 世纪 80 年代初，国家政策一允许从事多种经营活动，他就参与创建了如皋城西花木公司，后改为如皋绿园，成为南通地区最早的花木龙头企业。

他专门从事盆景制作和经营活动，立志要把盆景事业做大做强。

“可做的树桩盆景很多，您后来为什么专门选择小叶罗汉松盆景发展?”

老先生向我解释道：“其实很简单。你想，人的精力是有限的，能把一件事做好就很不错了。”

老先生说，20 年前，他在众多的盆景中选择了小叶罗汉松，作为终身的追求，这中间有两个原因。

1991 年，他送展的小叶罗汉松盆景在国际上获得了金奖。尔后，他的小叶罗汉松盆景送到了北京，被摆放在了北京的重要场所。

实践表明，他精心造型养护的小叶罗汉松盆景，在北京室内能够安全越冬，不受干燥气候的影响，可以长时间保持翠绿旺盛的活力，成为少有的常绿树桩盆景。不仅如此，小叶罗汉松盆景还可以在北京保持十年原有挺拔秀美的姿态。

他的公司，也由此成了北京一家重要单位的盆景养植基地。

“这么好的东西，我为什么不集中精力做? 凡是社会广泛认可的，你就大胆地发展，准没错!”郑老先生说。

第 168 招

扩大规模前，一定要多想想

在讲究规模化经营的今天，一个企业，基地要有一定的规模，那是肯定的，必须的。

但你的管理也必须得跟得上，这也是必须的，不然就会事与愿违。

记得几年前，河南省组织一个专家研讨会。有个搞月季切花的企业老板发言说：“我们现在生产的月季切花已经初步形成了一定的规模，在北方地区很有市场，完全可以跟云南的切花有一拼。下一步，我们准备在郑州地区扩展 10 个基地。”

针对他的发言，我说：“进一步扩大规模是应该的，可以增加市场占有量。但我认为，你在扩大规模前，一定要多想一想，我的管理人才跟得上跟不上? 你的产品还能不能保证现有的质量? 产量大了，市场的容量还有多大，会不会对价格形成冲击? 如果这些问题想好了，你就大胆地往前走。”

“有道理，有道理。”那位老板听了，不住地点头。

反之，盲目大发展，等待你的就是不断的麻烦。

第169招 旺市时要想到熊市

2011年4月底，《中国花卉报》苗木部组织了一组今春苗木走势的稿子，五一节后，用了4个版集中刊出，我看了感觉不错，很有冲击力。

领衔的头版头条就很吸引人眼球："今春苗市开局火爆，隐患不小"。

先说火爆。今春的苗木价格普遍是涨声一片，火爆程度是近3年最为抢眼的一年，让人始料未及。

各地苗木经纪人反馈的市场信息显示，苗木价格普遍比去年上涨了30%，部分品种上涨50%至80%。

在四川苗木产区，胸径5厘米的紫薇、红叶李、海棠、桂花等，价格上涨了30%。在江西，香樟、柳树、广玉兰等上涨了30%。

北京地区，8厘米粗的银杏，去年还是140元左右，今年已经到了250元左右。8厘米粗的国槐，从160元攀升到了240元。

山东的银杏、法桐，更是一苗难求。

"今年的苗木简直是坐了直升机，没经过助跑，一下子就上了天。"一位苗木经纪人形象地评论说。

苗木全线飘红，显然是绿化工程需求旺盛的结果。因为各地都在创建"园林城市""森林城市"。

按中国花卉报记者郭云龙的话说："绿化市场很给力"。

再说隐患。现在的苗市，看似红火，但也最容易引发"烂市"了。

因为，苗木飘红，价格上涨，有一个重要原因，是各地纷纷扩建苗木种植基地。在浩浩荡荡的队伍中，不少是我们的苗农。这就引来一个很现实的隐患问题。

我亲爱的苗农兄弟，在这种情景之下，您想过没有？一旦供大于求，受冲击的首先是您。

因为您的资金有限，买来的苗子几乎都是小规格的、最常见的品种。

其实，大的企业虽然有经济实力，但也是有限的。土地、材料、人工都在上涨，这是人所共知的。基地发展过快，一旦苗木销售困难，资金必然周转困难。

这些，都是实实在在的隐患。

旺市时，一定要想到"熊市"，早点做到心中有数，不能等到"山雨欲来风满楼"时再说。

化解的办法，我看还是及早做好应对措施。

否则，到时候您就会傻眼。

第170招 苗子俏，就大胆地买种子

搞苗圃，常常离不开种子。小苗俏，就要大胆地买进种子。种子多，苗子才多。苗子多，才能整出规模效应。这方面，南京汤泉科茂园艺苗圃场总经理李模喜是“武林高手”。

前七八年，雪松种子是俏货。既然是俏货，李摸喜就上北京种子公司购买。1千克，600多块。别人，多的，买一二十千克。他呢，跟别人不一样，一次就买了50千克。”

“买那么多，你用得了吗？”还没出种子公司，就有人问他。

“没有问题。”他笑了笑。

当时，他认为，雪松小苗热，刚开始，怎么也要持续兴旺三四年。大量购买种子，种小苗正是时候，绝对不会砸在自己手里。果然，这批种子播下去后，小苗只长了8个月，他就卖出去了三分之一。

“我听说当时3毛钱1棵？”

“何止啊！8毛！最便宜的，也6毛5分钱一棵。1千克种子，差不多出56000棵苗，您想想，它的附加值该有多大！”他对我说。

靠这一大批小苗，他猛赚了一大把。

看来还是那句话：当有机会来时，想做，就要迎头赶上，大刀阔斧，全力以赴，别磨磨蹭蹭的。

第171招 谈生意要沉得住气

春末夏初，在著名的花木之乡山东省昌邑市停留两日。早上吃早餐，同桌的是一个年轻的女士。她是来昌邑进货的花木经销商。

女士的手机响起。她接电话，引起了我的注意。

“你们的苗木，报价高了，我们接受不了。”

“什么，质量好？我昨天看过了，质量是不错的，从定干高度，到苗木株型，都是可以的。不是这样，我就不进你们的货了。但100块，就是价格高了。”

“90块怎么样？我让一点，不是85块了。你也让一点好吗？我就可以接受了。"

"咱们这是第一次做生意，双方都让一点好吗？我知道现在生产成本高了，但价格也是应该有商量的。不然，生意真的不好做，我也不能做。"

类似的话，她说了许多。双方的通话，大约持续了一刻钟，真是应了一句儿时的话：拉大锯，扯大锯。直到她的手机没电了，双方才停止通话。但结果还是没有确定。

从通话中可以看出，两个人打的是心理战，谁都想让对方妥协，为各自的企业赢得一点利益。

在这场心理战中，女经销商始终是神色镇静，说起话来不慌不忙。从通话的结果判断，最后对方会在价格上做出妥协让步。

她放下电话，我说："你真沉得住气，做生意就是要这样。"

她笑了一下，说道："不沉住气不行啊。我要一个品种，量大，1000 棵。一棵要是省 10 块钱，1000 棵就可以省下 1 万块钱。这个账我不能不算。正因为我要的量大，对方也就不会轻易放弃这笔生意。"

第 172 招

好东西，别愁卖

"好东西，别愁卖，沉住气。"这是南京汤泉科茂园艺苗圃场总经理李模喜常说的一句话。这句话，称得上是经营中的一个高招。

2009 年春，我在汤泉采访李模喜时，单刀直入地问他："这几年，雪松的价格不高，你怎么看待？"

他很平静地答道："雪松这几年发展过快，价格比起前些年跌了不少。但雪松只是价格跌，市场需求量还是很大。因为，雪松的确是个非常优秀的好树种。它呈宝塔形状，直立性强，四季常绿，英姿勃发，气势磅礴。我认为，在众多的绿化树种中，雪松完全可以堪称是美男子。

南京中山陵的雪松，都看过吧，多雄伟、漂亮、帅气！

好东西，价格不可能总是那么低。需求量大的东西，有低潮就有高潮。好东西，别愁卖。"

他的话，有道理。

第 173 招
在降低成本上动脑筋

如今，在大的环境影响之下，花木企业生产的成本越来越高。想点子，动脑筋，在降低成本上下工夫，已经是势在必行。

广州绿航农业科技股份有限公司根据绿萝的生产特点，在降低成本上动了很多脑筋，虽然是低成本运行，但效果还是明显的。

盆花在苗床上生产无疑是科学的。但苗床架的铁丝网成本相当高，平均每平方米要 120 元。

改为用一种聚酯材料的丝网线后，每平方米的价格只用 12 元，成本下降了 90%，仅这一项，绿航就节省了数百万元资金。

苗床的支架进行了两次改造。通过实验，用钢筋代替了钢管。钢筋比钢管要便宜许多。

钢筋的下面是用水泥墩固定的，后来再建新苗床时，打水泥墩的钱也省了，方法是把下面的钢筋弯个直角，让新打的水泥地面压住直角即可。

这两次小小的改进，节省资金几十万元。

绿航在不断提高绿萝品质上，还从每个环节入手，做了几十处改进。

为了掌握绿萝最佳营养元素数据，绿航不惜派人带一盆绿萝远渡重洋，到美国请有关权威教授进行化验，然后，严格按照绿萝所需要的营养配比成分施肥。

如何让扦插的插条切口损伤小，愈合生根快？

他们采取的措施是，不用剪刀剪，而是用刀子削。一个 16 吋的盆，扦插的插条只能是 30 段，多插 1 段少插 1 段，都会扣操作者的钱。

一盆花浇几注水，也是有讲究的。

由于力争科学种植，这里的绿萝不仅实现了品质一流，而且生产周期大为缩短。同等规格的，别的地方一年出 2 次成品，他们一年可以出 5 次成品。

依靠科技，想方设法减少生产成本，绿航的员工会给你讲出几十条。

秘密在于，程德成有一个激励机制：“谁想的点子，一旦有了效果，公司奖励 500 元钱。”

第 174 招
链条，一个环节也不能少

2010 年夏，我被主办方邀请，赴上海世博园参加中国和比利时园艺产业发展研讨会。在研讨会上，比利时根特大学一位教授的发言，引起了我的注意。

他发言的核心内容是：如今是创新的年代，花卉企业在经营中要非常重视链条关系，从研发、生产到销售，每个链条环节都不可缺少，都不可轻视。

我想，这番话的意思，对我们的经营者应该有很大的启示作用。

所谓链条关系，按一句通俗的话说，就是走路要想又稳又快，离不开健全的四肢，而缺胳膊短腿是走不好路的。

但在我们的花木经营中，有些企业，这种缺胳膊短腿的现象是比较严重的。

比如，重视新品种的引进，而无视新品种的繁殖，在繁殖上，像小脚女人走路似的，慢慢腾腾；

比如，重视基地规模的投资，而忽视中高档花木的引进；

比如，有员工数量，而轻视人才的培养和使用，像武大郎开店，比我高的不用；

比如，重视规模化生产，而轻视产品的宣传推广。由于不是两条腿走路，以致耽误了很多商机。时过境迁，后来者居上，市场发生了很大的变化，眼看大把的钞票被别人赚走。

反之，注重每个经营环节就大不相同了。

河北省林科院成功推广金叶榆就是例子。第一个环节，即是他们的科研成果：金叶榆。他们像很多的科研人员一样，组织专家进行技术鉴定，报科研成果，申请专利。

第二个环节，大张旗鼓地推广金叶榆，连续在相关专业报刊上做广告，连续参加一个又一个苗木展销会。有时候，白天天他们还在山东，晚上连夜坐火车，第二天又出现在了辽宁。

第三个环节，抢时间。鉴定会开过的第二年，他们在全院进行集资，然后把东北三至四厘米粗的榆树全部收购，抹头后，用来嫁接金叶榆，抢占市场制高点。

让整个链条衔接起来运作，能不快吗？

企业发展缓慢，您还是好好想想，哪个环节掉了链子？

第175招

西溪花市，定位私家高端消费

满足市场最新的需求，尽快实施，企业就会生机勃勃，一派兴旺。

2011年3月的一个上午，我来到杭州市城西的西溪花市，最大的感受就是这样。

只见这个呈坡形的花木市场一派兴旺景象。

商户一家连接一家，买的和卖的声响不绝于耳。

这里，让人耳目一新的是，卖花卉苗木的、卖容器的、卖室内休闲饰品的与卖室内外园林小品的交织在一起。

不了解内情的，会以为这个市场已经运行很久。

其实，这是一个全新的花卉市场，去年9月28日才开业，至今运营还不到半年的时间。

西溪花市占地61亩，原来称之为杭州园林苗圃，是一个种植花木的地方，2007年转为股份制经营后，隶属于杭州赛石园林集团有限公司。

据赛石园林集团有限公司董事长郭柏峰先生介绍，他们公司接收这个花圃后，就想把这个地方打造成一个凸显庭院景观、园林小品的全新市场。

因为这个地方地处西湖区域，紧靠西溪湿地东南门，周围分布着西溪山庄、青枫墅园、浪漫和山、桃花源等上百家高档住宅小区，可以说，是杭州富人集中居住的地方。

因此，弘扬江南园林文化，创建高品质的休闲生活，配合市委市政府提出的打造“东方休闲之都”的口号，被赛石园林集团确定为市场发展的终极目标。

公司策划部经理杜敏剑说：“由于西溪花市定位准确，招商一开始，就受到杭州地区不少园林公司和相关商家的追捧。市场根据客商的需要，在指定的范围内，多数是只提供营业面积，至于经营什么项目，造什么样的建筑，搞什么样的装修，完全取决于商家的需要。

现在，市场最小的营业面积是28平方米，最大的面积是940平方米。”

市场的租金，价格不菲，要比赛石园林经营多年的城西花鸟市场高出三分之一，而彼此的距离，相隔仅数千米。

一进西溪花市，赛石园林集团市场部经理程俊和西溪花市招商部经理杨琳琳介绍说：“西溪花市总共是120个经营户，这里与其他花市最大不同的是，顾客除了可以买到各种时令花卉和相关的产品，还可以选到各种风格的私家庭院园林小品。顾客想过什么样的品质生活，很简单，这里都可以让他尽情地得到满足。”

“是吗？这么惬意啊！”

我随着人流顺坡而上，刚走了一百来米，就见甬道的右侧拐角处有一座二层的西式小楼。

小楼的下面，是一处不足100平方米的地方，面积不大，却被建成一个敞开式的梯形园林小品，相当的精致。

这里有溪水，有呈S形的石板小桥。不规则的四周，是碧绿的草坪。草坪上，点缀的是一些宿根花卉。花开的时候，想必是非常的漂亮。

在小楼的斜对过，是一个用叠石封闭起来的庭院。

小巧的院门，呈拱形，选用的也是叠石材料。院里，有防腐木做成的栈道，下面，是一汪碧水，一群红色的锦鲤在嬉戏。数盆盛开的草花很自然地点缀四周。

再往里走，右侧，是一座木制的鲜亮的二层小楼。

这一家，园林小品是建在了室内。一进门，在绿草簇拥下，左侧是一道长长的弯弯的通道；右侧是一条曲折的潺潺溪水；岸边，随意地码放一些矮矮的叠石和盆花。

小路和溪水并列着，向里延伸得很长。

尽头，是一株盛开的红梅，至少有两三米高。既热烈，又恬静。

规模最大的庭院要数市场最里面，也是地势最高的“新概念景观”。

这个院子，占地 900 多平方米。原来，这里是两个废弃的水塔。现在，经商家巧手打造后，成了两座圆形的漂亮的柱形的房子。

在里面，顾客可以坐在宽大的木制茶台前，品尝到各种香茗。

院里，溪水是不可缺少的。周围，摆放的则是各种各样的大型观赏石。还有，用废弃的黑色桧木做成的精巧灯柱。

在西溪花市里，经营的与花卉相关的容器也是以高端消费者为主。

因为市场在招商时，就有意识地引进品牌园艺店。

“虹越园艺家”就是很有代表性的一家。

在宽敞的虹越园艺家门店里，经营的花盆、花架、剪刀以及浇水工具都是从德国、美国、荷兰等国家引进的产品。

口径在 12 厘米的花盆，最低的定价是 46 元，最高的定价是 80 元，价格比国产的要高出许多倍。

虹越的销售人员告诉我，进口商品的最大特点是精致、简洁、颜色丰富、变化多样。因此，即使价格高，也很受高端消费者的欢迎。

市场经营的花木，如五针松、茶花、樱花、香橼(又叫枸橼)等也是有姿有态，非常适合庭院定植。

在一个展位上，我看到一株 3 米来高、姿态优美的罗汉松，售价要 6.5 万元，令人咋舌，却也已经订出。

这是赛石园林满足高端客户新的需求，使花卉市场发生的崭新变化啊!

第 176 招

老苗圃，也可以搞标准化

社会在发展，时代在前进。我们的做法，我们的思维，我们的发展观，都要与时俱进，跟上前进的脚步，不能总在老的音符上跳跃。

但在我看来，不和谐的音符，依然存在。

例如，近一两年，走访了不少地区，看了不少苗圃，发现有一个问题，还亟待解决。

新苗圃，几乎都实现了标准化种植。

行与行之间，株与株之间，都非常的宽松，看上去很是舒服。

但老苗圃，情况却大不相同了。不少还是老样子，树干的分支点高高低低，间距有舒有密，树冠交叉在一起。说句不好听的话，就像一堆乱草。

问经营者为何不该砍的砍，该移的移，该合并的合并，实现标准化种植？

经营者很冷静地回答："老苗圃，不好搞标准化。"

我以为，这是认识上的一种误区。

老苗圃，一样可以实行标准化种植。苗木实行标准化种植，是实现苗木优质化的基础。

今年 5 月，我到山东昌邑，在昌邑花木场朱绍远那里，看到上千亩地的老苗圃，全部实现了标准化种植。不了解情况的，以为这都是新苗圃。

"这么大的苗圃面积，你为什么就能做到标准化种植？"

朱绍远笑笑。他说得好："现在是讲究精品苗木的时代，明摆的事。不做到标准化种植，苗木就长不好。长不好的苗木，在市场上就会被冷落。"

被冷落，按北京人的话讲，就是不招人待见。

不招人待见的苗木，在市场上还谈什么竞争力。日子久了，还会被社会淘汰。

随便种出来的花、养出来的苗子就能卖钱的时期，那是旧黄历，早就过去了。

由此看来，老苗圃实行标准化种植，毋庸置疑。

解决这个问题，我看还是先解决认识问题。

第 177 招
把自己变成管理公司

2011 年盛夏的一日，我在江苏如皋花木大世界见到了公司总经理王志刚先生。

大约七八年前，王志刚舍弃银行工作，在花木盆景之乡的如皋，创建了如皋花木大世界。尔后，又在苗木之乡的沭阳，创建了沭阳花木大世界。

凭借这两个大型花木市场，他开始承揽园林绿化工程。

因此，这些年来王志刚很忙。他到处跑，公司的人见他一面都不是很容易。

王志刚笑呵呵地介绍道："我们真是有缘，昨天夜里我才从山东回来。签订了一个数亿元的大型绿化工程。"

"是啊！真不得了！那你该更忙了。"

"忙一阵就好了。不会像以前那样，一接了工程，就忙得团团转。"

"这么大的工程，几个亿，还不很忙？"

他说："我们这次改变了思路。不自己干了，让别人来干，把自己变成一个管理公司。工程招投标，最后选择二三十家园林绿化工程公司来干。"

"呵呵！这个思路不错。这么大的工程，自己干，饭都盛在自己碗里，光是采购苗木这一项就够累人的。"

"是啊。原来都抓在自己手里，并不一定有多少利润。所以，我们选择二三十家信誉好的公司，让他们来干，一家三四千万元的工程。我只是管理，拿一部分管理费，养的人也少了，公司赚的钱还会多了，不是很好嘛！"

王志刚换位经营的思路给了我们一个很好的启示。在实际经营活动中，经营的模式就应该是多方面的。不要总是一手，可以有两手，还可以有三手。

针对具体情况，一切有利于增加经济效益的做法，我们都是可以尝试的。

第178招

管理要形成体系

2008年奥运会闭幕式之后，我见到了豪门园林有限公司董事长张岐先生。他刚完成了公司在奥林匹克公园的施工任务。

我对张岐说："你的公司能从唐山来到北京揽下国家级公园工程，还获得了好评，不简单啊！"

"谢谢。"张岐说："最近夸奖我们公司的人不少。"

"别飘飘然啊。"我半开玩笑地笑笑。

"怎么可能？"张岐说："越是在这个时候越要冷静，我有自知之明。"

我问："您有什么想法吗？"

"企业要做到可持续发展，就要有创新，就要有新的想法。"

"有什么新的想法？说给咱听听。"

"我觉得我们公司在管理体系上还有待规范。下一步我想重点抓抓这方面的工作。"

"很好啊。怎么规范？"

"简单地说，就是在岗位、职位、薪水三位一体的基础上，走程序管理之路。

岗位，指的是做什么；职位，指的是对人的一种要求；薪水自然指的是待遇了。”

他还说：“具体内容还有很多。这些都是我们在实践中遇到的，然后加以解决。这些内容，都是好东西。这就好比是一箧珠子，哪一粒珠子都光彩夺目，但没有串起来就构不成体系，就不是一件完美的工艺品。奔驰汽车也是如此，它的零部件都是好东西，但没有组装前，就是一堆零件。”

我调侃道：“就像赵丽蓉在小品里说的，它就是一盘大萝卜。”

“呵呵，是，是。所以，只有奔驰汽车的零部件组装起来，才显示出它应有的高品质。”

是啊。我们的企业发展到一定程度，管理不创新，不规范，形不成体系，要发挥它应有的作用，难了。

守着老黄历，企业发展要是不上新台阶，更难了。

管理创新的方式很多，但还是要看实际情况，对症下药。

第 179 招　做事要留有余地

做事留有余地，可进可退，给对方留下好印象，自己在经济上也不吃亏。

2011 年 6 月一个周末，在北京见到 2010 年度全国十大苗木经纪人、长春著名会展活动组织者梁永昌先生，就有这样深刻的印象。

他在吉林成功举办过多次苗木信息交流会，很是成功。7 月中旬，他将在北京顺义举办全国苗木行业发展研讨会。

“永昌，你在东北组织苗木信息会为什么总能受到欢迎，而且还能赚钱?”我们见面寒暄过后，我这样问道。

梁永昌微微地笑着，说道：“我做事情，总是考虑留有一定的余地。”

“怎么留有余地?”

“要视具体情况而定。7 月，我要在北京顺义举办苗木行业发展研讨会，就是这么考虑的。会议室我都定下来了。”

“你确定在顺义办会，是不是首先考虑的是顺义刚刚举办过中国第 7 届花卉博览会，那里的知名度高?”

他摇摇头说道：“这不是首先考虑的因素。我首先考虑的是会议室是不是很健全。因为，我组织的是全国性的会议，面对的不是一个地区。顺义那家宾馆的会议室恰巧很健全。”

“健全的会议室是怎么一回事?”

“健全的会议室，就是你要组织会议，应该具备大中小三种类型的会议室。顺义就有这样的条件。开会时，如果报到的人多，可以选择大会议室，这是咱们最愿意看到的。如果人略少点，可以选择中型的会议室。人再少点，也没有关系，可以选择小会议室。这样，开会的人气也会显得很足。租用的会议室的成本也可以控制。反之，麻烦就来了。人少了，还用大会议室，一是会场显得很空，没人气；二是会议室的费用也高，白搭钱。您说，是不是这个理?”

梁永昌的话，我是百分之百的赞同。

我们从事花木经营，都要做两手准备。年度计划订得低一点，期望值别那么高，留有余地，年底如果不如意的话，你也不至于有什么失落感，会轻松许多。

因为，外部客观环境随时会有不确定的因素发生，凭借我们个人主观上的努力，有时候是不好控制和抵御的。

第180招 办法，遇上会用的人才有效

东北著名苗木展会组织者梁永昌，近几年搞展会屡屡获得成功，究其原因，还有一个因素，是因为他手里掌握着上万个苗木经营者和园林工作者的电话信息。

“你是怎么搜集到这么多电话信息的?”我曾这样问他。

40出头的梁永昌没有回避，说出了其中的奥妙。他说：“我在这方面下的工夫，沿用的其实是很老旧的办法，但很有效。”

“什么老旧办法?”

“写信。比如园林部门，或者林业部门。我跟这些相关的部门并没有联系，你要是组织会议，用手机群发，你不知道这些单位负责人的姓名、电话，怎么发?先写信，采用这种老套的办法就可以解决。因为每次发信总会有一批反馈信息。”

“写信一次要发多少封?”

“每次都要几千封信。打个电话，邮局的人会来取。因为量大，他们会服务上门。”

社会在发展，时代在前进。大江东去浪淘尽。

但过去的一些做法并不一定都过时，如果运用得好，在日新月异的今天仍会给您的经营带来意想不到的效果。

关键是用在什么地方，怎么用。这就需要您脑筋急转弯了。

第 181 招

为农民造福

一个出色的经营者只有心中装着一方百姓，想着为社会造福，为农民造福，人生的价值才能得到真正的体现。

在如皋短短的两天内，我与“小叶罗汉松盆景王”郑长才老先生交谈过几次，时间都不长。原因是他太忙。但我注意到，每一次交谈，他都要说这样一番话：“一个人，光想着自己赚钱，目光太短浅，不算做成什么事；只有让老百姓赚到钱了，农户也致富了，才叫真正做了点事。”

如皋绿园所在地是如皋市城西镇。据这个镇的原党委书记刘坤如介绍：近 10 年来，如皋绿园每年都要花五六百万元从农民那里购买小叶罗汉松桩头，回来自己嫁接小叶罗汉松盆景。当中，也不乏初步嫁接过的小叶罗汉松盆景毛坯。

郑长才老先生说道：“从农民手里收购素材，不仅我的盆景事业发展快，而且可以使更多的农民赚到钱，否则，有什么意思啊?”

“这些年，您从多少户农民手里收购了小叶罗汉松?”

“哦。多了。很多吧。”

“很多是多少?”

他想了想说道：“3000 多户吧。每年春节前选一批，到来年 4 月份再选一批。”

让那么多的农户受益，这样的人怎么可能不受一方百姓欢迎呢?

在绿园公司，我恰巧碰到了如皋“农民音乐家”陈贻笙先生。他也被郑长才老先生的事迹深深感动，为如皋绿园作词谱曲，创作了一首《绿园之歌》，并现场饱含深情地为我演唱。

我问陈贻笙为什么对郑老先生这么敬佩，他说：“郑总为人诚恳，对农民好。”

第 182 招

先做出榜样来

起步，基础是不同的，做起事来也要不尽相同，一步一步地来。

江苏沭阳知名苗木经纪人冯丙永，新近在山东滕州的张旺镇成立了一个苗木合作社，取名为滕州富源苗木合作社。他走的路有一点特别。

日前，我在北京见到了40多岁的冯丙永。他跟我谈起了他的合作社。

“你这个合作社有多少个农户？”

他说：“整整30个农户。”

“你是江苏沭阳人，怎么跑到山东滕州挑头成立个合作社？”

“是这样的。滕州富源镇有个老支书，年初换届不干了，退下来想大力发展苗木。在此之前，他搞了一片银杏，都长到20厘米粗了。老支书自发地组织一个团，到我们那里去考察。一到我们那儿，大家都傻了眼。敢情苗子又赚钱，又能绿化美化环境。于是，大家都动了搞苗木的心思，让我在他们那里组织一个合作社。回去一商量，镇里很支持，一路绿灯，说办就办，这事就这么定下来了。”

“这是好事啊！那里的农民从你这里看到了发展苗木的希望。”

“他们是这么想的，我也别辜负了人家的重托。”

“你在滕州有地吗？”

“在镇政府的支持下，我租了400亩地，已经种了不少木槿，还有，就是各种地被植物。”

“那里的农民在你的带领下，苗子统一品种，统一管理，统一销售？”

“是准备这样做的。现在还做不到。我想，我还是先干出点样子来，在这里挣钱了，下一步什么事就都好办了。”

对。先干出点样子来。说白了，就是先示范，就是先做出榜样来。领头人挣了钱了，身边的农民才会心甘情愿地跟着你走。

现在，外面的世界很精彩。改革开放以来，全国涌现出来许多的花木之乡，靠花木发家致富的农民不计其数。

但让一个极少有人种植苗木地区的农民投资种植苗木，改变原有的种植习惯，想想容易，动起来就不那么容易了。

万一赔了怎么办？农民手里的钱有限，承受风险的能力低，他们有这种担心是可以理解的。

扛旗的，就要带动赚钱才成。

11 人才与法律

人的心态决定人的命运，
员工的心态决定企业的命运。

第183招

碧云花园发展快，人才作用大

一个企业的兴旺，是八仙过海，各种人才尽显其能的结果。因为，人才可以实现最伟大的成就。蓬勃兴旺的浙江省嘉善县碧云花园就是如此。

2011年3月，我来到碧云花园。只见这个不到两年的花园式休闲农庄已经建设得非常成熟。上一年，该花园接待游客30余万人次。

据了解，碧云花园发展最重要的一条经验，是该公司当家人潘菊明先生充分利用社会人才和尊重本单位的人才。

走进碧云花园，在园子的中间，是一个湖，弯弯曲曲的，但很开阔。

湖里，成群的鸭子在水里嬉戏。在湖的左侧，坐落着精巧的具有江南特色的杜鹃园、盆景园，还有养殖各式高档盆花的联栋温室。

另外，还有一栋高大宽敞的温室，种植的是一排排高架草莓。右侧，是一排排几乎望不到边的玫瑰香葡萄。草莓和葡萄成熟了，游客自己采摘想必是很愉悦的一件事。湖的北岸，是一片蓝琉璃瓦的三层楼群。

在这里，游客可以小住，可以品尝到花园里养殖的无公害蔬菜和纯正的土鸡，喝上自酿的有机葡萄酒。园里的一条条路边，还有园里一处处翠绿起伏的草地上，是一簇簇刚刚盛开的郁金香和蝴蝶花。

园里，全部实现了农业机械设备和滴灌节水设施。

来碧云花园休闲度假的，多为附近的上海人和浙江人。

这里，每年要举办杜鹃花节、葡萄采摘节、菊黄文化节和原生态“十里水乡游”等活动。游客一到碧云花园，无不惊喜地赞道：这里竟如此美丽如画，真是人间天堂啊！

今年50岁的潘菊明是嘉善本地人。他做过售货员、当过兵，复员后办起了服装厂。

从事服装厂多年后，他积累了一定的资金。特别能奋斗的他一直在寻找拓展的契机。

进入21世纪，随着长江三角洲经济的快速发展，人们生活水平的提高，农家乐和休闲农业提到了日程。

在县、镇政府的支持下，他很快承包了一块拥有1000亩的土地，决心把这里打造成一个碧水云天的生态农庄，鸟语花香的人间天堂，供四面八方的游客休闲小憩。

潘菊明不是搞园林的，也不是学园艺的。

他深深地懂得，自己光有创业的激情是不够的，要想在这片土地上真正实现自己的梦想，必须充分地尊重知识，尊重人才，利用社会上的专业人才，充分地发挥他们在碧云花园发展中的作用。

鸟语花香的人间天堂的目标是有了，但怎么实现？从哪里入手？高档盆花怎么种植？园子怎么设计得巧妙艺术？他一概不知。

园子的整体设计和规划，全部是委托浙江大学园艺系从事观赏植物栽培和设计的教授夏宜平先生做的。

他依靠的，一直是夏教授和他的学生。几年下来，浙江大学园艺系在这里搞科研和毕业实习的博士生、硕士生已经有50多名。

每当游客称赞他的花园漂亮时，他都要说：这是浙江大学夏老师的功劳。

前几年，潘菊明开始发展葡萄种植，一上就是130多亩。为了做到精细和科学种植，他特意把浙江大学陈履荣老先生请来。

陈履荣老先生是浙江大学园艺系从事葡萄研究的权威，在华东地区有很大的影响力。年近八旬的陈先生说，碧云花园是他指导葡萄种植的最后一家，主要是被潘菊明的诚意所感动。

杜鹃是碧云花园的主打观赏植物，遍及全园各个角落。为了培养出观赏价值高的杜鹃，潘菊明除了聘请嘉善本地有经验的老艺人前来做技术指导，他还从辽宁丹东，把相君杜鹃花培育发展中心的李相君请来。

在杜鹃种植方面，李相君有多年的实践经验，在杜鹃造型上与嘉善当地有明显的不同风格。现在，在潘菊明的邀请下，李相君每年都要来碧云花园做数次技术指导。

对内，潘菊明同样重视人才的作用。现在，碧云花园有水果部、花卉部、施工养护部和休闲部。每个部门都有两到三个负责人。

对这些负责人，他只提出年度考核计划和目标任务，至于如何实施，他从不过问。他认为，既然你相信他们，把这摊子事交给他们，就要用人不疑，让他们大胆地干。

对此，大云镇原党委书记马龙根深有感触。他说，他退休后一直在碧云花园担任副总经理，本来想过了62岁就不再干了，但看到潘总这么相信自己，心情非常舒畅，只要身体允许，就想在这里继续干下去，为碧云花园尽一份力。

我到达碧云花园的当天，碰上了日本草莓专家冈野刚健先生。他正在这里指导草莓种植。70余岁的冈野先生在日本长崎农林试验场一辈子从事草莓研究。在草莓种植方面，老先生有着极为丰富的经验。

为了种出高品质的草莓，去年，潘菊明通过日本服装界的朋友特意把冈野先生请来，并且按冈野先生的要求，建立了一个6000平方米的高架草莓种植区。

种植槽以及相关的设施都是严格按冈野先生的要求加工而成的。去年底，第一批在日本专家指导下种植的草莓已经收获，其品质和市场价格要比国内的草莓高出许多。

潘菊明说：这就是尊重专业人才的作用。

“人能尽其才，则百事兴。”这是我们先辈总结的经验，什么时候都不过时。

第184招

人才，来源于长期的投资

人才是当今社会的香饽饽，自然人才也是企业的香饽饽。企业兴，先要人才兴。那么，人才从哪里来？明摆着，不会从天上掉下来。

我看，解决人才不足的问题，不妨在以下几个方面动动脑筋。

其一，是企业要在培养人才方面给予高度重视。

高度重视，不是招几个技工、进几个大学生就算完事，还要在各方面给予关照。

其二，是从外面花大价钱引进人才，为我所用。此类做法，近年来在大公司屡见不鲜。一个懂技术的人才，今天还在这家公司上班，但说不定没有多久，就摇身一变，成为另一家的副总或者是总工了。

其三，自己培养人才。

近年从各方面反馈的信息表明，人才还是自己培养的好，效果最为显著。

培养的方法很多，比如，农闲时定期请专家讲课；员工之间定期或不定期的技术交流；鼓励和奖励在职攻读“继续教育”的员工；鼓励员工搞技术革新，一旦有了小发明小创造便及时给予奖励。

近来，石家庄农林科学院蔬菜花卉研究所，为了培养与国际接轨的高山杜鹃技术人才，动作更大，不惜花费用，派员工到比利时进行深造。

很多做法证明，人才源源不断地在企业内部脱颖而出最为有效。平心而论，我是非常看好这一招的。

有人要问，如果花大钱花大精力培养的人才跳槽了怎么办？这就表明，您的肚量还不够宽。

记得十几年前，花木业有一位有名的大老板，辛辛苦苦培养的骨干都弃他而去，自己去当了老板。有人说他这是“白花冤枉钱，公司成了公立学校，学生一毕业，都远走高飞了”。

他听了，却呵呵笑道：“我还当一回校长了呢！有什么不好！”

当老板，做大事，还是肚量大点好。

反正，在人才这个问题上，实事求是地说，不论做到哪一点，都要舍得投资，舍得花银子，而不是仅仅在基地扩展、花木购买上舍得花大把钱。

一个公司，如果缺少一个半个管理人才，还可以缓冲一下，要是缺少熟悉专业的技术人才和技术员工，想实现生产上的优质，可就困难了。

人才济济的背后，说到底，还是与利益密切相关。

第 185 招

顾问不是装饰门面的

懂技术的人才从哪里来？还有一个办法，就是聘用技术顾问，也能真顶事。但绝对不能叶公好龙，装饰门面，给别人作秀。

前不久，我到外地出差，去了一家企业。刚一到，老板就递给我一份介绍企业的印刷材料。好嘛，材料印刷得非常精美，苗木样品众多。最引人注意的是，这家企业技术顾问众多。北京林业大学某某是顾问，北京中科院植物园某某是顾问，山东农业大学某某是顾问。这些顾问，倒都是很有影响力的大专家。

但到了苗圃一看，从苗木的品种，到苗木的长势，都非常一般，没有什么吸引人眼球的东西。我心想，有这么多大牌顾问，苗圃就这等水平？

回京后，过了一阵，参加一个活动，碰巧遇到北京的两位大专家。同他们一聊才清楚，大专家只是两年前到过那家公司，受邀参加过开业庆典活动，并且当场被聘为顾问，老板为此大肆宣传了一番。

但直到现在，他们也没有再接到对方一次咨询电话，更别说邀请了。

这种假招子、华而不实的做法，对企业提升产品质量没有任何益处。现在是重实际的年代，做表面文章，只能给人留下弄虚作假的口实。

第 186 招

懂技术的员工是香饽饽

花木生产实行标准化是大势所趋，是转变花木经济发展方式的必然，这是毫无疑问的。但这一切都是靠人来实现的，人是促进生产力发展的首要因素。这个认识，自从前不久在上海参加活动和一个搞杜鹃的老板聊过之后，才感到非常重要。

因为，当今企业的竞争，从根本上说，是人才的竞争。谁拥有了更多的所需要的人才，谁就拥有了市场的主动权。

那位从事杜鹃经营的老板告诉我，他现在的造型杜鹃很受欢迎，不仅受到个人爱好者的欢迎，而且受到造园者的欢迎。造型杜鹃，已经成为园林绿化的新宠儿。

自今年上半年以来，他的杜鹃已被江苏、广西、广东从事休闲经营的观光园的老板看好，一要就是一二百万元的货。

这是一个非常好的现象。但现在他最担心的是这些精美的造型杜鹃运过去之后，谁来养护它？谁来使它们适应当地的气候？谁来保证让它们健健康康地生长？这些都是他最为担心的。至于这些植物因形状与当地园里的池塘、坡地、园石、廊庭如何相得益彰，实现花与自然的有机结合，成为游人观光的一大亮点，那还都是后话。

“现在，最缺的就是懂得杜鹃养护的技术员工。我那里懂技术的人手也不多。花长得不好，养得带死不活的，我的脸上也没面子，也对不起对方，今后还怎么在外面做生意啊！要是对方有懂技术的员工多好！那真是香饽饽！”他发自内心地感叹道。

“近五六年，找我要懂专业技术人才的企业接连不断，而且出的都是高价。”我对此也有同感。

因为，这位搞杜鹃经营的老板说得极对。随着产业的发展，更多的外行加入花木产业，懂专业的技术员工越来越紧缺，越来越抢手。

现在，又是讲究品质的年代。凡是生产搞得好，花木品质高，园林绿化工程做得优质的，或多或少，都有一些懂技术、善于开动脑筋、敬业爱岗的员工。

人才，已经悄悄地成为企业之间博弈的重要砝码。

人才，呼唤人才的声音阵阵急！

第187招 为培养人才大开绿灯

江苏句容山水公司一年实现4项跳跃，我在前面介绍过，真是不简单。这家公司之所以做到这个份儿上，主要原因是企业拥有了一大批各种资格证书的人才。

那么，这些拥有专业证书的人才是从哪里来呢？董事长姚锁坤先生告诉我：“多一半是员工自学、参加考试取得的。”

为了鼓励员工自学，公司大开绿灯：公司规定，任何一个员工在不耽误工作的情况下，都可以利用上班时间复习。考试合格者，公司负责报销学费。

此外，还有激励措施：考试合格者年薪不足 7 万元的，要调整到 7 万元。

另外，姚锁坤还带头自学，拿了两个证书，考取了一级监理师和一级建造师。

姚锁坤透露说："现在，我们公司拥有国家级职业资格证书的工程师已经达到 55 人，其中多数既是监理工程师又是一级建造师。"

公司由于具备了多方面的条件，经营范围从园林绿化施工，拓展到了市政工程和工程监理业务。这样一来，业绩显得非常突出。

园林绿化工程，公司去年实现了 1.3 亿元经营额。

工程监理，去年超过 6 亿元，其中，他们监理的苏州工业园区市政工程、太仓港园林绿化工程、南京市聚宝山公园等，都属于江苏省的重点工程，公司获得了监理费用 1200 万元。

在市政施工方面，这两年，公司在句容已经承接了几十座桥梁和供排水工程，经营额也达到了上千万元。

经营方向的拓展和经营业绩的辉煌，是公司为员工自学大开绿灯的结果。一个企业在这方面多投入，是高明的决策。

第 188 招

关心人才的生活

企业要生存，要发展，离不开各种各样的人才。但人才引进之后，还要关心他们的生活。这，不是简单地多发几个钱就能解决的问题。

一日，我去北京一家上千亩的大苗圃参观，就有很深的感触。这是外埠一家大公司 3 年前在北京建立的苗圃。

领着我在地里参观的是苗圃的技术主管。主管是个小姑娘，20 多岁，戴一副眼镜，文质彬彬。大学一毕业，她就被招聘到了这里工作。

别看年纪这么轻，在介绍苗圃情况时，从树木特性，到土壤、施肥、打药，以及如何养护，她都说得头头是道，井井有条。

在与苗圃经理座谈的时候，我禁不住称赞这个小姑娘的才干。没想到，经理难过地说出了这样一句话："唉。明天人家要走了。"

"为什么?"我吃了一惊。

"因素是多方面的。但最主要的，还是生活方面的实际问题得不到解决。"

一个大学生，经过 3 年的实践，刚刚在技术上成熟起来，独当一面，又要离开了，实在可惜。

人才的流失，对苗圃的发展，对培养受市场欢迎的优质苗木，无疑是个很大的损失。

为了占领市场制高点，企业重视苗圃的发展，今天在这个省建个大苗圃，明天在那个市建个大基地，都是可以理解的。但如果你的技术人才和其他人才跟不上，时常流动，最终现实与愿望就会出现明显的差距，效益会大打折扣！仅仅基地多，基地大，又有什么用呢？现在倡导的是精，不是多。

解决这些问题的关键，就是留住人才，关心他们的生活，为他们解决后顾之忧。您想，如果工作环境好了，谁不愿意稳定，谁愿意总是满天飞呢！

第189招 把被聘用者的利益挂在心头

经营者和被聘用员工是拴在一根绳子上的两只蚂蚱，心思上绝对是两股道。一个是我聘用人，为的是我的企业发展；一个是我被别人聘用，为的是打工挣钱。那么，两者如何做到统一，心往一处想，劲往一处使？有一招很灵，这就是老板要把被聘用者的利益挂在心头，为他们着想。浙江嘉善碧云花园的潘菊明就是这样做的。

对此，我深有感触。

在碧云花园，我与负责园艺的技术总监周素梅女士聊过天，她说：“我是碧云花园招来的第一批大学生。园子一建我就来了。我们那批学生有六七个，如今几乎都在，很少有跳槽的。”

“为什么？”

“很简单。潘总老是为我们员工考虑。他是靠服装厂挣的钱搞的碧云花园。但这两年，面料和人工成本明显增加，服装厂已经没有多少利润可言。在这种不利的情况下，他还能考虑物价上涨的因素，去年年底为我们涨工资。”

“涨了多少呢？’

“10%左右吧，最多涨了30%，不容易！”她动情地说。

还有，那天和日本草莓专家冈野刚健先生一起就餐时，我也感受到了潘菊明对日本朋友的真情。饭毕时，翻译把老先生的行李从楼上的寝室提了下来。老先生要启程回国。

“您再来碧云花园是什么时候啦？”我问。

“4月中旬。这批草莓成熟时。”他说。

“4月您来，正是这里春暖花开的时候，我再次希望，您到时候偕夫人一起来。费用我们出。”坐在一旁的潘菊明搭话说。

老先生笑笑，站了起来，真诚地朝老潘双手合璧，不住地点头表示感谢。

欲取之，先予之。真情地为被聘用者着想，才能留住人才，让他们想企业之所想，急企业之所急。

第190招 不拘一格引进人才

“整合有效资源，规范管理，引入现代经营模式，已成为企业发展的必由之路。花乡花卉市场、玉泉营花卉展销厅、花卉大观园、奥桥园艺中心等诸多企业，而今，都已从相对独立的单位转变为北京花乡花木集团的核心成员。”

“集团公司已成立研发中心、生产中心、营销中心、园林工程部门等，但如何将这些部门紧密地联系起来，资源共享，开发利用，降低企业成本，提升经济效益，就是关键所在了。举个简单例子，生产部门生产时会出现一些剩余资源，比如红掌，在生产中有时要打掉一些花，这些不够正规商品级别的花卉，还可以是花艺小品中的良好材料。各部门之间衔接好，就能把这些原本扔掉的材料利用起来，实现资源的有效整合。”

“集团公司建立起统一的数据库，各单位根据要求上报数据。通过数据库，把产品资源进行最有效的分配或调整，使之效益最大化。”

“公司正全力打造花乡花木集团的品牌，2008年奥运会、2011年世界大学生运动会，花乡花木集团一直是鲜花赞助商，为打造全国性品牌夯实了基础。如今，我们从实体到网络进行统一包装，逐步强化品牌形象。这就需要我们更加细致地工作。因为一个环节出现问题，就会让集团的品牌形象大打折扣。”

“公司建立了培训和考核制度，以抓紧对人才的培养和选择。前几天，公司进行了绿化工考试，通过考试评定出初、中、高级职称，和工资挂钩，激励员工不断学习和提升。”

上面这番话，是花乡花木集团新近走马上任的总经理林巧玲说的。她面对中国花卉报记者何小唐采访时，侃侃而谈，颇有一番大将风度，令人刮目相看。

一日，我在中国花卉报报社的楼道见到何小唐，我问她：“林巧玲，这个名字怎么没有听说过？她是花乡人吗？”

何小唐说：“不是花乡人，林巧玲是从社会上挖来的人才，今年才29岁。”

29岁，还不到而立之年，就挑起了大梁。

原来，林巧玲是福建省福州市人，2006年本科毕业于北京林业大学园林系。毕业后她结合自己所学专业理论，积极与实践相结合，曾与草桥的花卉企业有过多次的接触，设计并制作了建设草桥百花园的PPT，还参与了一些新项目的开发。在实践中，被发现是一个有思路、有计划、有承诺、有态度、有水平、有能力的人才。

敢于不拘一格，从社会上网罗人才，吸收新鲜血液，引进人才，重用人才，做出这决定的显然是花乡花木集团的掌门人、草桥实业总公司董事长王茂春了。

年轻的林巧玲的脱颖而出，不但对她本人是一次机遇，更是体现了草桥领导班子改革开放、任人唯贤的新举措。聘请如此年轻的外来专业人才担任实业公司花卉企业的火车头，它开创了花乡乃至全区、全市花卉企业之先河。

王茂春这样做，已经不是第一次了。据我所知，属于草桥的世界花卉大观园的现任总经理也不是草桥本地人。

现在的竞争，首要的是人才的竞争。什么事情都是人干出来的。一个企业，没有与时俱进、开拓创新的人才，要想发展就难。

引进人才，还可以在内部形成一种竞争的氛围。

第191招

同时用两三个人才

“在我的企业里，一个部门，同时用两三个人才。”在浙江省嘉善县碧云花园逗留期间，说到企业管理，老板潘菊明这样告诉我。他还说：“这样使用人才好！”

老潘的这一做法值得高度注意。

在当今社会主义市场经济的今天，人才流动，从一个单位跳到另一个单位，或者从一个地区向另一个地区流动，都是一种非常正常的现象，无需大惊小怪。一个人，几乎一辈子“在一口锅里吃饭”的情况早已一去不复返了。我想这个道理，企业的经营者都是非常明白的。

但在企业挑大梁的人才，有一天真的郑重其事地跟您说：“老板，我想辞职了”。

您听了这番话，心里肯定很不是滋味。

因为，一个重要岗位，如果是他一个人扛着，就会塌下半个天。这样的例子，花木行业并不少见。

我认识一个搞蝴蝶兰的企业。大前年去他那里，蝴蝶兰养的一级品占了90%。去年再次光临，蝴蝶兰的一级品不足60%。

“这是为什么呢？”我在大棚里问一个员工。

“原来养蝴蝶兰的师傅跳槽了！”

他一走，企业等于塌了大半个天，元气大伤，再缓上来，绝非易事。

老潘遇到这种情况，就不惧怕。

他说："如果我遇到这种情况，会苦口婆心地挽留。挽留不成，我会很心平气和地让人家流动。"

老潘为什么能做到这一步？很简单，一个人走后，还有另一个顶上，企业照常正常运转。损失会有，但不至于很多。

反之，要是把宝押在一个人身上，一旦掉了链子，缺了得力的人才，保准让您苦不堪言。

第192招 相关的工作经历很重要

2006年5月的一天，我们在日本东京附近的千叶县八千代市，参观了大名鼎鼎的京城月季园。

京城月季园一份宣传折页上清晰地写道："京城月季园是日本最大级别的月季庭院。全世界的月季品种都集中于此，请享受这优雅的一刻。"

当时有关人员告诉我，这家公司，不仅是日本最大的月季园，也是世界上最大的月季园。

参观之后才知道，在这里从事工作，只有一方面的工作经历是不行的，还要有其他相关的工作经历。

接待我们的贸易部主任久田泰之先生，便是其中的一位。

久田泰之先生，三十五六岁，中等个儿，白白净净，戴副眼镜，文质彬彬。虽然身穿一套豆绿的夹克式工作服，但仍显得很优雅。

我们来后，久田泰之先生在月季园里，一会儿为我们介绍这是什么品种，从哪个国家引进的；一会儿介绍那个品种，是哪个地方培育的；并逐一介绍它们的性能，非常内行。

"您在京城月季园工作多长时间了？怎么对月季品种这么熟悉？"回到接待室，我问久田泰之先生。

"谢谢夸奖。11年了。"久田泰之先生微微笑道："我对月季品种比较熟悉，这要感谢我有过月季生产工作的经历。我到京城月季园工作，前4年都是在园子里从事种植，从第5年开始，才转到贸易部工作。"

久田泰之先生介绍道："在京城月季园工作，如果你是从事技术工作，或者从事生产养护工作，一定先要有从事销售工作的经历。"

“与客户打过交道?”

“嗨。对，有与客户打交道的经历。如果从事销售工作，先要有从事生产的相关经历。对品种和生产过程有一个全面的了解。”

“为什么要这样?”

久田泰之先生回答：“你了解上一个工作环节的内容，对于你干好现有的工作是非常有好处的。我要是没搞过月季种植，就不可能对月季品种这么熟悉。”

是的。听久田泰之先生这么一说，使我想起南阳月季基地总经理王波女士。她当年一干上月季销售工作就业绩非常突出。之所以如此，与她最初在月季园里从事嫁接、扦插、养护工作的经历是密不可分的。

“你在销售中，肯定要向客户介绍品种。如果你没有从事生产的实践经验，你就不可能为客户搞好售前和售后服务。光凭耍嘴皮子，不中。”王波曾经这样对我说过。

久田泰之先生和王波女士都是优秀的营销人员。他们的经验，值得重视。

从事花木经营，搞生产的懂得一些营销知识，搞营销的懂得一些生产知识，这对做好现有的工作大有裨益。不是拍个脑袋就能干好的。因为彼此是有密切联系的。只知其一，不知其二，是不行的。

第193招

劳动力再紧张，对员工的培训也不能放松

近几年，随着经济的发展，劳动力市场的紧张，园林绿化公司招工不仅费用高，而且越来越难招，恐怕，不少人都有这样的体会。

但我们不能拍个脑袋就算一个人。人一进来，也不做任何培训，穿件带有公司标志的马甲就上岗。

因为，现在使用的人，多数都是农村剩余劳动力，对植物品种和养护知识几乎一无所知。一旦这么做，尴尬的事、有损公司形象的事也就随之发生了。

近来，我就目睹一幕，值得我们的经营者高度注意。

那天，是路过北京和平里的一处街头绿地。

一个身穿一家园林绿化公司服装的中年人，戴一顶草帽，蹲在绿地里，为金娃娃萱草除杂草。

一个二十多岁的姑娘路过，看到一朵朵盛开的金娃娃很是新奇，便停住脚步，问中年人：“师傅，这是什么花啊?”

中年人抬起头，看到的是一张俊秀的脸庞，闪动着一双热情求知的眼睛，正在望着他。

中年人瞧瞧那俏皮的金灿灿的花朵，不好意思地笑了。

“这是什么花?”他的声音不高，躲开了姑娘的目光：“我也不大清楚。”

“大叔，您是干这个的，怎么可能不知道?”姑娘似乎不大相信。

“我刚从河北老家过来，真的不大清楚。”他笑了，笑得有点尴尬。

这件事情按说不大。但对此我有两点感触。

第一，作为一家园林绿化公司的员工，连植物品种名称都不清楚，自然谈不上对这个品种的习性的了解了。在这种情况之下，谈不上什么科学养护，只能是对付做事。

第二，现在的一段街头绿化，即使做到了乔木、灌木、地被植物三结合，也没有多少品种。顶多十几个，到头了。如果连这点品种的名称都不熟悉，一问三不知，是不是有损公司的形象？因为，员工身穿的工作服，带有公司明显的标志，都清楚地印在上面。试想，如果这个员工遇上一个你潜在的客户，会给客户造成什么印象?

因此，在我们这个讲究品质、讲究企业树立良好形象的时代，一定要牢固树立科学养植、科学施工、科学养护的观念。上岗前，一定要对您的员工做扎实的培训。

对付、糊弄都是不符合时代潮流的。

第194招 对员工要进行品德教育

一个苗圃运转良好，销售是关键。销售业务重要，而从事销售人员的品德更为重要。早上乘地铁，就想到了这个问题。

早上7点多钟，正是上班的高峰时刻，我从立水桥乘地铁。挤进门里，靠在座椅的立柱上，不禁使我一愣。离我最近的座椅上，坐的是一个30来岁的小伙子，满面红光，不停地摆弄他的手机，玩游戏。而站在他眼前的却是一个老先生。老人满头白发，脸上的皱纹纵横交错，看上去，起码有七八十岁。

“天哪，为什么不给老人让座？年纪轻轻的也坐得住?”我瞟了年轻人一眼，心里说。

过了一会儿，就听旁边有人小声对老人说：“您别挤了。”

老人马上大声回应道：“我挤了吗？我挤了吗?”

稍微平静了一下，老人又高声说：“我这么大岁数了，站都费劲，还挤得动吗?”

按说，老人这样讲，小伙子应该听得非常清楚，站起来让老人坐下，但此人坐在那里却稳若泰山，周围不少人，都对他发出了鄙视的目光。

又过了一会儿，小伙子的手机响了，他接电话，这才知道，敢情他是我们花木行业圈子里的一个苗木业务员。

这样的业务员，是让人嗤之以鼻的。

因此，公司对业务员一定不能忽视公德和品德的教育，这对公司的形象和销售都是有益的。记得前些年在晚报上看过一幅漫画，漫画的旁白是：谁说我目中无人。但画中突出的眼睛里，有的只是他自己。

碰上这样年轻的业务员，心里只有他自己的人，连尊老都做不到，让他处处为公司着想，维护客户的利益，恐怕有点难!

第195招 忧患意识不可缺少

大家知道，在竞争的社会里，一个企业不可能总是阳光灿烂，一马平川，一帆风顺，节节向上，因此树立忧患意识非常重要。

2011年，震惊世界的大事件，尽管有卡扎非倒台，有欧洲债务危机等，但一定不会缺少3月11日日本东北部的宫城、岩手、福岛海岸附近发生的里氏9.0级大地震。

这个重大事件，对我们的企业树立忧患意识是颇有启示的。

看电视，大地震过后，随即而来的是可怕的海啸。

十几米高的海浪，带着撕裂的声响，像猛虎似地扑向海岸，房屋、汽车、堤坝，地面上的一切建筑物，都被撕成了瓦砾、碎片。

这些瓦砾、碎片，还有被扭曲的汽车，在海浪的劫持下，继续向岸上的其他领域冲去。

顷刻间，风光秀丽的海滨城市，变成了一片狼藉的大垃圾场。

成千上万的人，在这场史无前例的大地震和海啸中丧失了生命。

震后，朋友的女儿从东京回来说：“地震的时候，她们正在学校上课，突然，楼房就像不倒翁似地剧烈晃动起来。人和桌椅如同置身在筛子里，被摇来摇去。”

福岛核电站的严重核泄漏，让方圆几十千米的人撤离了家园。

然而，在这场大灾难面前，日本人却出奇的镇定自若，秩序井然。

一个女士，坐在摇晃不停的办公室里，毫不惊慌，用手紧紧地保护电脑。

超市里，一个女服务员，在货架前俯身保护瓶装酒。

“500个人排队等出租车，秩序非常好。”震后从日本回到北京的一位学者在中央电视台说。

“在超市、加油站、学校和避难场所，数十名甚至数百名日本市民耐心、平静、整齐地排队等候。有的地方划了一道排队线，但更多的地方没有划，也没人出面维持秩序，但秩序却很好。”北京一份有影响力的报纸，也这样介绍说。

对日本社会临危不惧的这种现象，加拿大《多伦多星报》评论道：“这是令人震惊的优雅。”

这一切，真是让人感慨。日本民众为何表现得这么平静？

很多报道证明了一点：他们经常受到这种危机意识的教育。

日本是个岛国，处在地震频发地带上。据统计，全球里氏6级以上的地震约有20%发生在日本。

日本各级政府时常设想一旦某处发生地震，就会造成多大范围的人员和财产损失。因此，采取了很多防震、抗震措施和抗震知识教育。

在日本搜索网站，可以搜索到“防灾袋”或“非常袋”。这种用具，算是一个“百宝袋”。

它结实耐用，具有一定的防火、防水功能，可容纳瓶装水、压缩饼干、手压式手电筒、口罩、手套、药品等多种应急用品。

日本的防震教育是从娃娃开始抓起的。一些小学，经常举行防震演习，教育孩子们一旦发生地震不要慌乱，保护好头部，从容有序地躲避最为重要。

有的学校，还会利用模拟地震晃动的“体验车”，让孩子们感受地震。

日本家庭主妇们长期在家从事家务活动，也积累了丰富的室内防震经验。因为，地震可能引发燃气管道破裂甚至火灾。

因此，一觉察到大地摇动，她们就会立即关闭厨房火源。防震的食品中，有盐和糖等人体必需品。

“灾害在忘记时袭来”。这是日本与防震有关的一句俗语。

企业在发展过程中，往往不会一帆风顺，痛苦和快乐常常是并存的。您的企业在运作中，有危机意识的教育和防范措施的教育吗？

如果没有，到时候“狼”还没来，刚有点兆头，说不定就惊慌失措地喊“狼来了”，那是很可怕的。

第196招

爱岗敬业的员工是企业成功的支柱

“2009年6月，在加拿大温哥华举办的第15届月季大会上，深圳市人民公园获得世界月季名园称号，这与他们的精细养护有关系。”中国花卉协会月季分会会长张佐双先生对我说。

深圳市人民公园是1983年筹建，1985年起对外开放的，以月季为主题花卉。

目前，我国获得世界级名园称号的园林还为数极少，以月季为主的公园更是仅此一家。

2010年春节前夕，这家公园举办第12届月季花展览，我有幸来到了该园，对该园的精致和精细留下了非常深刻的印象。

公园不大，只有13公顷。

他们展览的月季，红的如明霞，粉的如胭脂，白的如白玉，花朵非常繁盛。

从一个石拱桥过去，是一片地势起伏的开阔地，你好像就进入了花海。先看到的是几排地栽月季，后是上架的一大片盆栽月季。地栽也好，盆栽也罢，这些月季株株整齐划一，枝条粗壮，叶片碧绿，花朵繁盛，看不到枯枝病叶的影子。

“干好一项事业，没有一支持之以恒、爱岗敬业的团队是不行的。”公园主任王辉对我说。

在园里，见到两个月季养护工人，一个是巫冰师傅，一个是陈庆顺师傅。他们的敬业精神很让人感动。

陈师傅顶着日头，淌着满脸汗水，为月季锄草，一干就是半日。有个游客看他辛苦，递上一瓶水，他笑笑婉言谢绝，继续锄草。

看到巫冰师傅时，已过中午12点钟，而他仍没有吃饭，还在地里修剪树状月季。

与俩人交谈，他们有共同的看法：要养出高品质的月季，一定要在浇水、施肥、病虫害防治方面下工夫，就像伺候小孩一样及时、精心，来不得半点粗心，不能计较8小时内还是8小时外。

比如，为了参展需要，老桩催花期间，为了保证花芽正常形成，下班后如果一场大雨要来，就要赶紧赶来采取遮雨措施。

夏天，白天温度特高时，浇水就要等下班以后进行，这样，根不易烫伤。还有高温时，植株容易生白粉病，遭受红蜘蛛虫害，下班前一旦发现有的植株产生病害或者虫害，就要赶紧喷药，不能拖到第二天上班，否则病虫害很快就会传染给其他植株。

您瞧，哪个细小的环节他们都放在心上。

第 197 招 做足功课，打有准备之仗

一个企业进入一个领域，一旦做足功课，打有准备之仗，战绩斐然是必然的。

近年来，北林科技种业公司花卉部销售的草花种子，年销量增幅达 20% 至 30%，就鲜明地印证了这一看法。

近日，该公司花卉部经理靳文东向中国花卉报记者谭川江揭示了其中的奥秘。

靳文东告诉记者：为了能在竞争激烈的花卉种子市场中站稳脚跟，公司从两年前就开展了一系列的准备工作，打造专业的营销团队，迎合市场的需求。

公司用了一年的时间，研究目前市场上主流公司的花卉种子，如班纳利、泛美、先正达等品牌的主要品种、特点、价位、育苗和栽培关键技术。

然后，他们对业务人员展开培训，让整个团队对进口花卉种子的形势有全新的认识和了解。

靳文东还介绍道：最终，我们形成一个清晰、坚实的团队合作网络结构，做到无论大事小事，都可以找到相关负责人，使得每个项目和区域，都可以得到长足的发展定位。

接下来，在实际运作过程中，靳文东他们还做了一系列的细致工作。

比如，袋装的种子从原来的按克计算，改为按粒计算，以此方便客户种植。

兵马未动，粮草先行。什么事，做足了准备，别嫌麻烦，打有准备之仗就不是一句空话。

第 198 招 在法律范围内做事

2011 年 5 月 10 日，《中国花卉报》头版头条，刊登了记者郭云龙采写的一条令人震惊的新闻：“‘绿大地’连爆丑闻业界担忧”。

借用小沈阳的一句台词：这是为什么呢？

“绿大地”，即云南绿大地园林股份有限公司。2007年年底，这家公司在股市获得资本市场一席之地。

可以说，这是我国园林花木行业首家上市企业，让所有业界人士羡慕和振奋。

在绿化企业圈子内，“绿大地”，一时成了“绿巨人”，备受推崇。在投资领域，园林股也随之成为热点投资对象。

但是好景不长。从2010年下半年开始，“绿大地”不光彩的事情接踵而来。

先是因为涉嫌信息披露违规，公司被证监会立案调查。随后，公司董事长何学葵所持有的股票被公安机关依法冻结。

今年3月17日，何学葵因涉嫌欺诈发行股票罪被公安机关逮捕。4月9日，公司董事、财务总监李鹏因涉嫌违规，被公安机关采取强制措施。

“绿大地”上月份发布的一季度报告全文显示，公司预计2011年1至6月份净亏损900万元至1400万元。

去年，“绿大地”在股市中一直表现得很抢眼，被称为A股市场的大牛股。现在，大牛股变成了问题股、麻烦股。

之所以如此，很简单，就是“绿大地”做了出格的事。

园林花木企业进入资本市场是一件很好的事情，表明了我们这个产业的发展水平，企业可以借此机会获得更大的发展空间。

但做任何事情，我们都要有个度，有个边。

这个度，这个边，就是法律。您一定要有这个概念。

也就是说，我们所有的行为，都要在法律允许的范围内进行，发展自己的企业，壮大自己的实力，而决不能做出圈儿违规的事儿。这根弦任何时候都是不能放松的。

第199招

主要股份控制在自己手里

主要股份控制在自己手里，就可以牢牢掌握经营主动权。

这是一个由企业上市引出的话题，不吐不快。

2010年春，我去广州著名的观叶植物企业程德成先生那里。

一见面，他就说，他的公司正准备在未来两三年上市。想上市，就要做资产评估，实行股份制。

我问道：“实行股份制，就要让别的企业参股。你是怎么做的?”

他笑笑答道："我需要别人参股。但最重要的一条，我要控股，也就是说，我的股份占大头。这一点，是绝对不能乱了方寸。"

"也就是说，你要占51%，另一方占49%，这是最起码的。"

"对的。我让出49%的股份也不是给一家，而是先找一家，然后再找一家。每家都只占不足25%的股份。"

"你的意思，是自己牢牢掌握公司的经济命脉？"

"是啊。不然，为了上市，公司的命脉就会让别人控制。我即使还是董事长，也是空有其名，说话谁还听你的？要是那样，还不如不上市。"

他说得对极了。

近来，我的一个老朋友，就是为了上市，实行股份制，把公司的绝大多数股份让给了别人。自己虽然还是董事长，但既成事实后，苦心经营20多年公司的命运就掌握在了别人手里，最后，无奈只好把自己的那部分股份也转让给了别人。

得到的，和他多年没白天没黑夜的付出，差距太大！更何况，成就感荡然无存了！

还是程德成做得妙。到一定程度，实行股份制，为早日上市创造条件是可以的，也是必须的，但一定要控股。这一点，各位仁兄要清醒，不能乱了方寸。

第200招
新品种要走保护程序

新品种受法律保护，毫无疑问。

但这里有个前提，不是说所有的新品种都受保护，而是这个新品种必须得到试种，然后经过专家审定，在国家有关部门得到申请认可后方可生效。这个程序是不可缺少的。

自1997年国家公布《中华人民共和国植物新品种保护条例》之后，农业部和国家林业局是有分工的。凡是草本新品种，在农业部申请保护；凡是木本新品种，在国家林业局申请保护。

在当今开放、信息透明的社会，这一套程序许多人是知晓的。但有的人就是不愿意走这套程序。

有一次在外埠一个苗圃，主人向我介绍他的新品种，说如何如何好，真是眉飞色舞，津津有味。

"你这么好的木本新品种，赶紧向国家林业局申请保护啊。"

"哦。"他放慢了语速："我还没有找专家审定呢？"

“赶紧审定，然后上报啊。”

“我不想走这套程序，麻烦，要花不少钱。最后也得不到保护，不费那个事了。”

他说的申请麻烦，过去是存在的。从申请到授权，一般需要3年时间。

但近日，国家林业局新品种保护办公室介绍说：他们现在正在启用一套“林业植物新品种信息管理系统”，能够高效完成品种权从申请到授权的过程。

还有，原来您申请时，先要委托代理机构，现在这个限制被取消了，这样您申请也方便了许多。

一个新品种从发现到繁殖，到推向社会，哪一步不需要先投入呢？何止是申请保护这一步？您有东西，有名称了，但没有得到审定和保护，它的合理性及合法性就没有依据，在报刊上做广告都是不允许的。还有，一旦被别人注册，您亏不亏？

该费事的地方，您一个环节也不能少。

还有，尊重自主知识产权，保护育种者权益，是大势所趋。在大势面前，您要理直气壮地维护自己的利益，什么也不要怕，也没有什么好怕的。

第201招

新品种起名有限制

有了植物新品种，就有个名称的问题。但这个名称，是不能凭兴趣，随心所欲起的。新品种取名国家是有限制的。

去年，我曾经帮助一个企业取了一个新品种的名称。这个品种名称，与地名有关系，比较贴切。他也接受了，也宣传了。但时隔半年后，他给我来电话却说：“前几天国家林业局来了人，看了后说我这个新品种很好，但如果申请保护，名称上是不能出现地名的。”

瞧，这就是不懂国家有关规定的结果。

接到他的电话后，我很快给国家林业局新品种保护办公室打电话，咨询这方面的情况。接电话的是个女同志。

讲清原由，她说：“我们是有这样的规定，植物新品种名称，是不能够出现县级以上名称特征的。还有，名称带有明显植物特征的也不可以。再有，品种名称中也不能出现数字。”

当然，您在给新品种取名时，先要上网，还需详细了解方方面面的有关规定，清楚了，再定。免得费尽心机取的名称，不具有法律效应。多误事！

第 202 招

自觉缴纳保护费

按时向育种者缴纳新品种繁殖费用，这在西方发达国家，已经成为人的一种自觉行为，哪怕是在很偏远的地方。

2007 年，月季专家孟庆海先生在欧洲参加月季花事活动，前后有长达两个月的行程。

6 月 29 日，他来到丹麦一个偏僻的小镇，访问这里的一个月季种植户。

这个种植户在尊重月季知识产权方面，给他留下了极为深刻的印象。

晚上，回到丹麦首都哥本哈根，他的日志，就记录了以下这样一段文字。

今天在丹麦日德兰半岛一个偏僻的农村小镇，我去拜访了当地一个月季种植户，感触很深。主人叫克鲁德·彼德森，年近 7 旬。

他有 100 多亩地，年产月季 36 万株，供应挪威、瑞典、芬兰等数个北欧国家的客户。在与克鲁德·彼德森先生长达 4 小时的交谈中，我们就月季的繁殖和储存技术及月季新品种的保护内容进行了广泛的交流。

给我印象最深的是，他每次繁殖出月季幼苗后，都要打电话给英国的育种者，请求来人清点繁殖数量，并且以清点出来的数量为准，如实缴纳新品种知识产权保护费。1 棵幼苗缴纳 1 欧元。

他家已有 50 年经营月季的历史，每次引进月季新品种，都会如数缴纳保护费，年年如此，这已经成为他一件非常自然的事情。

他对我说："品种保护费是重了一些。但交纳如此重的保护费我并不吃亏，因为每盆都可以销售 15 欧元。不引进新品种，就跟不上市场的需求，价格也上不去。"

我问他："繁殖数量往往都是您自己上报的。如果经营者不如实申报繁殖数量，别人是不是也不会知道?"

他摇了摇头，说道："这是不可以的。如果繁殖数量大，一旦被发现，育种者将会起诉，违规者会受到数年徒刑的制裁。一个公民，要自觉遵守法律法规，是不能乱来的。上帝也会惩罚的。"

克鲁德·彼德森说得非常清楚，无需我赘言。我们也要树立这种自觉尊重知识产权的意识，自觉按有关规矩行事。因为，我们各方面都在与国际社会接轨，哪一方面都不能让人小瞧咱。

第203招

带头尊重知识产权

自2011年3月14日起，深圳市仙湖植物园和西安植物园共同拥有的‘红笑星’品种权，转让给了广东棕榈园林股份有限公司。我看了中国花卉报宋波主任写的这个消息后非常高兴。尊重知识产权，龙头企业带的这头好！

‘红笑星’属于木兰科植物，是仙湖植物园张寿州博士指导研究生王亚玲利用植物园内的木兰科植物资源，通过自然变异，人工杂交而成的，属于小灌木，并且接近于小乔木。

它株型整齐，冠幅紧凑，长势旺盛，花朵繁多，在深圳为常绿品种。

2008年，‘红笑星’在国家林业局新品种保护办公室注册，获得了新品种专利权。

“‘红笑星’品种权转让给你们，你们一定花了不少钱吧？”我跟棕榈园林的董事长吴桂昌先生是老朋友，打电话给他，有意这样问道。

他说：“方老师，那当然啦！”

“‘红笑星’已经繁殖了一定的数量，你们为什么不自繁呢？”

言外之意，按某些人的做法，花很少的钱，把新品种买回去，大量繁殖，这样可以节省不少资金。

老吴是走南闯北的人，见多识广，非常明白这其中的含义。但他的态度非常鲜明：“我们是大企业，当然要尊重人家的知识产权，丢人的事不能做。”

老吴说得好啊！我们的龙头企业都应该带头尊重知识产权。

过去，花木作为修身养性的物品，你送我一棵，我拿你一棵，只是爱好玩玩而已。

但现在不同了。现在实行的是社会主义市场经济，全球经济一体化，你随意繁殖有知识产权的新品种，拿来不是玩玩，而是用来赚钱，翻手为云，覆手为雨。NO，这是不可以的。

做了，严重的，就是违法，没什么好说的。

第204招

带头维护知识产权

2011年6月的一天，得知河北省林科院起诉某企业侵犯他们金叶榆知识产权的消息后，我给该院研究并负责推广金叶榆的黄印冉高级工程师打了一个电话。

一开始，我就表明了我的观点："黄工，你们起诉得好，作为新品种的拥有者，就是要带头维护自己的知识产权！"

前些年，黄印冉和张均营两位先生搞出来的新品种金叶榆，由于填补了长城以北地区没有彩叶树种的空白，大受欢迎，成了苗木市场的香饽饽。

正因为是香饽饽，不少人都抢着吃，随意繁殖，随意出售，把这是有知识产权并且受到法律保护的新品种的事实丢在了脑后边。

"你们怎么想起要起诉那一家的？"我问。

他说："要是一般情况也就算了。但那一家也太不像话了。公开在报纸上登广告，说是金叶榆的专业户，问题是，他一分钱也没买过我们的东西。"

"你们这样做就对了。不然，大家都任其侵权，谁还有积极性培育新品种。"

"是啊。起诉要花精力不说，费用也不低。诉讼费，律师费，鉴定费起码要6万元。近一段时间，我们还起诉了6家，有5家达成了调解协议，另外1家问题也解决了。"

"这说明对方也承认侵权了。"

"对的。"

所以，在大力提倡和尊重知识产权的今天，我们每一个拥有知识产权的单位或个人，都一定要敢于带头维护自己的权益，维护自己的正常利益。

因为，知识产权持有者维护自己的利益，就是在维护社会的经济利益，维护公平、公正的利益。

第205招

活得要有尊严

"不做丢人现眼的事，应该是我们每个花木经营者应有的意识。"看了中国花卉报记者范敏新写的一条消息，我心里立即想到了这句话。

这话是重了点，但我还是想表达出来。

范敏的消息题目是："今春苗木出口量大幅下滑"。

吸引我的，肯定是这个题目了，但引起我感慨的还不是这一点。

"近些年，我们每年都向欧盟国家出口木兰科等庭院种苗。今年，出口量总体下滑了50%至60%。"北京绿岛兴业进出口有限公司总经理沙文勇在接受范敏采访时介绍说。

范敏在采访广东、浙江等地花木企业时，大家都透露了同样的信息。

什么原因？

原因很简单。出口下降，主要是源自2008年席卷全球的金融危机带来的深层次的影响。欧盟国家的苗木进口是计划性的，下订单的周期通常要两三年。

金融危机爆发后的前两年，国内出口的苗木并未受什么影响，而从去年下半年开始，新一轮订货下单，货量就明显锐减。

这个现象，并没有什么大惊小怪的。经济衰退，需求必然减少。

令我吃惊的是，在这种情况下，有人不按规矩办事，私下里出口苗木。

沙文勇介绍道："让国内苗木出口企业感到雪上加霜的是，目前仍有人向欧盟国家走私已被列入严格审查的植物。例如槭树科的植物，是星天牛的主要寄主，欧盟检查得非常严格，但现在国内还是有人私下里往外出。去年，荷兰在该国一家苗圃里发现从中国非法进口的红枫。因为这方面的原因，荷兰的这家苗圃已经破产。"

听到这方面的消息，身为一个中国人，我都感到脸上无光。

我们中国，正在世界上崛起，国际地位越来越高。我们是一个负责任的大国，我们应该为国增光，而不是为了一点蝇头小利，就做有损国格的事。

一个人要活得有尊严，一个企业也要活得有尊严。

金钱与尊严相比，哪个重哪个轻，作为一个大国公民，您该心里有个数，多掂量掂量。

12 修养

当今社会正朝着高品质产品的方向发展，
而要顺应这种发展，使企业立于不败之地，
生产必须专业化，产品必须聚焦到很少的产品上，
才能做出高品质。

第206招 无事此静坐

“无事此静坐”，这是借用著名作家汪曾祺先生一篇随笔的题目。

看了这个题目，也许您会说，无事此静坐，跟花木经营有什么关系？岂不无病呻吟？

其实，错！无事此静坐，可以培养我们处事不惊、从容淡定的心态。春来任它百花开，秋入随它黄叶飘。

“无事此静坐”，是苏东坡的诗，这是上半句，下半句是：“一日当两日”。

汪曾祺先生说，大概有十多年了，他养成了静坐的习惯。他家有一对旧沙发，几十年了。他每天早上都要泡一杯茶，点一支烟，坐在沙发上，待上1个多小时。

习静，是一种气质，也是一种修养。

诸葛亮道：“非淡泊无以明志，非宁静无以致远。”

我想是这样的。一个人心浮气躁，遇事则愁，惶惶不可终日，与身体健康无益，经营上要想成大气候也难。

在这方面，我很钦佩已经过世的广东陈村的卢荣兄。

他从事观叶植物和年宵花经营30余年。生意忙的时候，他可以两三个通宵不睡觉。

但忙里偷闲，他总要在办公室外一棵大的散尾葵下，支个凳子，点支烟，用喝啤酒的大玻璃杯沏上茶，静静地坐上一阵子。

平时，每天早上更是如此。老早起来，他先在陈村几个场子转上一圈，然后，就静下来，坐那么几十分钟。

再然后，他才去酒楼喝早茶。虽是静坐，却可以冷静地思考和处理很多事情。

他的眼神是慈祥的，脸色是和蔼的，心底是平和的，灵魂是宁静的。

六七年前，由于从事观叶植物经营的人太多，他的资产从上亿元一下子猛跌了许多。

有时候，得知他经营很困难，就打个电话问候一下：“卢总，近来经营怎么样？”

他却像什么事情都没有发生似地冷静：“谢谢你的关心。呵呵。还好，过得去。你放心，没有过不去的火焰山！”然后，电话里传来的是一串朗朗的笑声。

看得出来，他是真的遇到困难了，而且不小。但你却感觉不到他有一丝的悲观情绪。卢荣，是一条硬汉！

无事此静坐，静心自悟，安顿一下自己的心境，听一听自己的心声。这方面，他应该是受益的。

长时间的心闲气静，真的可以使人做到镇定自如，宠辱不惊，任凭风浪起，稳坐钓鱼台，有条不紊地应对各种复杂的事情。

第 207 招

花木产业需要“接力棒”

8 月的一天，成都市温江区花卉园林局局长李德彬先生给我打电话，说他们今天要来北京，力挺温江两个企业，参加 2011 年度“十佳苗圃”和“十佳苗木经纪人”的评比。对此，我是很感慨的。

温江是著名的花木之乡。花木之乡主管部门的领导，大热天的为企业的荣誉跑到北京来，不辞辛苦，介绍他们的情况，真的让人钦佩。由此，我的脑子里蹦出了一个词：“接力棒”。现在，就沿着这个思路谈点感想。

接力棒是体育活动中的一个词，起源于古代奥运会，是在跑步中，互相传递长矛的一种运动。如今，接力棒体现的是一种团队精神，参与者的默契配合十分重要。

刚刚闭幕的深圳大运会在开幕的时候，就有不少火炬接力棒传手。开幕式的晚上，火炬接力棒最后传到著名运动员刘翔的手中。刘翔代表五大洲的大学生运动员，举起美丽的火炬沿着“青春大道”奔向大海的方向，最后进入 26 米高的主火炬塔，点燃了火炬。

体育活动离不开接力棒。我们的花木产业也需要接力棒。

我以为，温江就形成了这样的“接力棒”。

温江花木业近些年知名度大增，外来投资者众多，也是不断接力传接的结果。

20 世纪 90 年代末，温江花木由于历史悠久，在川西坝子迅速发展，真可谓独领风骚。但这只局限在川西小圈子里，以致于有识之士着急搓火，在报上发表文章感叹，川西花木业为什么发展不大？为何外面的人很少知道？其中讲到一个重要原因，就是宣传不够。

就在这个时候，温江新的领导走马上任。他们得知在广东陈村举办第五届中国花卉博览会之后，中国花卉协会正在筹划选择第六届中国花卉博览会举办地的事宜。

温江的领导们敏锐地感到，这是振兴温江花木业一个极好的机会，于是紧锣密鼓，举全区之力，全力以赴地开展申办活动。众所周知，温江在4个申办城市激烈竞争的情况下，赢得了举办权。由于成功地举办了这一届精彩的最高规格的花卉博览会，温江名扬天下，露出了“庐山真面目”，大大地促进了花木业的快速发展。这可以说是第一个接力棒。

第二个接力棒，是上一届区委区政府。他们接过了前一任发展花木产业的接力棒，主动与科研院所合作，全力推行花木标准化生产标准的制定和实施。这几年，我几乎每年都要去一次温江。去一次感触就深一次。因为10多万亩的花木基地总有大变化，花木几乎都实现了标准化生产，品质总有明显的提升，让你惊喜不已。其整体水平，我看在全国是领先的。

第三棒，就是这一届区委区政府。再具体点说，就是现在主管全区花木产业发展的区花卉园林局。现在的局长李德彬先生，是今年春天上任的。他一上任，就把全力打造全国花木产业高地锁定为自己的主要工作内容。通过调查摸底，掌握第一手资料，为区委区政府尽快制定花木产业加快发展的实施意见做铺垫。此外，就是尽全力，为温江花木产业以及龙头企业争得应有的荣誉。增强荣誉感，提升自信心。李德彬局长专程来北京，做的就是这方面的努力。

看来，这一棒又一棒不间断的传接，使温江花木业的发展还会更稳，更快。

现在看来，一个有规模、有档次的花木之乡，包括一个企业，没有一棒又一棒的传接，是不行的。全面、协调、可持续的发展，依托的就是一个个接力棒。

这些年，我们一些人总是羡慕荷兰的花卉产品，世界一流，是如何如何的精美。我到过荷兰，这方面的感受更深。但我了解的情况是，他们做到这个份儿上，多数都是经历了几代辛辛苦苦的努力。

现在，我们的第一代花木经营者，不少都把第一棒传给了第二代。花木之乡的领导，也是换了一茬又一茬。

我想，作为继任者，就要把上一代和上一任许多很好的经验传承过来，少一些浮躁，多一些实干。花木发展需要接力棒。如此下去，我们的事业不愁实现不了世界一流！

第208招

一是一，二是二

我们从事花木经营，离不开和社会打交道。打交道，就要实事求是，一是一，二是二，不能好大喜功，不负责任地“乱忽悠”。

这对一个人，一个企业树立良好的形象都是很有必要的。

近一段时间，有两件小事，就让我总也忘不了。一浮现在眼前，就觉得很美好。

一次是2011年5月去成都温江。温江虽然现在已经实现了城乡一体化，但依然是著名的花木产区。

区花卉园林局办公室主任李贵清，领着我到成都伟峰生态园林有限公司柏苹乡村俱乐部参观。

这里，树木林立，铺青叠翠，小路弯弯，鸟儿鸣唱，花儿盛开，溪水潺潺。西式和中式小楼掩映在其中，是一处集苗木生产和休闲为一体的优雅去处。

公司董事长白正秋先生没在。领着我们参观的，是一位长得很是文静的羌族姑娘，她身着一身西式休闲装，修长的身材，很美。

在参观即将结束的时候，我们走在一条比较宽阔的路上，两侧是挺拔高大的乔木，均有十几米高。

“这是馒头椿吧?”我脱口而出，问那位姑娘。

姑娘仰起脸，看看那树木，然后微微笑笑，并没有说什么。

这极小的场景也就过去了。

我是随意说的，人家没有回答，所以我也没有在意，也不可能在意。

但回到宾馆，我却接到那个姑娘的一条短信息。信息的内容是：“方先生，我是刚才带您参观的沈璐曼。刚才很抱歉，您问我那株树是不是椿树，我没有回答，因为我不清楚。您走之后，我请教别人，别人告诉我，那不是椿树，而是栾树。对不起了。”

看了这条信息，我立即回信息说：“这么点的事，你还记在心里。谢谢!”

她回信息说：“没关系。这是我应该做的。一就是一，二就是二。不清楚之处，我不能乱说。”

她这样说，不仅不丢人，倒是其形象在我心里变得很美好了。

另一件小事，是在山东昌邑花木场。

去这家花木场，是在离开温江之后。

昌邑花木场在行业内大名鼎鼎，几年前，就被《中国花卉报》评为“全国十佳花木企业”。

大约是两年前，我到该场时，该场老板朱绍远向我介绍，他的苗圃，已经滚动发展到了2750亩。

这一次，一到场里，朱绍远就告诉我说，他今年年初又发展了200多亩地。

我说：“这样一来，你的苗圃加在一起有3000亩了，不简单!”

我兴奋地取出小本子，就要写上。

朱绍远见此，马上笑着对我说："方老师，还是写2750亩。"

"为什么?"

他说"我去年底有200多亩租赁到期了，已经退了。该多少就是多少。"

说得好!

他的话，没有像沈璐曼姑娘那样点出"一是一，二是二"之类的词句，但暗含的是同一个意思。

他们的实事求是的精神让我感动。

这不禁让我想起孔子说的一句话："知之为知之，不知为不知，是知也。"

这不禁还让我想起另外一句话：当老实人，说老实话，做老实事。

这些，我们中国人自古信奉的名言，在他们身上我感受到了，深切地感受到了。

正因为他们做到了，要是打分，我给这样的企业，给这样的人，肯定打的是满分，不会含糊。

第209招 一期一会

一期一会，是日本人常常表达的一种意思，对我很有启示。

那是2006年5月，我在日本北海道小樽感受到的。

小樽是个海滨城市，属于札幌的一个外港，有"晶莹剔透的北国珍珠"的美誉。究其原因，自然是因为它小、精美，城市就像珍珠般璀璨迷人，除此之外，这里盛产的玻璃制品，也是特别的晶莹剔透。

"买玻璃制品，全日本哪里也比不上小樽。"在去小樽的路上，翻译董小姐在我们乘坐的大巴车上介绍时，说得眉飞色舞。

我是喜欢玻璃制品的。她的介绍，引起了我的注意。到了小樽，一定要挑选一两件带回北京。

半个多小时后，我们在一个港湾前下了车。这里就是小樽。两侧，是一栋栋卖旅游产品的房子。

董小姐说：大家先在这里照相，然后去一个专门卖玻璃制品的地方，让大家尽情地选购。"

别人都去照相了，而我的魂儿早已被这里的玻璃制品勾去。

我独自走了几家商店，终于在一家商店里发现了玻璃制品。

这家商店，不大，只有十几平方米。但没有别的，一水儿的都是玻璃工艺品。

玻璃制品，放在一排柜子里，有造型奇特的玻璃杯、东西方仿古油灯、彩色蜡烛台等。但我的目光，很快被一个熊脸的玻璃花瓶夺去了。

那玻璃花瓶，不大，50多厘米高，但雕刻精美，从上到下，从前到后，通体透明。

上端的瓶口，很随意地插着两朵盛开的康乃馨。鲜红的花朵，一高一低，错落有致，与晶莹剔透的熊脸花瓶配在一起，非常和谐，显现出物件的精美与华丽。

我家的茶几恰好是玻璃的，倘若用这个花瓶装饰茶几，肯定会有特别协调、亮丽、生辉的艺术效果。

但一看价格，我愣住了。熊脸花瓶4000多日元，折合人民币约300元。不是一般的有点贵。

“买还是不买呢?”我心里犯嘀咕。

我转了身，想走，决定等过一会再买。小董不是说了吗，有一条街专门卖玻璃制品，应该还有更好的价格，更适合的在等着我。急什么，别沉不住气。

想到这些，我瞟了一下我喜欢的花瓶，扭回头便往出走。突然，有人拍了拍我的肩膀，把我叫住了。原来，是同来日本的江苏省淮安市月季园主任任鲁宁先生。

他微笑道：“你是不是喜欢上了那个小花瓶?”

我随口说道：“是。”

“那你为什么不买?”

“有点贵。一会儿咱们不是乘车专门到有玻璃制品的地方嘛，到时候再说吧。”

“何必到时候呢? 到时候要是没有呢?”他说：“看好了，你就立即买，别想别的!”

听了任先生的话，我立即把花瓶买了下来。实践证明，这个决定非常英明。

因为我们乘车，来到一个专门销售玻璃制品的商业街，转了十几个有名的店铺，也没有我买下的心仪之物。

顿时，我意识到：如果我当时错过了这次机会，没有买下这个花瓶，可能以后一生再也没有机会到北海道来。

即使再来，也是时过境迁，熊脸花瓶早已被别的玻璃制品所替代。如果那样的话，我会懊悔不已，攥紧拳头，砸自己的脑袋瓜。

机会错过了，懊悔又有什么用呢!

小董知道我的情况后，对我说：“您看好一样东西，买下来就对了。OK! 在日本，有一个词，叫一期一会，说的就是这个意思。一期，就是面对一种事物，常常会擦肩而过，一会，即一面之缘。这两个词连接起来就是人活在世上，一定要珍惜各种机会，因为机会真的来之不易。”

由此，我就想：我们的经营者，在当今日新月异的社会里，也要珍惜各种来之不易的机会。

当一种花卉或者苗木需要购进或销出的时候，只要利大于弊，做出理智的判断之后，就要当机立断，该出手时就出手，切不可犹豫不决，以为下一次运气比这一次还要好，实则不然。

现在的市场竞争，日趋激烈，瞬息万变，情况会随时发生变化。

此外，还有不可预测的自然因素，也有可能发生。好事不可能总是等着您。

以为这样，或者以为那样，都是靠不住的。

我们只有抓住眼前的机会，把当下的事情办好，最重要。

第210招 正确看待大与小

看《幸福禅师》一书，有一段话，很有感触。

有人问大珠禅师：“怎么才算大师呢?”

禅师答道：“大。”

那人又问道：“多么大?”

禅师答道：“无边际。”

那人又问道：“怎么才算小?”

禅师答道：“小。”

那人又问道：“该有多么小?”

禅师答道：“看不见。”

那人不解问道：“大无边际，小又看不见，它们究竟在什么地方呢?”

大珠禅师反问道：“哪里没有大小?”

禅师的话，使我们悟出一个即浅显又深刻的道理：

世界本无大，也本无小；说大则大，说小则小。这与道家所说的有和无互为相通是一个道理。关键是怎么看，怎么想，什么事情都是如此。

一悟皆一切悟。明白这个道理，我们才会不攀比，正确看待自己的企业，正确看待自己的发展现状。正确对待人生，正确看待大与小，正确看待多与少。

当然，我们在参与行业竞争中，要奋力拼搏，尽心尽力，与时俱进，不甘落后，是必须的。

人一定要有那么一股子精神，有那么一股子干劲。

但企业发展有多大，经济效益有多高，因素是多方面的，这也是实际情况。

由此看来，只要我们有一个平和的健康的积极的心态，过好每一天，辩证地看问题，就行了。

这样，就可以任凭风浪起，稳坐钓鱼台，吃嘛嘛香，干嘛嘛行，从里到外透出一种精神。让日子过得有滋有味，是人生最高的幸福指数。

第211招

因小事感动，经营就会舒畅

从事花木经营，从本质上说，经营的是一种幸福。但感动之余，幸福才会降临。因为，幸福是一种美妙的感觉。

那么，什么事会让您感动？有人说，是大事，是经营取得一个又一个的成功。

这个观点，我一直也是赞同的。但近来看到一份材料，结论几乎是相反的。

材料中说，一个只为大事感动的人，实在活得有点可怜，能为生活中小事常常感动的人，幸福指数才会很高。

想一想，的确如此。

不能为小事感动，看什么事都没有意思，看谁都不顺眼，看谁都满脑袋官司，看谁都像欠你二百吊钱似的，就会陷入不如意的泥潭中，人会觉得活得很累。久之，还会闹出病来。

花木是一年一年长大的。人生是由每一个琐碎的相似的片段连接起来的。

日复一日，月复一月，年复一年；春夏秋冬，暑去寒来；一日三餐，早出晚归；经历的事情多是不大的小事。

您若不珍惜拥有的时光，不珍惜拥有的打拼成果，保持一种平静的心态，幸福就会像浮在天空的一片云一样飘走。

改变心态，换个积极的角度看世界最好。

为家人的健康，为员工的敬业，为客户的真诚，为精心养护后植株的健康成长，为一杯沁人心脾的好茶，为一顿可口的饭菜，为一杯醇厚的老酒，为一道美妙的风景，为一首好听的音乐，为一首韵味十足的小诗，为一件心仪的手把件，为一阵清脆悦耳的鸟鸣，为一只善解人意的宠物，为雨后云破的一片蓝天，为一朵如米粒般小的苔花，为久别亲人的聚会，为朋友间一段愉悦的聊天，为雨后苗圃散发出来的清新气息，为濒临灭亡又拱出一片新叶的花木，甚至为他人送给你的一抹灿烂的笑容，如此等等，还有很多很多。这都是很不错的。

让我们为这些小事感到世界的美好，生活的美妙吧！

一买彩票就重个头彩，一结婚就找个如花似玉的知心女人，一做花木生意就揽个上百万元的大买卖。这些事够大，确实能让人感动，甚至感动不已。但这些天大的美事，常常是不容易实现的。

成就大事，十有八九是靠小事积淀而成的。

还是因小事让您感动吧！这要容易得多，经营就会更舒畅！

第212招 使声儿

一天见到好友刘一达先生，使我想起这位著名的京味作家写过的一篇小文，叫《使声儿》。我们的花木经营者，懂得使声儿之类的一些道理，对于我们更好地与人相处，搞好经营，是非常有益处的。

使声儿，是老北京人恪守的一个礼节。这话，别说是外地人，就是现在北京五六十岁的人，刚一听，也说不定会丈二和尚，云里雾里，摸不清是怎么一回事。

其实，所谓使声儿，就是当您走近别人家的门口或者院子时，有意咳嗽两声，招呼一下，出出声，提醒主人有客来了，以便人家有所准备。

为什么要咳嗽两声？因为，北京人过去住的是平房，四合院，或者是大杂院。如果客人来访，不吱声儿，不给主人提个醒，冷不丁就进屋，会让人觉得很冒失。

因为，一家一户只隔着一层窗户纸，不隔音。如果您轻声轻脚地靠近，恰好人家又在说些悄悄话，多不好。还有，要是赶上夏季，天热，衣服穿得都比较少，赶上女主人在家，还会容易闹出一些尴尬的场景，就更不好了。

使声儿，虽说是老理儿，已不适合今天高楼林立、隔音效果特别好的居民楼，但做人要有理有面，懂得礼节，恐怕什么时候也不会过时。

在这里，我要特别提醒经营者，您在与客户的交往中，要特别讲文明，懂礼貌，见了别人，要主动热情，笑脸相待，让人感觉平易近人，很好接触。

有一年，我在南京，碰到一个年轻的朋友，他是一个苗圃的投资者，就不是这个样子。

朋友把他介绍给我时，我们一起就餐、喝茶、聊天，起码不少于2个小时。在这不算短的时间里，我说句不夸张的话，他的脸上始终没有露出一丝笑容，面孔总是绷得紧紧的，好像老天爷没给他笑的神经似的。

也许，不苟言笑，是您的一种习惯，是一件很小的事情。倘若您在家里这个样子，跟别人没有任何关系，但在外面，就两回事，大不相同了。与人交往，还是绽放出灿烂的笑脸为好。即使谈不成生意，起码人家与您在一起，会感到很愉悦，有一种春风拂面的感觉。笑口常开，还有益于您的身心健康。

使声儿，是一个很小的礼节，但却是不可缺少的。

第213招

既来之则安之

2010年3月的一天，我在北京蟹岛度假村的“北方地区苗木交流会”上做了一个演讲。在那次演讲中，我讲了一句话，引起了听众的共鸣。这句话就是：既来之，则安之。

那次会议，是中国风景园林学会组织的，听众，自然都是我们这个圈子搞园林花木的经营者。

主办方安排了八九个嘉宾演讲。不巧的是，那天的天气非常不好。朔风劲吹，天低云暗，并且夹杂着沙尘，像是谁惹翻了小孩子的脸。

因为头一天，还是阳光明媚，和风拂面，心旷神怡。在这样的天气里，人的心里也显得烦躁。

上午，会场里还是黑压压的一片，几乎座无虚席。但到了下午，座位上像长了刺，空席是越来越多。

轮到我上台了。我在演讲主题之前，先说了这样一番话：“各位同行，大家下午好！今天的天气非常不好！这种天气，让我的心情变得烦躁。我想大家也有类似的感受，很想早一点离开这里。但是，大家想一想，在这样一个糟糕的日子里，我们从北京城里赶到这里，顶风沙，冒严寒，不就是为了听专家讲座，了解您所需要的信息吗？大家既然来了，讲座的专家传递出一条非常重要的信息，对了您的口味，可能都会给经营带来不小的效益。但如果您中途退了场，漏掉了，您岂不吃了大亏了嘛！古人云：既来之，则安之。这句话，在这种特定的场景里，是不是很有含金量？”

说实在的，现在我们这个行业，一年到头，各种会议非常繁多。天哪，有时都让人找不到北。

在这众多的会议中，您选择一个会议参加，肯定有吸引您的原因。

但参加会议时，突然遇有外来的或者内在的因素，使我们的心情变得不好，或者感到枯燥乏味，坐立不安，一离了之，既是对主办方的不尊重，对演讲嘉宾的不尊重，更是对您自己的不尊重。

这样，对经营没有一点好处。

您想，我们在人生的舞台上，在花木经营的道路上，绝对不会是一帆风顺，像万木吐翠、繁花烂漫那么美好，各种棘手的问题和困难都会陆续登场。如果您参加一个会议都做不到镇定自若，一旦遇有大的挫折，如何是好？

静下心来，参加会议有始有终，真的可以使您不虚此行，获得有价值的东西。

即使没有，还可以培养您淡定的心态。任凭风浪起，稳坐钓鱼台。多好啊！

第 214 招

‘和平’月季是这样诞生的

现在，世界上最为著名的月季品种要属‘和平’(Peace)月季了。

这个品种，就是法国梅昂公司阿兰·梅昂的父亲法兰西斯·梅昂培育的。此月季品种享誉世界，与这位世界著名月季育种家的为人有着很大的关系。

1945 年，联合国在美国旧金山成立的时候，参加会议的每一个国家的代表的房间里，都插上了一瓶月季花。

这些月季花就是‘和平’。花瓶旁，还附上了一张精美的卡片，卡片上写道：我们希望‘和平’月季能影响人们追求世界持久和平的思维。

这是一个超越国界的、充满和平、充满友谊、代表快乐和希望、祈福人类幸福安康的“世纪月季”。

2010 年 4 月，阿兰·梅昂先生在江苏常州告诉我，他的父亲法兰西斯·梅昂出生在 1912 年。1935 年，为了纪念刚过世的祖母，他开始进行杂交育种。直到 1939 年，他才培育出了一个自己认为不错的品种。

这个品种，花形美丽，叶片光亮，枝条健壮，很是招人喜爱。这个品种的编号是 3－35－40。

正当他为这个新品种兴奋不已的时候，第二次世界大战爆发了。

德国入侵波兰，很快又侵占了奥地利，英国和法国向德国开战。很快，德国就开始攻打法国。国家陷入了战乱之中。法兰西斯·梅昂为了保护自己培育的新品种，就想把这个月季品种送到美国。因为美国是没有战乱的。

“他怎么送呢？相隔那么远，又有战争，哪里都乱哄哄的。”

阿兰见我不解，笑笑道：“是。好像很令人费解。正当我父亲为此愁眉苦脸时，美国住里昂总领事威延赫尔因战事要回美国。在回国前，他给我父亲打了一个电话，问他有没有要带的东西。因为这位美国总领事跟我父亲是很好的朋友。他很欣赏我父亲。我父亲懂英文，这在当时的法国里昂是不多见的，而且他认为我父亲为人豪爽热情，喜欢结交朋友，乐意帮助别人。我父亲接到总领事的电话后，喜出望外，马上把一包月季苗子交给了他，让他回美国后，把这些苗子送给美国一些著名的月季种植园，看看这个品种能不能在寒冷、干燥的美国北部和炎热、潮湿的南方表现良好。”

“我看过一份资料，说是您父亲在此之前去过美国，结识了不少美国搞月季的同行?”

阿兰说：“是的，他在美国有不少种植月季的好朋友。遇到圣诞节，还要通通电话，互相问候一番。不然，他也不会想到把月季送到美国去。”

基于此，美国朋友接到法兰西斯·梅昂送去的月季新品种后，都认真地在园里试种，观察它们的长势情况。

后来的观察试种表明，3-35-40在美国各地所有的气候和土壤条件下都能茁壮生长，而且抗病虫害的能力也相当强。

精品美国园艺界甚至认为，3-35-40月季除了没名字以外，可以说是十全十美了。

但因为战争的原因，他们跟法兰西斯·梅昂无法联系上。于是，远在大西洋彼岸的美国月季界朋友们把这一奇异的月季品种命名为‘和平’(Peace)。

美国月季协会还提前定好，要在1945年4月29日在加利福尼亚的太平洋月季协会成立日时，公开命名此品种为‘和平’。巧的是，苏联红军于4月27日突入柏林中心区，29日开始强攻国会大厦。30日希特勒在总理府地下室自杀。这一天，真正成了和平之日。

随后‘和平’被授予全美国月季大奖，这是美国月季协会在它历史上第一次将金奖发给一个新的月季品种。

但直到第二次世界大战完全结束时，法兰西斯·梅昂才从他的美国朋友那里，得到这些令人无比兴奋的消息。

法兰西斯·梅昂成功培育出‘和平’月季，源于他对月季事业的专一，这是毫无疑问的。但倘若没有大洋彼岸诸多朋友的支持，‘和平’月季的浮出也是不大可能的。

有句老话说得好：山外有山，人外有人。每个人都有自身的局限性，很多的时候，我们都需要别人的帮助。这里有物质的，也有精神的。

若想得到别人的帮助，就要为人大度，走出狭小的圈子，融入到社会中去。

第 215 招 总结经验教训没有止境

一个花圃，长时间经营，在植物养护方面肯定摸索出了不少经验，但意想不到的事情还是有的。旧的矛盾解决了，新的矛盾又会浮出水面。

“只要园子存在一天，您就要劳神费力一天，因为总结经验教训没有止境。”北京涌泉月季园经理孟二水在这方面深有体会：“有时候是天灾，有时候是人祸。”

“前年，2009 年吧，刚刚到 11 月份，少见的寒流就来了。我们从外面进的小苗一捆一捆的，都假植在了凹畦里。根据往年的教训，我活动了心眼，早早地用塑料布盖住，上面常常还要盖上草帘子。不然，寒流和大雪一场接着一场地来，开春苗子损失可就大了。这是天灾。”

“那有没有人祸呢？”我盯问了一句。

“人祸？”她愣了一下说：“有啊。还以假植的苗子为例子吧。有一年初春，天气刚回暖，我们把盖在小苗畦上面的草帘子卷起来，通通风。但草帘子没卷到头儿，还剩了一溜儿。就这一溜儿，最后捂死了好几百棵苗子。后来，每年这时候把草帘子全卷起来，就没事了。这不是人祸是什么？”

一句话，“老革命也常常会遇到新问题”。搞花木养植，就是辛苦差事，精心经营是必须的，经常总结经验教训也是必须的。

千万别偷懒，高枕无忧，有时差一点都不行。不然，稍不留神就会造成损失。

第 216 招 格言牌，催人奋进

注重企业文化建设，是一个大型花木企业应该极为重视的，哪怕是很小的方面。在草桥花木集团所属的温室里，处处可以看见一块块悬挂的格言牌，催人奋进。

例如：成功属于比对手多做一些，属于不畏困难，坚持到底的人。

例如：人的心态决定人的命运，员工的心态决定企业的命运。

例如：与别人的差距不可怕，可怕的是敬业精神的差距。

例如：成功者永不放弃，而放弃者不会成功。

又如：认真做事只是把事情做成，用心做事才能把事情做好。

又如：一切美好的事物，无一不是创新的结果。

又如：只要持续地努力，就没有克服不了的困难。

又如：没有破产的行业，只有破产的企业。

“这些格言，都是至理名言，我们公司的员工在工作中随时可以看见，对于激励员工爱岗敬业，增强危机感，无疑会起到潜移默化的作用。”总经理林凤军女士诠释道。

很简单的事，您也可以在您的企业里做。花不了多少钱，效果可不一般。